कवियों के बहाने वर्तमान पर बहस

कवियों के बहाने
वर्तमान पर बहस

डॉ. के. जी. प्रभाकरन

वाणी प्रकाशन

वाणी प्रकाशन
4695, 21-ए, दरियागंज, नयी दिल्ली-110 002
शाखा
अशोक राजपथ, पटना-800 004
फ़ोन +91 11 23273167 फ़ैक्स : +91 11 23275710
www.vaniprakashan.in
vaniprakashan@gmail.com
editorial@vaniprakashan.in
sales@vaniprakashan.in

KAVIYON KE BAHANE VARTMAN PAR BAHAS
by Dr. K.G. Prabhakaran

ISBN : 978-93-5229-269-1
Criticism

प्रथम संस्करण

मूल्य : ₹ 300

हर्ष प्रिंटर्स, दिल्ली-110 093 में मुद्रित

वाणी प्रकाशन का लोगो मक़बूल फ़िदा हुसैन की कूची से

आचार्य विश्वंभर अरुण, आगरा
की पावन स्मृति में

प्रस्तावना

'कवियों के बहाने वर्तमान पर बहस' समकालीन दौर की सामाजिक यथार्थ प्रवण, जनवादी, प्रतिरोधी कविता को काव्य चर्चा के केन्द्र में लाने का प्रयास है। इसमें कवि विमर्श द्वारा जीवन और कविता का वर्तमान परिदृश्य प्रस्तुत किया गया है। वर्तमान के बहुआयामी यथार्थ के परिवेश में विकस्वर नई काव्य संवेदना, सामाजिक सरोकार, प्रतिबद्धता और प्रतिरोधी चेतना के मूल में कवि का जीवन राग ही प्रकट हुआ है। इस विविध आयामी, बहुस्वरीय राग का संकलन एवं समावेश ही प्रस्तुत कृति का अभिप्रेत है।

मैं अपने साहित्यिक अध्ययन एवं लेखन में स्वर्गीय आचार्य विश्वंभर अरुण का चिर ऋणी हूँ। वे मेरे मार्गदर्शक और अजस्र प्रेरणास्रोत बने रहे। उनका स्नेह-वात्सल्य मेरे जीवन का संबल बना रहा। यह पुस्तक उनकी पावन स्मृति में समर्पित है। मेरे आचार्यवर डॉ. पी.वी. विजयन ने मुझे काव्य के अध्ययन और आलोचना की दृष्टि तथा संस्कार दिये। उनके चरणों में मैं श्रद्धावनत हूँ।

केरल हिन्दी साहित्य मण्डल, कोचीन और विकल्प, तृश्शूर के विचार मंच ने मुझे कविता के अध्ययन और आलोचना में उत्प्रेरित किया।

मेरे प्रिय मित्र डॉ. पी. रवि पुस्तक रचना में आद्यंत मुझे प्रेरणा देते रहे। लेखन के सिलसिले में उनसे परामर्श चलता रहा। मैं डॉ. पी. रवि का आभारी हूँ। अपने घनिष्ठ मित्र डॉ. के.के. वेलायुधन, डॉ. वी.जी. गोपालकृष्णन, डॉ. टी.एन. विश्वंभरन और प्रोफेसर ऋषीकेशन तम्पी के परामर्श एवं प्रेरणा से लाभान्वित हूँ। मैं उनका आभार मानता हूँ।

पुस्तक में चर्चित कवियों के प्रति कृतज्ञ हूँ।

कृति सुधी पाठकों के सामने प्रस्तुत है। सम्मति एवं विमर्श की अपेक्षा है।

डॉ. के.जी. प्रभाकरन

अनुक्रम

मुक्तिबोध का काव्य : उत्तर-औपनिवेशिक अध्ययन के संदर्भ में

उत्तर-औपनिवेशिक अध्ययन के संदर्भ में बीसवीं सदी के हिंदी काव्य का अध्ययन विवेचन सुविधा की दृष्टि से दो अर्द्धशतियों में करना समीचीन होगा। पहली अर्द्धशती जिसमें उपनिवेशन से मुक्ति की छटपटाहट और साँस्कृतिक जागरण की प्रबल चेतना रही। दूसरी अर्द्धशती जिसमें औपनिवेशिक सभ्यता से मुक्ति के लिए प्रयत्नशील भारत नवउपनिवेशन की गिरफ्त में आ गया। साम्राज्यवादी शक्तियों के हाथों भूमंडलीकरण नव-उपनिवेशन का प्रबल हथियार रहा। भूमंडलीकरण के मूल में विश्व अर्थव्यवस्था का उदारीकरण एवं बाजारीकरण है। भूमंडलीकरण के तहत विश्व ग्राम की जो संकल्पना है उसमें वैश्विक समाज एवं संस्कृति का साक्षात्कार न होकर केवल उन्मुक्त बाजार का छलावा है। उदार अर्थव्यवस्था एवं उन्मुक्त बाजार विकासशील देशों की अर्थव्यवस्था को तोड़ देते हैं। बड़े पैमाने पर बेकारी, बेरोज़गारी और भुखमरी का कारण बनते हैं। भूमंडलीकरण का चरम लक्ष्य पूंजीवाद एवं साम्राज्यवाद पर आधारित एकध्रुवीय विश्व की स्थापना है।

उत्तर-औपनिवेशिक अध्ययन के संदर्भ में मुक्तिबोध के काव्य का अध्ययन मूल्यांकन बहुत ही समीचीन है। स्वतंत्रता प्राप्ति के तुरंत बाद के डेढ़ दशक में मुक्तिबोध ने नव-उपनिवेशन और नव-साम्राज्यवाद के खतरे को भविष्यद्रष्टा के समान पहचाना और कविता में उसका प्रतिरोध रचा। अपने बहिरंतर के द्वन्द्व और मध्यवर्ग की 'आत्मा की दुई' से संवेदनात्मक स्तर पर जूझते हुए मुक्तिबोध ने अपनी ऐतिहासिक, राजनीतिक एवं सांस्कृतिक दृष्टि का विकास किया। दृष्टि विकास की इस प्रक्रिया में मानवीय स्वतंत्रता का अपहरण उनकी मुख्य चिंता रही। एशिया और अफ्रिका के नव-स्वतंत्र और स्वाधीनता के लिए संघर्षशील देशों की जनता के हक में आवाज उठाते हुए मुक्तिबोध ने अपने काव्य को वैश्विक संदर्भ दिया।

मुक्तिबोध का काव्य विश्वजन की मुक्ति कामना का काव्य है। यह मुक्ति राजनीतिक गुलामी, आर्थिक शोषण, सत्ता की दमन नीति और पूंजीवादी, साम्राज्यवादी, उपनिवेशवादी शक्तियों से मुक्ति है। इस मुक्ति संग्राम के केंद्र में मध्यवर्ग का बुद्धिजीवी है। यह वर्ग अपनी समस्त महत्वाकांक्षाओं के बावजूद 'आत्मा की एकता में दुई' पालने वाला है।

"सत्य हमारे हैं सतही.... आत्मा की एकता में हुई है।" अपनी द्विविधा में उसे स्वयं खूंखार, सिनिक, संशयवादी हो जाने की आशंका रहती है। वह 'आत्मचेतस' है और 'विश्वचेतस' भी। उसमें तीव्र आत्म समीक्षा का भाव रहता है। उसे मध्यवर्गीय कमजोरियों का पूरा अहसास है। "कमजोरियों से ही मोह है मुझको.... मुझे डर लगता है ऊंचाइयों से।" वर्तमान व्यवस्था के बने रहने के लिए वह अपने को जिम्मेदार ठहराता है। "गलियों में अंधकार भयावह... मानों मेरे कारण ही लग गया/मार्शल ला वह।" मुक्तिबोध की कविताओं का नायक 'मैं' प्रायः इसी वर्ग का प्रतिनिधि है।

मुक्तिबोध का काव्यनायक अस्मिता की तलाश में रत है। आत्मालोचन और आत्मविस्तार द्वारा व्यक्तित्वांतरण ही अस्मिता की तलाश का साध्य है। यह व्यक्तित्वांतरण वर्गभेद से मुक्ति है। वर्गहीन समाज के स्वप्न का साक्षात्कार है। इस प्रक्रिया में मुक्तिबोध ने मध्यवर्ग के बहिरंतर संघर्ष के विराट संदर्भ में जनक्रांति के स्वप्न चित्रों को व्यापक फलक पर उतारा है। एक विराट फैंटेसी के भीतर अनेक स्वप्नकथाओं को गूंथकर कवि ने शोषक सत्ता तथा शासन के दमनकारी तंत्र के विरुद्ध मध्यवर्ग की संघर्ष चेतना को मूर्तिमान कर दिया। यथार्थ की परत-दर-परत खोलती उनकी लंबी नागात्मक कविताओं की व्यापक पटभूमि पर भारत के साथ पूर्वी यूरोप एवं एशिया-अफ्रीका के जनसंघर्ष के चित्र उभरते नजर आते हैं। पूंजीवाद, साम्राज्यवाद एवं नव-उपनिवेशवाद के विरुद्ध क्रांति का यह व्यापक परिप्रेक्ष्य ही उत्तर-औपनिवेशिक अध्ययन के संदर्भ में मुक्तिबोध के काव्य की प्रासंगिकता है।

मुक्तिबोध के काव्य पर इतिहास की ज्ञान संवेदना का गहरा प्रभाव पड़ा। न केवल भारत के इतिहास में बल्कि एशिया, अफ्रिका एवं पूर्वी यूरोपीय राज्यों के इतिहास में भी उनकी गहरी दिलचस्पी रही। अपनी इतिहास चेतना के सहारे मुक्तिबोध ने पूंजीवाद, साम्राज्यवाद तथा उपनिवेशवाद के बर्बर चरित्र को उघाड़ा। स्वतंत्रता प्राप्ति और भारतीय गणतंत्र की स्थापना के बाद भी देश की अर्थव्यवस्था का ढांचा उपनिवेशवादी ही बना रहा। भारत में विदेशी पूंजी का निवेश बढ़ता ही रहा। परिणामस्वरूप देश के गरीब वर्ग अधिकाधिक गरीब और श्रीमान वर्ग अधिकाधिक श्रीमान होते गए। "गरीब वर्गों और धनी वर्गों के बीच भेद की दीवार और न फांदी जा सकने वाली खाई पड़ी हुई है, जो बढ़ती जा रही है।" ('समाजवादी समाज या अमरीकी ब्रिटिश पूंजी की बाढ़', शीर्षक लेख, रचनावली, खंड 6)

आर्थिक उदारीकरण और बाजारीकरण के तहत भारत में विदेशी पूंजी के अभूतपूर्व निवेश के वर्तमान संदर्भ में मुक्तिबोध की निम्न पंक्तियां अचूक भविष्यवाणी ही सिद्ध हुई-

साम्राज्यवादियों के पैसों की संस्कृति
भारतीय आकृति में बंधकर दिल्ली को
वाशिंग्टन व लंदन का उपनगर बनाने पर तुली है!
भारतीय धनतंत्री जनतंत्री बुद्धिवादी
स्वेच्छा से उसी का ही कुली है!!" (जमाने का चेहरा)

ऐसे धनतंत्रियों को 'जनद्वेषी घुग्घू' घोषित करते हुए मुक्तिबोध की फटकार सुनिए-

जनता के विद्वेषी। अनुभवी। कामचोर
जन-राष्ट्र लोकायन
जन-मुक्ति-आंदोलन
के सिद्धहस्त विरोधी
ये साम्राज्यवादियों की पांत में ही बैठे हैं
शांति के शत्रुओं का प्राणायाम साध कर
जनता के विरुद्ध घोर अपराध कर
फांसी के फंदे की रस्सी में ऐंठे हैं!! (वही)

मुक्तिबोध ने 'जिंदगी का रास्ता' शीर्षक कविता में पूँजीवादी शोषण, बर्बरता एवं फासिस्ती दमन का जबर्दस्त चित्रण किया है-

पूंजीवादी शक्तियां भयंकर
जन जन को
दमन की फासिस्ती भट्ठी में झोंककर
बनाना चाहती हैं वे
उनकी अस्थियों से श्वेत
आराम फर्नीचर।

पूंजीवादी शोषण से निम्न मध्यवर्गीय जन और गरीब मेहनतकश लोगों का जीवन इतना घोर यंत्रणापूर्ण बन गया है कि उन्हें अपने जीने का ब्याज सहित मूल्य चुकाना पड़ता है-

अंधियारी गलियों में घूमता है
तड़के ही रोज
कोई मौत का पठान
मांगता है जिंदगी जीने का ब्याज
अनजाना कर्ज
मांगता है चुकारे में, प्राणों का मांस।

साम्राज्यवाद के आक्रामक रवैये को मुक्तिबोध ने 1950 में ही पहचाना था। उसकी आक्रामक मुद्रा अब दानवी रूप ग्रहण कर चुकी है। फिलिस्तीन और ईराक में अमरीकी साम्राज्यवादी बर्बरता के संदर्भ में मुक्तिबोध की पहचान कितनी सही निकली-

साम्राज्यवादियों के बदशकल चेहरे
एटमिक धुएं के बादलों से गहरे
क्षितिज पर छाए हैं
जापान को ध्वस्त कर
ईरान को मारकर

ईजिप्ट के ख़ात्मे के लिए हैं उतावले
अरब के ख़ात्मे के लिए हैं बावले!!
नए जन-राष्ट्रों को करने के लिए छार
मानवीय नाश के दानवी सुयोग की
तलाश में दिन-रात पगलाए हुए हैं। (जमाने का चेहरा)

मुक्तिबोध ने उपनिवेशवादी शक्तियों द्वारा विश्वजन के शोषण का प्रभावी चित्र प्रस्तुत किया है। 'एक स्वप्न कथा' में काव्य नायक के सामने फैला काला सागर लूट एवं शोषण का है जिसका संबन्ध सुदूर स्थित पश्चिम से है-

इस काले सागर का
सुदूर स्थित पश्चिम किनारे से
जरूर कुछ नाता है
इसीलिए हमारे पास सुख नहीं आता है।

पश्चिम किनारे से मुक्तिबोध ने उपनिवेशवादी पश्चिमी देशों की ओर संकेत किया है। 'चांद का मुंह टेढ़ा है' कविता में तिलक और गांधी के पुतलों पर बैठे घुग्घुओं के वार्तालाप के प्रसंग में काले आसमान में तिर रही भयानक लाल मूंठ का चित्र है-

".....सचमुच भयानक लाल मूंठ
काले आसमान में तिर रही
किसी लाल दीये-सी काली-काली
हवाओं मे तैर रही
धीरे धीरे जा रही।"

उपनिवेशन और साम्राज्यवाद के खिलाफ दुनिया के विभिन्न देशों में चल रहे मुक्ति आंदोलन से कवि वाकिफ रहे-

"मुझे मालूम
अनगिन सागरों के क्षुब्ध कूलों पर
पहाड़ों-जंगलों में मुक्तिकामी लोक-सेनाएं
भयानक वार करतीं शत्रु-मूलों पर...." (चकमक की चिनगारियाँ)

विश्व के दूर एक कोने में रहते हुए भी मुक्तिबोध ने उन मुक्ति संग्रामों में अपनी भागीदारी महसूस की-

"पृथ्वी के प्रसारों पर
जहां भी स्नेह का संगर
वहां पर एक मेरी छटपटाहट है...
धरती के विकासी द्वन्द्व क्रम में एक मेरा पक्ष
मेरा पक्ष निस्संदेह।" (अंतःकरण का आयतन)

अपने देश भारत में कवि ने देखा कि जनता बुरी तरह त्रस्त है। पूंजीवादी सत्ता के

शोषण, दमन एवं अत्याचार से सामान्यजन बेहाल है। फासिस्ट शक्तियां आतंक फैला रही हैं। जनता की स्वतंत्रता छीनी जा रही है। मुक्तिबोध ने पूंजीवादी व्यवस्था एवं दमनकारी सत्ता के विरुद्ध जबर्दस्त मोर्चा खड़ा किया। 'एक भूतपूर्व विद्रोही का आत्मकथन' में सामंतवाद के विरुद्ध विद्रोह के रूप में जनक्रांति का पूर्वाभास है। सामंतवाद का महल तो ढह गया, लेकिन जो बागी थे वे भी ढहे हुए मकान के नीचे दब गए। क्यों ऐसा हुआ? बागी के शब्दों में-

"हम इसलिए
मरे कि जरूरत से
ज्यादा नहीं, बहुत-बहुत कम
हम बागी थे!!"

'चांद का मुंह टेढ़ा है' में क्रांति का अगला चरण है। यह क्रांति पूंजीवादी व्यवस्था एवं फासिस्ट शासन के विरुद्ध है। 'चांद का मुंह टेढ़ा है' में सत्ता का दमन और आतंक बढ़ गया है। शहर में कर्फ्यू है। 'कहीं कोई चीख, कहीं बहुत बुरा हाल रहे!', 'समय काला-काला है', 'चांदनी भी संवलाई हुई है', 'भुसभुसे उजाले का फुसफुसाता षड्यंत्र। जमाना भी सख्त है' आदि पंक्तियों में षड्यंत्रकारी शासन के आतंक को संकेतित करने के बाद कवि ने शहर के कर्फ्यू और उसके जहरीले आतंक को मूर्तिमान कर दिया है-

"गगन में कर्फ्यू
वृक्षों में बैठे हुए पक्षियों पर कर्फ्यू
धरती पर चारों ओर जहरीली छीः थू।"

कर्फ्यू लागू करने वाली सत्ता के आतंक, शोषण एवं अमानवीयता को कवि ने शब्दबद्ध किया है-

"इसीलिए आजकल
दिन के उजाले में भी अंधेरे की साख है
इसीलिए संस्कृति के मुख पर
मनुष्यों की अस्थियों की राख है
जमाने के चेहरे पर
गरीबों की छातियों की खाक है!!"

ऐसी सत्ता के विरुद्ध क्रांति का सूत्रपात होता है। अंधेरे के कंधों पर भड़कीले पोस्टर लगाए जाते हैं, क्योंकि देश की इस नाजुक घड़ी में पोस्टर ही कविता है। इन पोस्टरों से जमाना अपनी मनवांछित तस्वीरें चाहे बना न पाए, लेकिन ये क्रांति की आग तो धधका जाएंगे। सचमुच ये पोस्टर जमाने के पैगम्बर हैं। कवि के शब्दों में 'प्रतिरोधी कविता बनते हैं पोस्टर/जमाने के पैगम्बर।"

'चांद का मुंह टेढ़ा है' का प्रतिरोध 'अंधेरे में' कविता में क्रांति में परिणत हो जाता है। "किसी जनक्रांति के दमन-निमित यह/मार्शल लॉ है!!" क्रांति की ओर स्पष्ट संकेत

है। आगे "कहीं आग लग गई, कहीं गोली चल गई" की आवृत्ति द्वारा कवि ने क्रांति के आवेग एवं सत्ता की दमन नीति को दर्शाया है। मुक्तिबोध ने क्रांति की पक्षधरता करते हुए आततायी सत्ता के विरुद्ध अभिव्यक्ति के सारे खतरे उठाने की घोषणा की है, "अब अभिव्यक्ति के सारे खतरे/उठाने ही होंगे/तोड़ने होंगे ही मठ और गढ़ सब।" यह अभिव्यक्ति शब्दाभिव्यक्ति मात्र नहीं है। आततायी सत्ता के गढ़ों और सामंती पूँजीवादी व्यवस्था के मठों को तोडना है।

क्रांति की पक्षधरता के कवि-संकल्प के विरुद्ध जनक्रांति के प्रति मध्यवर्गीय बुद्धिजीवी की प्रतिक्रिया उनकी मौकापरस्ती, सुविधाभोगी वृत्ति एवं चाटुकारिता का प्रमाण है -

"सब चुप, साहित्यिक चुप और कविजन निर्वाक्
चिन्तक, शिल्पकार, नर्तक चुप हैं;
उनके खयाल से यह सब गप है
मात्र किंवदन्ती।"

वे सब 'रक्तपायी वर्ग से नाभिनालबद्ध' होकर 'नपुंसक भोग-शिरा-जालों में उलझे' हैं। देश का बौद्धिक वर्ग समाचार पत्रों के स्वामियों के क्रीतदास बन क्रांति विरोधी प्रचार में लगे हैं। उनके द्वारा "गढ़े जाते संवाद, गढ़ी जाती समीक्षा/गढ़ी जाती टिप्पणी जन-मन-उर-शूल।"

जनक्रांति के संदर्भ में मुक्तिबोध ने मध्यवर्गीय बुद्धिजीवी के चरित्र का जो बयान किया है, वह नव-उपनिवेशन एवं साम्राज्यवादी पूंजीवाद के भारतीय संदर्भ में अत्यंत प्रासंगिक है। बौद्धिक वर्ग अब सत्ता एवं व्यवस्था के पक्षधर ही नहीं, उसके हिस्सेदार भी बन बैठे हैं। वे नवपूंजीवाद से सांठ-गांठ कर रहे हैं। मध्यवर्ग का साधारण जन बेहाल है। मजदूर रोजगार से वंचित हैं। किसान ऋणभार से निरुपाय हो आत्महत्या कर रहे हैं। अपने जमाने में मुक्तिबोध ने जो सवाल उठाए थे, वे आज भी प्रासंगिक हैं, "मेरे सामने हैं प्रश्न/क्या होगा कहां किस भांति/मेरे देश भारत में/पुरानी हाय में से/किस तरह से आग भभकेगी, उड़ेंगी किस तरह भक् से/हमारे वक्ष पर लेटी हुई/विकराल चट्टानें/व इस पूरी क्रिया में से/उभरकर भव्य होंगे/कौन मानव गुण?" (चकमक की चिनगारियाँ)

मुक्तिबोध का संपूर्ण जीवन मध्यवर्ग के व्यक्तित्वांतरण द्वारा वर्गहीन एवं शोषणमुक्त समाज के निर्माण में बीता। लेकिन अपने प्रयास में उन्हें वांछित सफलता नहीं मिली। मुक्तिबोध ने यह स्वयं महसूस किया था, "मैं खुद मर-मर कर जिया/अंधेरे कोने में एकांत/न जाने किस मास्टर की डांट पड़ रही है/"जितना भी किया गया/उससे ज्यादा कर सकते थे/ज्यादा मर सकते थे" अब कांट-छांट की बाट हर घड़ी है।" (इस चौड़े ऊंचे टीले पर)

जैसे मुक्तिबोध के लिए 'अब कांट-छांट की बाट हर घड़ी है' वैसे नव-उपनिवेशन एवं नव-साम्राज्यवाद के इस दौर में बढ़ते शोषण और आतंक के बीच, सर्वग्रासी संकट के बीच, हर लेखक एवं कवि के लिए, व्यक्ति मात्र के लिए आत्मालोचन एवं कांट-छांट का समय आ गया है।

रघुवीर सहाय का लोकतंत्र

भारतीय संविधान की प्रस्तावना के अनुसार भारत एक सार्वभौम, समाजवादी, धर्म निरपेक्ष जनतांत्रिक गणराज्य है। इस गणराज्य की शासन प्रणाली है लोकतंत्र। इस तंत्र में प्रजा के प्रभुत्व की वजह से लोकतंत्र जनतंत्र कहलाया। जनतंत्र पश्चिम की 'डेमोक्रेसी' का वाचक शब्द है। जनतंत्र वह शासन व्यवस्था है जो 'जनता का, जनता के लिए, जनता द्वारा परिचालित है। भारतीय जनतंत्र में जन या नागरिक की निर्णायक भूमिका है। संविधान के अनुसार राज्य के सब नागरिकों को विचार, अभिव्यक्ति, विश्वास, आस्था और आराधना की स्वतंत्रता होगी। उनके बीच ऐसा बंधुत्व होगा जो व्यक्ति की गरिमा को सर्वोपरि मानेगा। गत पैंसठ वर्षों में भारत के संविधान में 99 संशोधन हुए हैं। वे संशोधन संविधान के मूल ढाँचे को बरकरार रखते हुए किये गए। 26 जनवरी 2015 को भारत सरकार के सूचना एवं प्रसारण मंत्रालय ने संविधान की जो प्रस्तावना प्रकाशित की उसमें 'धर्मनिरपेक्ष' और 'समाजवादी' शब्दों को छोड दिया गया है। संविधान सभा की बहस के दौरान डॉ. बी.आर. अम्बेडकर ने इन शब्दों पर चिंता करते हुए कहा था कि ये सतही एवं सामान्य शब्द हैं। राज्य स्वयं अपने पथ निर्धारण में स्वतंत्र है। देश की वर्तमान परिस्थितियों में यह प्रश्न प्रासंगिक है कि भारत कौन सा पथ चुनने जा रहा है।

भारतीय जनतंत्र के सन्दर्भ में संविधान के साथ उठनेवाले शब्द है संसद, जनता और राजनीति। संसद के साथ राज्य सत्ता जुडी है। सत्ता से जुडे नेता गण है। जनता लोकतंत्र का आधार है। लोकतंत्र एक राजनैतिक व्यवस्था है। लोकतंत्र का मूलमंत्र स्वाधीनता या स्वतंत्रता है। लेकिन स्वतंत्रता पर देश हित एवं नागरिक कर्तव्य का अंकुश तो बना ही रहता है। जहाँ किसी भी प्रकार का नियंत्रण हो वहाँ विरोध सहज है। विरोध और असहमति पर आधारित बहस के द्वारा ही लोकतंत्र की स्वस्थ परंपरा कायम रहती है। असहमति और विकल्प की संभावना की बहस राजनीति के साथ साहित्य में भी चलती है। राजनीति के लोकतंत्र के साथ साहित्य का भी एक लोकतंत्र है। लोकतंत्र और साहित्य विषयक समस्त चिंतन साहित्य के लोकतंत्र के आधार पर होता है और होना भी चाहिए।

रघुवीर सहाय पहले कवि हैं जिन्होंने साहित्य के लोकतंत्र पर बहस शुरू की थी। वे अखबार नवीस रहे। पत्रकारिता ने उन्हें जनता और राजनीति से जोडा। पत्रकार के नाते देश की राजनीति, जनजीवन और राज्य की सत्ता व्यवस्था से उनका साक्षात्कार और मुठभेड स्वाभाविक रहे। पत्रकार के अनुभव संसार के साथ कवि की संवेदना के योग से वह ज्ञानात्मक संवेदन बना जो रघुवीर सहाय के समस्त लेखन का आधार है।

रघुवीर सहाय की कविता संसद, नेता, लोग और राजनीति पर केन्द्रित है। उनकी कविता भारत की राज्य व्यवस्था में आये गतिरोध के साथ देश में सर्वव्यापी हो रहे भ्रष्टाचार, पाखंड, हिंसा, हत्या और जनविरोधी हरकतों का साक्ष्य प्रस्तुत करती है। भारतीय संविधान में संसद मंदिर के समान पवित्र माना जाता है। संसद के अधिकार असीम हैं। देश के सारे कानून यहाँ बनते हैं। संसद भारतीय जनता का भाग्य विधाता है। लेकिन अब संसाद जनता के हित के संरक्षण की अपेक्षा जन-विरोधी रवैये और कानून बनाने में मशगूल है। सारा लोकतंत्र संसद के लिए एक मजाक है। रघुवीर सहाय संसद पर व्यंग्य करते हैं : "राष्ट्र की/संसद एक मंदिर है जहाँ किसी को द्रोही कहा नहीं/जा सकता/ दूधपिये मुँहपोंछे आ बैठे जीवनदानी गोंद-/दानी सदस्य सम्मुख धर/बोले कविता में देशप्रेम लाना हरियाना प्रेम लाना/ आइसक्रीम लाना है" (आत्महत्या के विरुद्ध) शासक बेईमान है और जनता एकदम त्रस्त और अकाल पीडित। लोग भूखों मर रहे हैं। इसपर भारत के संसद का रुख देखिए : "दस मन्त्री बेईमान और कोई अपराध सिद्ध नहीं/काल रोग का फल है अकाल अनावृष्टि का/यह भारत एक महागद्दा है प्रेम का/ओढने-बिछाने को, धारण कर/धोती महीन सदानन्द पसरा हुआ" (वही) सेना का नाम सुनकर देशप्रेम के मारे "मेज़ें बजाते हैं/सभासद भद भद भद" (वही)

जनता की समस्याओं के प्रति संसद एकदम असंवेदनशील बना रहता है। बीस साल जनता को धोखा देने के बाद भी उनसे कहा जाता है कि 'विश्वास करो, विश्वास करो/हम कार्रवाई करेंगे'। मंत्री हर मसले पर कार्रवाई करने का वायदा करते हैं। पर उस दिशा में कभी कोई कदम ही नहीं उठाते। संसद में जो बहसें होती हैं निरर्थक हैं। हर दल अपना पाप छिपाने के लिए बकवास करता है। जितना बडा दल होता है उतना ही वह देश को खा जाता है। 'एक अधेड भारतीय आत्मा' कविता की पंक्तियाँ हैं : "पूछेगा संसद में भोला भाला मंत्री। मामला बताओ हम कार्रवाई करेंगे/हाय-हाय करता हुआ हाँ-हाँ करता हुआ हें-हें करता हुआ/दल का दल/पाप छिपा रखने के लिए एकजुट होगा/जितना बडा दल होगा उतना ही खाएगा देश को।" (आत्महत्या के विरुद्ध) रंगीन फिल्मों की घटिया कहानी की सस्ती शायरी के शेर संसद सदस्यों से सुन चुकने के बाद कवि को लगता है : "एक बार जान-बूझकर चीखना होगा/ज़िन्दा रहने के लिए" (आत्महत्या के विरुद्ध)

भारतीय संसद की स्थिति हास्यास्पद है। कहने को तो संसद में जनता के प्रतिनिधि है। लेकिन संसद की सदस्यता भी विरासत मानी जा रही है। नेता मंत्री या दिवंगत नेता के परिवारी जन चुनाव लडकर सांसद बन जाते हैं। दूसरी ओर संसद में राजाओं रईसों और उद्योगपतियों का दल है। यूरोपीय शिक्षा प्राप्त टेकनोक्राटों और ब्यूरोक्राटों की पंक्ति अलग है। अपराधियों और अभियुक्तों का गिरोह है। इस संसद का चित्र रघुवीर सहाय ने प्रस्तुत किया है : "सिंहासन ऊँचा है सभाध्यक्ष छोटा है/अगणित पिताओं के/एक परिवार के/मुँह बाये बैठे हैं लड़के सरकार के/लूले काने बहरे विविध प्रकार के/हल्की-सी दुर्गन्ध से भर गया है सभा कक्ष।" (आत्महत्या के विरुद्ध) हमारी संसदीय व्यवस्था में जो मूल्यहीनता एवं सडन आई है उसका यह प्रभावोत्पादक चित्र है।

भारत में लोकतंत्र नेताओं के बल पर चलता है। रघुवीर सहाय ने नेताओं की चरित्रहीनता, भ्रष्टाचार, मक्कारी, धूर्तता, बडबोलापन और मसखरी को उघाड़ा है। नेता बात तो जनता के हित की करते हैं, लेकिन उसके लिए कोई कदम नहीं उठाते। वे तो अपना स्वार्थ साधते हैं और सरकारी धन से तगडे होते जाते हैं। 'नयी हँसी' कविता के नेता को देखिए : "महासंघ का मोटा अध्यक्ष/धरा हुआ गद्दी पर खुजलाता है उपस्थ/सर नहीं/ हर सवाल का उत्तर देने से पेश्तर/बीस बडे अखबारों के प्रतिनिधि पूछें पचीस बार/क्या हुआ समाजवाद/कहे महासंघपति पचीस बार हम करेंगे विचार/आँख मारकर पचीस बार वह, हँसे वह पचीस बार/हँसे बीस अख़बार" (आत्महत्या के विरुद्ध) नेतागण जातिवाद पालते हैं, लेकिन धर्म निरपेक्ष होने का बहाना करते हैं। धर्म संप्रदाय को लेकर उनका रवैया है : "राष्ट्र को महासंघ का यह सन्देश है/जब मिलो तिवारी से - हँसो - क्योंकि तुम भी तिवारी हो/जब मिलो शर्मा से - हँसो - क्योंकि वह भी तिवारी है/जब मिलो मुसद्दी से/ खिसियाओ/जातपाँत से परे/रिश्ता अटूट है/राष्ट्रीय झेंप का।" (आत्महत्या के विरुद्ध) हमारे नेतागण राष्ट्रीय झेंप के जीवंत पुतले हैं।

'अकाल' शीर्षक कविता में दीन-हीन बूढे रामगुलाम के सामने प्रकट होनेवाले नेता प्रतिष्ठित पंडित राजाराम का रोब देखिए : "मारते वही जिलाते वही/वही दुर्भिक्ष वही अनुदान/विधायक वही, वही जनसभा/सचिव वह, वही पुलिस कप्तान।" (आत्महत्या के विरुद्ध) ये नेता ही जन के कर्ता धर्ता विधाता बने हुए हैं। वे ही भारत भाग्य विधाता हैं। मन्थर मटकता मंत्री मुसद्दीलाल महंत मंच पर क्या चढ़ता है जनता की छाती पर ही बैठ जाता है। पद और सत्ता प्राप्त करने के लिए वह किसी से भी साँठ गाँठ जोडने में नहीं चूकता : "वसन्ती रंग जानते थे न पंसारी न मुसद्दीलाल/दोनों ने राय दी/कन्धे से कन्धा भिड़ा ले चलो/पालकी।" (आत्महत्या के विरुद्ध) कन्धे से कन्धे भिडा पालकी ले चलने में उनका पौ बारह है। लेकिन भ्रष्टाचार और लूट से देश तबाह हो जाता है। जन परेशान हो जाता है। खैराती

अस्पताल में दवा पाने के लिए भी उसे नेता को प्रसन्न करना पडता है : "दर्द, खैराती अस्पताल में डाक्टर ने कहा वह मेरा काम नहीं/वह मुसद्दी का है/वही भेजता है मुझे लिखकर इसे अच्छा करो/जो तुम बीमार हो तुमने उसे खुश नहीं किया होगा/अब तुम बीमार हो तो उसे खुश करो/कुछ करो।" (आत्महत्या के विरुद्ध) भ्रष्टाचार अघोषित कानून बन चुका है। अब खिसियाते कुलपति मुसद्दीलाल और घिघियाते उपकुलपति हमारे सामने हैं। मुसद्दी मानों भ्रष्ट नेता का प्रतीक चरित्र बना हुआ है। ये नेता जब बडे होते हैं, अमीर बन जाते हैं तो बडे दुष्ट बन जाते हैं : "छोटे कद के बूढे जब अमीर होते हैं/कितने दुष्ट लगते हैं" (हँसो हँसो जल्दी हँसो) कद में छोटे, देखने में अकिंचन लेकिन लूट खसोट में चतुर, दर्प के जीवित पुतले हमारे संसद और सत्ता के चिर परिचित चेहरे हैं।

नेता अपने को जनता के ऊपर मानते हैं। उनका यह दावा है कि उन्होंने जनता के लिए बहुत किया है, फिर से बहुत करेंगे। लेकिन जनता ने कुछ नहीं किया है; इसलिए हम यह नहीं कहेंगे कि हम अब क्या और करेंगे : "हमने बहुत किया है/जनता ने नहीं किया है/हमने बहुत किया है/हम फिर से बहुत करेंगे/हमने बहुत किया है/पर अब हम नहीं कहेंगे/कि हम अब क्या और करेंगे/और हमसे लोग अगर कहेंगे कुछ करने को/तो वह तो कभी नहीं करेंगे।" (हँसो हँसो जल्दी हँसो) ऐसे नेता ही तानाशाह बन जाते हैं। रघुवीर सहाय ने 'हा हा हा' शीर्षक कविता में एक ऐसे तानाशाह का चित्रण किया है जो आबादी के उस हिस्से को खत्म कर देता है जो उससे असहमत है या उसके साथ सक्रिय सहयोग करने से इन्कार करता है। (हँसो हँसो जल्दी हँसो)

नेता हमेशा दल बदल के लिए तैयार रहते हैं। भारत की राजनीति आयारामों और गयारामों की राजनीति है। विपक्ष की सरकार बन जाती है तो पहले वाले शासक दल का महामंत्री तक दल बदलकर नयी सरकार में शामिल होना चाहते हैं। इसके लिए वे आदर्श बघारते हैं, जनवादी वादों की घोषणा करते हैं : "गाकर सुनाता है/जनवादी वादों की घोषणा/महामंत्री/जनता के लिए नहीं/वह विरोधियों को प्रमाण दे रहा है/कि मैं दलबदल के लिए योग्य व्यक्ति हूँ" (आत्महत्या के विरुद्ध)

लोकतंत्र में जनता का महत्व स्वयंसिद्ध है। बिना जनता के लोकतंत्र की कल्पना भी नहीं की जा सकती। रघुवीर सहाय की कविता में जनता साधारण जन या लोग के रूप में प्रकट होती है। उनके एक काव्य संग्रह का नाम ही 'लोग भूल गये हैं' है। रघुवीर सहाय के लोग मूर्खता की हद तक भोले, अकिंचन, दीन-दुखी और अपने भाग्य पर जीनेवाले हैं। वे व्यवस्था के प्रति शिकायत नहीं करते, अपनी नियति को नहीं कोसते। जैसी जिन्दगी उन्हें मिली है उसे वे चुपचाप जी लेते हैं। लोगों की कोई अस्मिता नहीं, पहचान नहीं : "लोग सिर्फ लोग हैं, तमाम लोग, मार तमाम लोग। लोग ही लोग हैं चारों तरफ़ लोग, लोग, लोग। मुँह बाये हुए लोग और आँख चुँधियाये हुए लोग। कुढ़ते हुए लोग और बिराते हुए लोग। खुजलाते हुए लोग और सहलाते हुए लोग" (सीढियों पर धूप

में) इन लोगों के कारण दुनिया एक चिपचिपायी हुई-सी चीज़ हो गयी है, एक फँफुदियायी हुई चीज हो गयी है, एक बजबजायी हुई सी चीज हो गयी है। 'लोग भूल गये हैं' शीर्षक कविता में कवि ने ऐसे लोगों की मनोवृत्ति को उजागर किया है : "उसकी स्मृतियों में फ़िलहाल एक चीख और गिड़गिड़ाहट की हिंसा है। उसकी आँखों में कल की छीनाझपटी और भागमभाग का पैबन्द इतिहास। उसके भीतर शब्दरहित भय और जख्मी आग है" (लोग भूल गये हैं) ये लोग रघुवीर सहाय की कविता में खुशीराम, कमला, रमेश, मैकू, रामदास, रामू, दयाशंकर आदि कई नामों से आते हैं। 'कोई एक और मतदाता' कविता का खुशनसीब खुशीराम है : "दिन-रात साँस लेता है ट्रांजिस्टर लिये हुए खुशनसीब खुशीराम। फुरसत में अन्याय सहने में मस्त" (आत्महत्या के विरुद्ध) एक दिन दुपहर में खुशीराम छुरे से मारा गया। हत्या का कोई राजनीतिक कारण नहीं था। खुशीराम कत्ल का मसला नहीं बन सका, लेकिन बदचलनी का बना। उसने "जैसा किया वैसा भरा।" कवि से यह दुख बर्दाश्त नहीं होता। उसे लगता है "कितना अकेला हूँ मैं इस समाज में। जहाँ सदा मरता है एक और मतदाता" (वही)

अब रामदास की नियति देखें। उसे बता दिया गया था कि उसकी हत्या होगी। बीच सड़क पर लोगों के सामने उसकी हत्या हुई। लोग सिमटकर आँख गडाये देखते रहे। हत्यारा भीड ठेलकर लौट गया। छूटे हुए खून के फव्वारे में रामदास मरा पडा था। लोग 'देखो देखो बार बार कह' उस जगह खडे रहे और उन्हें बुलाने लगे जिन्हें संशय था कि हत्या होगी। सारी घटना और दृश्य अमानवीकरण का मूर्त रूप ग्रहण करता है। हत्या का अंदेशा होने पर भी लोग उसे बचाने की कोशिश नहीं करते। केवल दर्शक ही बने रहते हैं जैसे कि उसकी हत्या से उनका कुछ लेना-देना नहीं। हत्या के बाद भी लोग दुखी नहीं होते, वे उल्लसित होकर लोगों को जमा करते हैं जैसे कोई जलसा हो। यह भीड की मनोवृत्ति है। रघुवीर सहाय के 'लोगों' के नाम होते हुए भी वे चेहरे विहीन है। वे भीड के अंश हैं। ऐसे भीड नुमा लोगों से जो जनता कहलाती है उन्हें सख्त घृणा है : "एक मेरी मुश्किल है जनता। जिससे मुझे नफ़रत है सच्ची और निस्संग। जिस पर कि मेरा क्रोध बार बार न्योछावर होता है।" (आत्महत्या के विरुद्ध)

'मुझे कुछ और करना था' कविता का 'मैं' भीड का प्रतिनिधि है जिसमें थोडा सा विवेक जागा है। वह आत्मधिक्कार के स्वरों में मान लेता है कि मुझे कुछ और करना था। पर कुछ और कर रहा हूँ। इस डरावने समाज में रहकर चीखते रहने के अलावा मुझे कुछ और करना था। लेकिन मैं निकम्मा बना रहता हूँ। मैं चकित होकर देखता रह जाता हूँ कि सब सफल लोग कब सफल हो गये - "मैंने रोज़ रोज़ देखी एक बड़ी जाति के जबड़े में जाती एक छोटी आस था। पाँच राज्य के अकाल में जीवित रह जाने की शर्म ढोते हुए। मुझे कुछ करना था" (हँसो हँसो जल्दी हँसो) लेकिन वह कुछ नहीं करता। वह पुस्तकालय में जाकर एक मोटी किताब हाथ में लेकर बैठ जाता है। यह भारतीय लोगों की मनोवृत्ति है जो उसकी समस्त पीडा, हार और पिछडेपन का कारण

बना हुआ है। इसके मूल में मध्यवर्गीय शहरी मानसिकता है। इस मानसिकता के चलते वे अपने ऊपर होनेवाले अन्याय, अत्याचार, हिंसा और हत्या को तुरंत भूल जाते हैं : "अत्याचारी का मुँह। लोग भूल जाते हैं। उसके मुस्काने पर" (लोग भूल गये हैं)

आज का लोकतंत्र अत्यंत दूषित हो गया है। लोकतांत्रिक मूल्य और लोकतांत्रिक पद्धति दोनों में भारी विघटन हुआ है। लोकतंत्र मूलतः एक राजनीतिक व्यवस्था है। आज यह व्यवस्था ही भ्रष्ट हो गयी है। भ्रष्टाचार, लूट खसोट, नौकरशाही और भाई भतीजावाद भारतीय लोकतंत्र और राजनीति का आम चरित्र बन गया है। लोकतंत्र देश की महानता के नाम पर केवल दिखावे की चीज़ हो गयी। "डब्बे में बन्द मछली हमारे लोकतंत्र का प्रतीक है" (लोग भूल गये हैं) भारतीय लोकतंत्र की असफलता एवं व्यर्थता पर रघुवीर सहाय की टिप्पणी है : "बीस वर्ष/खो गये भरमे उपदेश में/ एक पूरी पीढ़ी जनमी पली पुसी क्लेश में/बेगानी हो गयी अपने ही देश में" (आत्महत्या के विरुद्ध)

लोकतंत्र में शासक अपनी सत्ता को सुरक्षित रखना चाहते हैं। इसलिए वे लोकतंत्र पर खतरे की आशंका करते हैं। 'लोकतंत्र का अंतिम क्षण कहकर आप हँसे' में हँसनेवाले विपक्ष के नेता नहीं, सत्तारूढ़ दल के नेता ही हँसते हैं। सत्ता में सुरक्षित लोग ही खतरे की झूठी बात कर हँसते हैं। खतरे का डर दिखाकर वे लोकतंत्र को अपने हित में व्यवस्थित करना चाहते हैं। देश में व्याप्त अराजकता के नाम पर जनता पर नये प्रतिबन्ध लगाना चाहते हैं। वे हमेशा खतरे की घंटी बजाते रहते हैं। घंटी बजाकर बादशाह सो जायेंगे और सारी प्रजा चिंतित रहेगी : "ख़तरा होगा ख़तरे की घंटी होगी। और उसे बादशाह बजाएगा-रमेश" (हँसो हँसो जल्दी हँसो)

आज शासक जनता से एकदम दूर हैं। वे अपने दरबार के मंत्रियों, सलाहकारों एवं परिजनों की सलाह में कैद हैं। देश की जनता बेहाल है। 'दो अर्थ का भय' शीर्षक कविता में एक राजा और राजसभा का रूपक बाँधकर रघुवीर सहाय ने वर्तमान लोकतंत्र का बिगडा हुआ चेहरा प्रस्तुत किया है - "राजा ने जनता को बरसों से देखा नहीं। यह राजा जनता की कमज़ोरियाँ न जान सके इसलिए मैं। जनता के क्लेश का वर्णन करूँगा नहीं इस दरबार में (हँसो हँसो जल्दी हँसो) ऐसे लोकतंत्र में जो शासक को जनता का असली हाल बतायेगा उसका गलत अर्थ लिया जायेगा और वह मारा जायेगा - "वे मेरे शब्दों की ताक में बैठे हैं। जहाँ सुना नहीं उनका गलत अर्थ लिया और मुझे मारा" (वही) लोकतंत्र में इसलिए अब हत्याएँ होती हैं। जो सत्ता के निकट नहीं हैं और सत्ता के कृपाकांक्षी नहीं है वे ही सर्वप्रथम मारे जाते हैं : "लोकतंत्र में भी अब हत्याएँ होती हैं। सर्वप्रथम उनकी जो कृपाकांक्षी नहीं" (एक समय था)

जो एक बार सत्ता में आ जाते हैं वे सत्ता से चिपके रहते हैं। दूसरे के लिए अपनी कुर्सी खाली नहीं करते। मृत्यु तक वे अपनी कुर्सी संभाले रहते हैं। यहाँ तक कि बूढे

होकर भी वे 'जिए जाया करते हैं'। युवा तो युद्ध क्षेत्र में मारे जाते हैं, उस युद्ध क्षेत्र में जो राजा ने अपने से बहुत दूर जनता के बहुत पास बहुत दूर फैलाकर रखा है। कवि की टिप्पणी है : "अब कोई मरता है लोकतंत्र में वह। दरअसल हत्या होती है" और "एक घनी बस्ती में चुनकर लोग। मार दिये जाते हैं राजा को बनाये रखने के लिए आज।" (एक समय था) इस सन्दर्भ में रघुवीर सहाय की 'प्रश्न' कविता विचारणीय है। रामदास मनुष्य और मानवेंद्र मंत्री आमने सामने बैठे हैं। रामदास बोले कि आप लोगों को क्यों मार रहे हैं? मानवेन्द्र भौंचक सुनते रहे। रामदास को लगा कि मंत्री कुछ समझ नहीं पा रहे हैं। उसने निडर होकर कहा कि आप जनता की जान नहीं ले सकते। सहसा बहुत से सिपाही वहाँ आ गये।

सत्ता के आतंक और निरीह जनों की हत्या का डरावना दृश्य कवि ने तीन पंक्तियोंवाली कविता 'दृश्य' में प्रस्तुत किया है : "बंदूकें मकानों की तरफ मकानों में लोग। सडक पर एक एंबुलेंस एक लाश गाडी। और एक पुलिस वैन" (एक समय था) लोकतंत्र में ऐसे दृश्य आये दिन बडे पैमाने पर दिखाई देते हैं। कवि आपात्काल के षडयंत्र, दमन, उत्पीडन और हत्या के प्रत्यक्षदर्शी रहे। आपात्काल में सत्ता एकदम तानाशाही में बदल गयी थी। सारे नागरिक अधिकार छीन लिए गये थे। समाचार पत्रों पर सेंसरशिप लगा दिया गया था। सत्ता से असहमति घोर अपराध माना जाता था। तानाशाही के इस माहौल में लोग एक दूसरे को सन्देह की नज़र से देखते थे। लोग एक स्वाधीन व्यक्ति से डरते थे और उससे फासला बनाये रखते थे : "स्वाधीन इस देश में चौंकते हैं लोग। एक स्वाधीन व्यक्ति से" (आत्महत्या के विरुद्ध)

लोकतंत्र का यह अभिशाप है कि कोई शासक अपने पूर्ववर्ती शासक की गलतियों से कोई सीख नहीं लेता। वह रटता जाता है कि हम नया कुछ नहीं कर रहे हैं, हमारे पहले भी यही सब होता आया है : "दुनिया ऐसे दौर से गुज़र रही है जिसमें। हर नया शासक पुराने के पापों को आदर्श मानता" (लोग भूल गये हैं) इसका नतीजा यह होता है कि कुर्सियाँ बदल जाती हैं, लेकिन शासन की नीतियाँ नहीं बदलतीं। लोकतंत्र के नाम पर देश में यह गोरखधंधा चलता ही रहता है।

समस्त विवेचन के प्रसंग में यह प्रश्न उठता है कि भारतीय लोकतंत्र में कवि की हैसियत से रघुवीर सहाय की अवस्थिति क्या है। स्वयं कवि के अनुसार "मेरे लिए जनतंत्र का अर्थ केवल स्वाधीनता है। स्वाधीनता, पर अवश्य ही कहीं न कहीं संयमित स्वाधीनता।" (पूर्वग्रह अंक 66) कवि स्वाधीन बना रहना चाहता है। वह किसी के आदेश पर लिखना नहीं चाहता। कवि के लिए यह स्वाधीनता महँगी पड सकती है : "हो सकता है कि कोई मेरी कविता आखिरी कविता हो जाये। मैं मुक्त हो जाऊँ। ढोंग के ढोल जो डुंड बजाते हैं उस हाहाकार में। यह मेरा अट्टहास ज़्यादा देर तक गूँजे खो जाने के पहले। मेरे सो जाने के पहले" (आत्महत्या के विरुद्ध) तानाशाही शासन में उन कवियों का सम्मान नहीं जो सत्ता के चाटुकार नहीं

हैं : "हो सकता है कि उन कवियों में मेरा सम्मान न हो। जिनके व्याख्यानों से सम्राज्ञी सहमत हैं। घूर पर फुदकते हुए सम्पादक गदगद हैं" (वही) कवि का यह संकल्प नहीं है कि उसके बोलने या विरोध करने पर सत्ता का तिलिस्म टूटेगा। लेकिन उसके भीतर का कायर तो अवश्य टूटेगा : "कुछ होगा कुछ होगा अगर मैं बोलूँगा। न टूटे न टूटे तिलिस्म सत्ता का मेरे अन्दर एक कायर टूटेगा टूट" (आत्महत्या के विरुद्ध) भीतर के कायर के 'अच्छी तरह टूट' जाने पर कवि 'हर दिन मनुष्य से एक दर्जा नीचे रहने का दर्द' से मुक्त होगा। लोकतंत्र में जनता को मनुष्य होकर जीने का अधिकार दिलाना ही कवि का उद्दिष्ट है।

पक्षधरता की शालीन कविता

भगवत रावत की काव्ययात्रा लम्बी एवं बहुआयामी है। 20वीं सदी के सातवें दशक से 21वीं सदी के प्रथम दशक तक फैली अपनी लम्बी रचना-यात्रा में कवि समकालीन कविता से लेकर उत्तर-आधुनिक कविता तक के दौर से गुजरे। जनपदीय संस्कृति, वर्ग-चेतना एवं जनपक्षधरता की दृष्टि से भगवत का काव्य बाबा नागार्जुन एवं त्रिलोचन की काव्य-परम्परा में आता है। बुन्देलखण्ड की जातीय संवेदना एवं जनपदीय संस्कृति को लोकजीवन की लय एवं तर्ज में उतारनेवाला भगवत का काव्य कविता की लिखित परम्परा की अपेक्षा वाचिक एवं श्रोत संस्कार के अधिक निकट है। उसकी कविता में जो कथ्यात्मकता, कहानीपन एवं वर्णन की प्रवृत्ति है उसका स्रोत भी बुन्देलखण्डी लोकजीवन है। मार्क्सवादी चेतना से युक्त उनका जनपक्षधर काव्य राजनीति की गरमा-गरमी एवं प्रचार तन्त्र से एकदम मुक्त है। उसमें कहीं भी वैचारिक अन्तर्विरोध या बिछलन नहीं है। सामाजिक सरोकार, जनपक्षधरता एवं प्रतिबद्धता की जमीन पर अडिग रावत का काव्य प्रगतिशील कविता की नयी मिसाल एवं मुहावरा प्रस्तुत करता है।

भगवत रावत के काव्य-संग्रह है : (1) समुद्र के बारे में (1977), (2) दी हुई दुनिया (1981), (3) हुआ कुछ इस तरह (1988), (4) सुनो हिरामन (1992), (5) अथ रूपकुमार कथा (1993), (6) सच पूछो तो (1996), (7) बिथा कथा (1997), (8) ऐसी कैसी नींद (2004), 'उत्तर पटकथा बनाम सुराजे हिन्द' अन्तिम कविता है जो असंगृहीत है। भगवत रावत के उपर्युक्त संग्रहों की चुनी हुई कविताओं के दो संकलन निकले हैं : (1) हमने उनके घर देखे (2001), (2) अम्माँ से बातें और कुछ लम्बी कविताएँ (2008)

अपने कवि जीवन के आरम्भ में ही भगवत ने अपनी कविता और कविकर्म को परिभाषित एवं संकेतित किया था। मानवीय सभ्यता के अभूतपूर्व संकट की घड़ी में कवि के लिए लिखना अनिवार्य धर्म है - "इसलिए कि रास्ता और कोई नहीं लिखने के सिवाय।" कवि का लिखना "इसलिए नहीं कि लिखकर अमर होना है। इसलिए कि मर-मरकर लिखना है।" ('सच पूछो तो' का कवि वक्तव्य) 'मर-मरकर लिखना' शब्दों में भगवत की काव्य साधना का धर्म छिपा हुआ है। कविता कवि के लिए एक अनवरत

संघर्ष है; जीने का संघर्ष, मानवीय अधिकारों की प्राप्ति का संघर्ष, मानव विरोधी तत्वों के विरुद्ध संघर्ष। इस संघर्ष में कवि की सक्रिय भागीदारी ही भगवत की कविता है।

कवि को पूरा यकीन है कि कविता में शब्दों को मन्त्रों में बदलने का चमत्कार कवि से सम्भव नहीं है। लेकिन कवि शब्दों को अपने संसार तक ला सकता है। "मैं तो उन्हें अपने संसार तक ला सकता हूँ/अपनी दुनिया की तकलीफ/उसकी विकलता/उसका आवेश/और सब-कुछ बदल डालने की/गहरी इच्छा शक्ति की तरह/आँच में पकते हुए/वे तमाम चेहरे/उन्हें बतला सकता हूँ...." (पृ. 77, 'अम्माँ से बातें और कुछ लम्बी कविताएँ) कभी-कभी कवि को लगता है कि हर रोज कविता के भीतर कुछ-न-कुछ मर रहा है। "और आदमी है कि उसे फिर भी/कविता मे ही कहीं कोई उम्मीद नज़र आ रही है।" (पृ. 43, ऐसी कैसी नींद) इस उम्मीद के बल पर आदमी के भीतर की आँच को बचाये रखना कविता का धर्म है। लेकिन कवि की यह स्वीकारोक्ति है कि "पता नहीं अपनी बात कितनी कह पाया हूँ/हर बार यही लगता है/कि ठीक-ठीक कह नहीं पाया।" (पृ. 78- 79, 'अम्माँ से बातें और कुछ लम्बी कविताएँ') एक बृहत्तर समाज के निर्माण में संकल्परत हर ईमानदार कवि आत्मालोचन के क्षणों में यही महसूस करता है कि उसका कविकर्म अभी अधूरा है। यह कवि की ईमानदारी एवं प्रतिबद्धता का प्रमाण है। भगवत रावत के कविकर्म की सफलता का यह रहस्य है कि वे सतत आत्मालोचन करते जाते हैं। आत्मालोचन की यह प्रवृत्ति कवि को अन्तर्मुखी होने से बचाती है और उसे अधिकाधिक समाजोन्मुख करती है।

भगवत रावत की कविता का मिजाज समाज विमर्श का है। पूँजीवाद एवं औद्योगीकरण की तहत बढ़ते हुए शोषण और मानवीय अधिकारों के हनन के साथ नवउपनिवेशन एवं सांस्कृतिक साम्राज्यवाद की गिरफ्त में देश तथा समाज में बढ़ते संकट को कवि ने बखूबी पहचाना है। देश में निम्न एवं मध्यवर्ग शोषण और दमन के शिकार हैं। उच्च वर्ग, पूँजीपति एवं सत्ताधारी वर्ग सुखभोग में लिप्त हैं। भ्रष्टाचार, अपराध, हत्या एवं बलात्कार का बोलबाला है। जनता इन सबके प्रति उदासीन एवं तटस्थ है। शासक वर्ग का अपराधियों से साँठ-गाँठ है। 'हत्या और अपराध' शीर्षक कविता में कवि ने मौजूदा समाज का असली चेहरा प्रस्तुत किया है - कहने की जरूरत नहीं कि इन दिनों/अपराधी और हत्यारे खुलेआम घूम रहे हैं/और हम देख रहे हैं/वे हमारे घरों में घुसे हुए हैं और हम उन्हें चाय पिला रहे हैं/वे सम्मानित किये जा रहे हैं और हम तालियाँ बजा रहे हैं/....धीरे-धीरे हम उनके साथ होते जा रहे हैं/धीरे-धीरे हम उनकी आँख, नाक, कान, पैर और हाथ। होते जा रहे हैं।" (पृ. 37, ऐसी कैसी नींद) समाज के मौजूदा संकट के लिए हम स्वयं जिम्मेदार हैं। अत्याचार के प्रतिरोध के बदले जघन्य अपराध को अनदेखा कर जाना या तटस्थ दर्शक बने रहना अपराधी का साथ देना है। यह मानव विरोधी रवैया सचमुच बड़ा जुल्म है। 'कलियुग में जब' कविता में धर्म की धोखाधड़ी, बाजार का प्रलोभन और राजनीति के प्रपंच की ओर संकेत करते हुए कवि

ने यह चेतावनी दी है– "...मैं ही नहीं आप भी गहरे संकट में हैं/और वह दिन-ब-दिन गहराता जा रहा है।" (पृ. 35, ऐसी कैसी नींद) 'डूबता जहाज' शीर्षक कविता में कवि ने भारतीय प्रजातन्त्र एवं न्याय व्यवस्था को बेनकाब किया है। कविता में दो बिम्ब हैं। एक डूबते जहाज का, दूसरा उफनती नदी में बहते जा रहे लड़के का। अपार अथाह जलराशि में एक-एक इंच डूबते जहाज को पर्दे पर देखकर कोई बोल नहीं उठता - 'बचाओ, डूबते जहाज को बचाओ।' उफनती नदी में बहते जा रहे होनहार जवान लड़के को देखकर किनारे खड़े लोग तालियाँ बजा रहे हैं जैसे वह उसका जन्मदिन हो। कविता का प्रतीकधर्मी बिम्ब जहाज भारतीय प्रजातन्त्र एवं न्याय व्यवस्था का प्रतीक है। होनहार लड़का भारतीय युवाजन का प्रतीक है। ये 'बेहद मनोहारी नाटकीय दुर्घटनाएँ' देखकर भी किसी को अपना डूबना दिखायी नहीं देता। कवि की तल्ख टिप्पणी है - "कितना अच्छा है/किसी को दिखायी नहीं देता अपना डूबना/किसी को सुनायी नहीं देती अपने डूबने की आवाज/वरना कैसे देख पाते हम तटस्थ भाव से/कि हाथ जोड़े खड़ी है प्रजा बाहर घूप में/और अन्दर सभासद/एक-दूसरे के कान में फुसफुसाते हैं/डूबता है न्याय/तो डूब जाये/प्रजा को दिखाने के लिए/किसी तरह/उसकी मूर्ति को बचाओ।" (पृ. 48, सच पूछो तो) निर्जीव, प्राणहीन जनतन्त्र-शासित हमारे देश तथा समाज में ऐसे ढेर सारे दृश्य हैं जहाँ से हर समय 'बचाओ, बचाओ' की आवाजें आती ही रहती हैं। लेकिन जनता है कि निर्मम, तटस्थ तमाशबीन बनी हुई है।

नवउपनिवेशन के बाजार-तन्त्र ने भारत को उपभोगवादी देश बना दिया है। देश एक खुला बाजार बन गया है और हर घर मालगोदाम में बदला जा रहा है। देश को कैसे एक विशाल बाजार बना दिया गया उसका रोचक ब्यौरा 'अथ रूपकुमार कथा' में मिलता है। रूपकुमार की यह घोषणा स्वयं सत्ताधारी शासक वर्ग का दावा है- "लो मैंने खुलवा दी है सारी जगहों में/दुकानें ही दुकानें/खुलवा दिये सारे बन्द बाजार/अब किसी चीज की कमी नहीं होगी/आराम से जो जी चाहे खरीद सकते हो/जो जी चाहे बेच सकते हो।" इस पर कवि का तीखा व्यंग्य देखिए : "चलो जो हुआ अच्छा हुआ/मैं कुछ ख़रीद भले न पाऊँ/बिना किसी शर्म के बाजार में/बिक तो सकता हूँ।" (पृ. 99, हमने उनके घर देखे) 'मानो न मानो' शीर्षक कविता में उदारीकरण के तहत बाजारीकरण पर व्यंग्य किया है - "अब जबकि उदारता के ताश के/सारे पत्ते खुल चुके हैं/एक दिन बाजार में बेचने-ही-बेचनेवाले बेचेंगे/कहीं कोई खरीदनेवाला नहीं होगा।" (पृ. 95, ऐसी कैसी नींद) कहने को तो हम बाजार में खरीद रहे हैं, लेकिन सच तो यह है कि इस खरीदारी में हम अपने को बेच रहे हैं। बाजार में हम अपना धन ही नहीं लुटाते, अपनी अस्मिता को भी बेचते हैं। विदेशी बहुराष्ट्रीय कम्पनियों की माल की खपत में हम देश की अर्थ-व्यवस्था को तोड रहे हैं। अपनी आत्मनिर्भरता, स्वाधीनता एवं स्वाभिमान को गिरवी रखकर पश्चिम के सांस्कृतिक अधिनायकत्व को अपने ऊपर ओढ़ रहे हैं। इसका हमारी सभ्यता-संस्कृति पर घातक प्रभाव पड़ रहा है। भारतीय समाज का नैतिक पतन

हो रहा है। 'पेड़ों की आवाज' शीर्षक कविता की पंक्तियाँ हैं – "अपने-अपने सुरक्षित घरों में पर्दों पर/सम्भ्रान्त परिवारजन दूसरे की नजरें बचाते/संकोची लालसा से देख रहे हैं कामोत्तेजक दृश्य/और सभाओं में नैतिकता के पतन पर/शोक मना रहे हैं।" (पृ. 19, सच पूछो तो)

लोकधर्मी काव्य प्रकृति से संश्लिष्ट है। जातीय चेतना एवं चरित्र निर्माण में प्रकृति की निसर्ग भूमिका है। भगवत का काव्य प्रकृति पर मुग्ध एवं पर्यावरण के प्रदूषण के प्रति चिन्तित है। लेकिन भगवत की कविता की यह खूबी है कि उसमें प्रकृति का स्थूल रूप-सौन्दर्य चित्रित नहीं है। भोपाल की पहाड़ी पर छायी हरीतिमा और तालाब का लास्य 33-34 वर्षों तक नित्य निहारते रहने पर भी भगवत उसके स्थूल रूप पर मोहित नहीं हुए। एक साक्षात्कार में भगवत से यह पूछा गया कि 'क्या कारण है कि न तो पहाड़ों पर, न ही तालाबों पर आपकी कोई कविता है' (भगवत रावत से मालम सिंह की बातचीत पृ. 95, वसुधा 56-57 जनवरी-जून) कवि का यह उत्तर रहा - "ये सारी चीज़ें भोपाल की मुझे ताकत देती हैं। ये मेरी कविताओं में दृश्य रूप में तो दिखेंगी स्थूल रूप में कभी दिखायी नहीं देंगी। इनका चरित्र इनकी तरलता, इनकी ऊष्मा और शीतलता मेरी कविताओं में अगर कहीं है तो मेरी कविता सार्थक है।" सचमुच कवि ने आदमी में प्रकृति को समाहित पाया और उसकी धमनियों-शिराओं में बहते रक्त की तरह फैली कविताएँ देखीं - "आदमी/जिसमें समाहित है/फूल पत्तियाँ दरख्त पहाड़, नदियाँ/यहाँ तक कि/धमनियों शिराओं में/बहते रक्त की तरह/फैली है कविताएँ।" (पृ. 27, हमने उनके घर देखे) इसलिए कवि से अब कविताएं लिखी नहीं जातीं। कविताओं से हटकर वह सीधे आदमी पर आना चाहता है। यह कवि की युगबोध की पहचान है, उसकी सहज स्वीकृति है।

चार-पाँच दशक भोपाल में रहते हुए भी भगवत रावत के मन में उनका ग्राम टेहरका बसा रहा। बुन्देलखण्ड जनपद का जीवन, उसकी लोकचेतना और संस्कृति के साथ वहाँ की प्रकृति भी कवि की अन्तःचेतना में घुल-मिल गयी। यही कारण है कि भगवत की कविताओं में हम प्रकृति एवं मनुष्य को एकरूप एवं तदाकार पाते हैं। विन्ध्य की ऊबड़-खाबड़, लगभग निर्वसन आदिरूपा श्यामल-चट्टानी घाटियाँ आदिवासी जीवन और उसकी संस्कृति की ओर इशारा करती हैं। चकाचोंध पैदा करनेवाली बर्फानी घाटियों और पल-पल आकार बदलती रेतीली घाटियों में कवि को जीवन का दारुण दुःख ही दिखायी देता है। वे ही घाटियाँ प्रसन्नता में खुलती हैं तो आसमान में नगाड़े बज उठते हैं : "ये चकाचौंध पैदा करती बर्फानी घाटियाँ नहीं/न पल-पल आकार बदलती/मायावी रेतीली घाटियाँ हैं/जीवन के दुःख-सुख से अपनी विपन्नता में तपी/वही श्यामल चट्टानी घाटियाँ हैं/जो हमेशा अपने दारुण दुःख में/दुबकी ही रहती हैं/लेकिन प्रसन्नता में जब खुलती हैं किसी किताब की तरह तो/आसमान में नगाड़े बज उठते हैं।" (पृ. 13, सच पूछो तो)

वर्तमान समाज नफरत और सन्देह का उजाड़खण्ड बन गया है। प्रकृति पर भी उसका विनाशकारी प्रभाव पडता है। 'नफरत और सन्देह के इस बयाबाँ में' शीर्षक कविता में प्रकृति का यह बदलता रूप दिखायी देता है : "नफरत और सन्देह के इस बयाबाँ में/चीजें सारी वापस चली गयी हैं अपने-अपने में/घाटियों में वापस चले गये अच्छी हवा के झोंके/पानी में वापस चली गयी उसकी हिलोरें/फूलों में वापस चली गयीं उनकी खुशबुएँ/कण्ठों में वापस चली गयीं जानी-पहचानी आवाजें। गरज कि धरती के भीतर। वापस चला गया पेड़ का मन। और दिखने को दिख रहा ऊपर ऊपर।" (पृ. 65, सच पूछो तो) 'पेड़ों की आवाज' शीर्षक कविता की अनुपूरक पंक्तियाँ देखिए : "पेड़ों के पास नहीं बची है ऑक्सीजन/वे धरती पर चेतावनी की तरह खड़े हैं/और अब इन दिनों/कोई नहीं सुनता पेड़ों की आवाज" (पृ. 19, सच पूछो तो)

भगवत रावत की कविता लोकमानस की कविता है। निम्नवर्ग से लेकर मध्यवर्ग तक के जीवन-संघर्ष को सहज आत्मीय स्वरों में वाग्गी देनेवाली यह कविता है। अति बौद्धिकता एवं अति वैयक्तिक अन्तर्मुखता से मुक्त यह कविता यथार्थ की ठोस जमीन पर खड़ी है। पीड़ित, शोषित जन के हक में लिखी यह पक्षधर कविता है। सामाजिक उत्पीड़न, हिंसा एवं मानवीय अधिकारों के विरुद्ध की ताकतों के खिलाफ संघर्षशील यह कविता मार्क्सवादी प्रचार-तन्त्र से मुक्त और अपनी सर्जनात्मकता से परिचालित है। इसलिए इसमें कर्कशता नहीं, संयम है। आक्रामकता नहीं, शालीनता है।

कविता भगवत के लिए 'खुद के होने की कोई आवाज़' है। यह होना अपने सम्पूर्ण यातनामय अतीत में लौटना है। यह मात्र कवि की जिन्दगी में लौटना नहीं, सम्पूर्ण मध्यवर्ग की जिन्दगी को पुनर्रचित करना है। कवि के शब्दों में : "ऐसा कुछ करो/किसी अँधेरी सीलन भरी बदबूदार गली में/जीवन की तरह उतरकर देखो/बरसों पहले। पीपल के पत्ते की तरह थरथराता/छोड़ आये थे जो मुहल्ला/गलियों और गरीबी से/बजबजाता/एक बार नंगे पाँव/उसकी गलियों में घूम आओ/इसके बाद शायद/खुद को धिक्कारकर सन्तुष्ट हो लेने की यह भाषा। सूखी पपड़ी की तरह खुद-ब-खुद झर जाये/और बहुत देर तक मुँह से एक बोल तक न फूटे/फिर शायद कुछ जन्म ले भीतर/शायद तब सुनायी दे/बच्चे के पहली बार रोने-जैसी/खुद के होने की कोई आवाज। (पृ. 27, ऐसी कैसी नींद) 'बेतवा' कविता में भी कवि बुन्देलखण्ड की धरती पर दरिद्रता, अपढ़ता और पिछड़ेपन में बची हुई अपनी पहचान खोजता है। यह पहचान कवि को हाड़-तोड़-माटी के जीवन की बिथा कथा तक पहुँचाती है : "बुन्देलखण्ड की धरती पर/कुछ इतिहास और कुछ कथाओं के गौरव की छाया मे फैली पनपी/दरिद्रता अपढ़ता और पिछड़ेपन में/बची हुई अपनी पहचान खोजना/लौटना बार-बार उस तरफ/क्या चीज जीवित करती है तुम्हारे भीतर/वहाँ पहुँच जाने पर/आसपास से आती अपनी बोली बानी की/निचाट-नंगी-बेलौस आवाजें। जेठ की दोपहरी में चलती लू की तरह/कैसे बता देती है अपने-आप/हाड़-तोड़-माटी के जीवन की बिथा-कथा बिना कुछ कहे।" (पृ. 137-38, बिथा कथा)

भगवत का काव्य स्मृतियों एवं आत्मीय सम्बन्धों का एक जीता जागता संसार है। उसमें अनेक आत्मीय चेहरे दिखायी देते हैं। रेवतीरमण के शब्दों में "ये आत्मीय चेहरों की कविताएँ है, आत्मीय चेहरों की आभा से जगमग। इनमें सम्बन्धों के उदात्त भाव और रूप हैं, गहरे रचनात्मक स्तर पर वर्गीय आधार की समझ के साथ। (पृ. 57, वसुधा 56-57 जनवरी-जून 2003) कवि की स्मृति में उभरनेवाले चेहरों में प्रथम अपनी पत्नी का है। 'इतनी थक चुकी है वह' शीर्षक कविता में अंकित यह चेहरा है : "इतनी थक चुकी है वह/प्यार उसके बस का नहीं रहा/पैंतीस बरस के/उसके शरीर की तरह/जो पैंतीस बरस-सा नहीं रहा/....रोटी बेलते वक्त अक्सर वह/बटन टाँक रही होती है/और कपड़े फींचते वक्त/सुखा रही होती है धूप में/अधपके बाल/फिरकी-सी फिरती रहती है/पगलायी वह/बच्चों की डाँटती-फटकारती/और बिना बच्चों के सूने घर में/बेहद घबरा जाती है।" शब्दों में अनन्त व्यंजना शक्ति को छिपायी यह कविता मध्यवर्गीय परिवार की औरत के दुःख-दैन्य एवं विवशता की गाथा है।

अन्य आत्मीय चेहरों में कवि का बचपन का दोस्त रामचरन है। "वह इतना अच्छा गाता था/कि उस-जैसा गाने की सबकी इच्छा होती थी।" दूसरा चेहरा भूरी भाभी का है जो भूरी मेम की तरह भूरी थी। जब वह ब्याह कर आयी थी तो कवि को गोद में लिये फिरती थी। कवि सोचा करता था कि बड़ा होकर उसी से शादी करेगा। बशीर भाई का चेहरा है जो महँगाई के बावजूद प्याज की एक गाँठ ज़्यादा तौल देता है। बरतन माँजनेवाली बाई है जो हाड़-तोड़ मेहनत कर पैसे जोड़ रही है कि अपनी लड़की को बेचनेवाले सगे भाई और पति को किसी दिन जेल भिजवायेगी। एक और चेहरा प्यारेलाल का है जो "भाषा पढ़ते रहे/गणित में गच्चा खा गये।" और "असली दुश्मन पहचानने में चूक गये।" प्यारेलाल की नियति को कवि ने यों शब्दबद्ध किया– "तुमने तो किया था कर्म/फल जिनने चाहा था/उन्हें मिला।" (पृ. 16, अम्माँ से बातें और कुछ लम्बी कविताएँ)

कचरा बीननेवाली लड़कियाँ कवि की स्मृति में उभरे चेहरों में सबसे जबर्दस्त हैं। शहर के मोहल्ले के कूड़े के ढ़ेर पर चौपायों सी चलती-फिरती उन लड़कियों को देखिये : "अपनी त्वचा पर/कालिख की परतों पर परतें चढ़ाती/बालों को जट-जूटों की तरह/फैलाती बढ़ाती/बिना शरम-लिहाज/शरीर को चाहे जहाँ खुजलाती/पसीने और पानी के छींटों से बनी/मैल की लकीरोंवाले चेहरे पर/पीले दाँतों से/न जाने किसको मुँह चिढ़ाती/आठ-नौ बरस से/बीस-पच्चीस तक की उमर की/पता नहीं कब कैसे/किस कूड़े घर से। अपने पेट में/बच्चे तक उठा ले आती है/ये कचरा बीननेवाली लड़कियाँ।" (पृ. 29, सच पूछो तो) भारत के लोकहितवादी प्रजातन्त्र के चेहरे पर स्याह धब्बा लगानेवाली यह कविता भगवत की प्रगतिशील चेतना एवं जनपक्षधरता का ज्वलन्त प्रमाण है। कई अर्थों में यह निराला की 'तोड़ती पत्थर' के आगे की रचना है। श्रम के महत्व को गौरवान्वित करनेवाली महाकाव्यात्मक लघु कविता 'तोडती पत्थर' आत्मसम्मान

एवं विद्रोह के उजले अक्षरों में लिखी गयी है। लेकिन 'कचरा बीननेवाली लड़कियाँ' उपभोक्तावादी संस्कृति की विडम्बनाओं में मानवीय नियति की निरुपायता एवं करुणा को उभारते हुए देश तथा समाज के भविष्य पर प्रश्नचिह्न भी लगाती है।

भगवत रावत की लम्बी कविताएँ उनके रचना-संसार की महत्त्वपूर्ण उपलब्धि है। ये कविताएँ वस्तु एवं विन्यास की दृष्टि से लम्बी कविता की विधा के अन्तर्गत नहीं आतीं। ये कथात्मक दीर्घ कविताएँ हैं जिनमें कहीं-कहीं निबन्धात्मकता भी है। भगवत रावत कविता में कथातत्त्व पर जोर देनेवाले कवि हैं। कवि के शब्दों में "कथा यानी मात्र कहानी नहीं है। कथा अर्थात् एक तरह का काव्यात्मक बखान जिसके द्वारा कवि अपनी ओर से बिना ज्यादा कुछ कहे-सुने अपनी समस्त काव्यात्मक ऊर्जा के साथ अन्तरंग ढंग से पाठक तक पहुँचे और उसके मन-मस्तिष्क में कोई जगह बना ले।" (कवि कथन, पृ. 7, बिथा कथा)

कथात्मक कविताएँ वर्णन की कविताएँ होती हैं। वर्णन की कविता प्रबन्धात्मक काव्यों से भिन्न है। जीवन के तथ्यपरक यथार्थ की सामाजिक अनुभूति की अभिव्यक्ति वर्णन के द्वारा ही सम्भव है। वर्णन की यह विशेषता होती है कि वह क्रियात्मक होती है। वह केवल चित्रात्मक नहीं रहती। गतिशीलता वर्णन की अपनी शर्त है। सतत क्रियात्मकता एवं गतिशीलता से युक्त जीवन के तथ्यपरक यथार्थ की सामाजिक अनुभूति को वाणी देना ही वर्णन की कविता का धर्म है। यहाँ काव्यभाषा निरलंकृत एवं गद्य की भाषा से उपजी होती है। भगवत के अनुसार "आज की कविता में जो वर्णनात्मकता है उसके पास एक और तथ्यपरक यथार्थ है तो दूसरी ओर उसी के अनुरूप एक लगभग निरलंकृत भाषा है जिसका गद्यपन जीवन की सारी भंगिमाओं के साथ सामने फैला है और सौन्दर्य या काव्य उसके लिए इसी में कहीं छिपा हुआ है।" (पृ. 132, कविता का दूसरा पाठ और प्रसंग)

भगवत रावत की बहुचर्चित लम्बी कविताएँ हैं : 'नकद उधार' (1981), 'अम्माँ से बातें' (1988), 'जो भी पढ़ रहा है या सुन रहा है इस समय' (1988), 'सुनो हिरामन' (1992), 'अथ रूपकुमार कथा' (1997), 'बेतवा' (1997), 'कहते हैं कि दिल्ली की है कुछ आबोहवा और'। इन कविताओं के अलावा 'नया ज्ञानोदय' के अंक 87, मई 2010 में प्रकाशित 'उत्तर पटकथा बनाम सुराजे हिन्द' भगवत रावत की अन्तिम लम्बी कविता है जो अचर्चित रह गयी है।

'नकद उधार', 'अम्माँ से बातें', 'जो भी पढ़ रहा है या सुन रहा है इस समय' और 'बेतवा' कवि की आत्मपरक कविताएँ है जो आख्यान में आत्मकथा की सरहद छू लेती है। इन बहुचर्चित कविताओं में कवि ने अपने आत्मालोचन के बहाने निम्न एवं मध्यवर्गीय जीवन की विडम्बनाओं, विषमताओं और विरोधाभासों को उघाड़ा है। मध्यवर्ग की कमजोरियाँ, पिछड़ापन, दम्भ, मोह, दिखावट और मिथ्याडम्बर इनमें मूर्त हो उठे हैं। भारत के गरीब किसान और संकटग्रस्त मध्यवर्गीय जन अपनी स्थितियों से

कभी विद्रोह नहीं करते। उनकी यह सन्तोषी मनोवृत्ति है कि "थोड़ा-बहुत जो कुछ होता है/धीरज रखने से ही होता है।" और "उम्र के पहाड़ को किसी-न-किसी तरह/सबको काटना है/पेट की खाइयों को किसी-न-किसी तरह/सबको पाटना है।" (पृ. 25, बिथा कथा) इसी मनोवृत्ति के कारण मध्यवर्ग अपनी अभिशप्त नियति से कभी छुटकारा नहीं पाता। बँधी-बँधायी लीक की जिन्दगी की आवृत्ति-पुनरावृत्ति ही मध्यवर्ग की नियति लगती है।

'अम्माँ से बातें' में मैली-कुचली, अपढ और गन्दी बस्ती में पढ़े-लिखे और अपढ़ लोगों के बीच उत्पन्न वर्ग वैषम्य को दिखाते हुए कवि ने स्वयं मुहल्ले के दुःख को अपना दुःख मान लिया है। "अम्माँ वह था अपना दुःख/कुंजड़े दर्जी नाई का दुःख/धोबी का दुःख/बेवा हस्सन की माँ का दुःख/मिट्टी के बर्तनवालों का/खपरैलों की छतवालों का/गोबर लिपे घरों का/अपना दुःख था।" (पृ. 54, बिथा कथा) गप्पे कक्का की स्पष्टवादिता में देहाती किसान मजदूर की नीयत साफ झलकती है : "रोज कमाते हैं और रोज खाते हैं/हमको कहीं नहीं जाना है/इसी नीम के नीचे/अपना बाप मरा था/हमको भी मरना है/इसी नीम के नीचे।" (पृ. 58, बिथा कथा)

'जो भी पढ़ रहा है या सुन रहा है इस समय' हमवक्तों के साथ कवि का आत्मालाप है। "मैं भी तमाम लोगों की तरह/मामूली से घर में पैदा हुआ।" से आरम्भ कर कवि अपनी जिन्दगी की परतें खोलता है। कवि को यह पश्चात्ताप है कि "पिछले पचास सालों में/तेजी से बदलते अपने देश में/यह तक तो नहीं बना मुझसे/कि प्रेम विवाह ही कर लेता/शादी कर दी गयी/कर ली।" (पृ. 67, बिथा कथा) व्यवस्था की सीढ़ी पर घुसड़ के बैठे 'एक साथ सुखी और दुःखी' होते कवि का चित्र खास मनोवैज्ञानिक है : "व्यवस्था की सीढी के/तमाम पायदानों में से एक पर/ऐसे धुसड़ के बैठा हूँ/जिस पर एक साथ/सबसे ऊपर और सबसे नीचे होने का/अपार भ्रम होता है/जहाँ बैठकर आदमी/एक साथ सुखी और दुःखी होता है/अक्सर/दूसरों पर हँसता है/और नहीं जानता/कि ऐसा करते हुए/सिर्फ खुद पर रोता है।" (पृ. 67-68, बिथा कथा)

'बेतवा' गहरे नैतिक अपराधबोध के भीतर लिखी गयी कविता है। जिस गाँव के एक घर की गायों की सार में कवि ने पृथ्वी का पहला स्पर्श किया उस गाँव को, उसके घर, लोग, पेड़-पौधे, पशु-पक्षी, जलवायु को देख आने की बलवती इच्छा को कवि टालता रहा, इस बहाने कि 'समय नहीं है।' अन्त में चालीस बरस बाद साहस बटोरकर समय निकाला। गाँव गया। बेतवा माँ के पवित्र, जीवनदायी जल में स्नान किया। "बेतवा के जल का/स्पर्श करते ही पहुँच जाता हूँ पुरखों के पास/पूरे शरीर में समा जाती है उनकी गन्ध/मिल जाता है उनके हाथों स्पर्श जिन्हें देखा नहीं।" (पृ. 140, बिथा कथा) अपने पुराने मुहल्ले में कवि का नाम देकर आवाज करती और सिर पर हाथ फेरती, आशीष देती बुढिया की बूढ़ी आँखों की धुँधलाती रोशनी में कवि को अपने बचपन की

खोयी हुई चीज के मिल जाने की विह्वलता की अनुभूति हुई। अपनी जड़ों की ओर लौटने की यह प्रवृत्ति भगवत रावत के कवि को संवेदना की उर्वर पुख्ता जमीन प्रदान करती है।

'सुनो हिरामन' प्रेम की पवित्रता, स्फूर्ति एवं परिपाक की एक संश्लिष्ट कविता है। शैलेन्द्र की फिल्म 'तीसरी कसम' ने फणीश्वरनाथ रेणु के हिरामन को प्रणय का मिथकीय चरित्र बना दिया था। यह कविता भगवत रावत की अपूर्ण आकांक्षा की पूर्ति की कविता है। 'अठारह बरस' शीर्षक कविता में कवि की स्पष्ट स्वीकारोक्ति है : "मुझसे बनी नहीं कोई प्रेम कविता/पर असल में/मैं एक अच्छी प्रेम कविता ही तो/लिखना चाहता था/जिसे पाने के लिए/अब तक क्या-क्या नहीं लिखा/भागते-भागते/हाँफते-हाँफते।" (पृ. 34, हमने उनके घर देखे)

हिरामन ने भरी जवानी में ही यह ठान लिया था कि वह शादी नहीं करेगा। वह आँखों में महुआ घटवारिन का सपना लिये जी रहा था। नौटंकी की अभिनेत्री-रानी हीराबाई को अपनी बैलगाड़ी में बैठाकर एक कम्पनी से दूसरी कम्पनी में ले जाता था। उसने हीराबाई की हँसी भी देखी थी। अपने कन्धे पर उसका हाथ भी महसूस किया था। लेकिन उसके पास गाने को महुआ घटवारिन का गीत ही तो था। हिरामन के साथ वाचक की एक रात की बातचीत के तर्ज में लिखी यह कविता कवि के जीवन के आत्मीय प्रसंगों के साथ कला, साहित्य और संस्कृति के सवालों से जुड़ी है। इस कविता का एक सांस्कृतिक माहौल है जो पाठकों को भाव-विभोर कर देता है। हिरामन के भीतर से कवि का चेहरा ही झाँकता प्रतीत होता है। निम्न पंक्तियाँ निमोंही कवि की निरीह गृहस्थी का ही चित्र प्रस्तुत करती हैं– "न तो चोर बाजारी का माल है/न बाँस की लदनी है हिरामन/विधाता की जोड़ी गाँठवाली एक अदद मेहरारू/चार-पाँच बच्चे/कुछ बक्से/कुछ बर्तन-भाँड़े/बाकी सब कागज-पत्थर/सिर्फ कागज-पत्थर, कटे-लिटे-लिखे-छपे/बस इतना-सा माल-असबाब है/इस सबका वजन कितना होगा हिरामन/चले गये बेटा-बहू खाने-कमाने परदेस/बेटी चली गयी अपनी ससुराल।" (पृ. 94, बिथा कथा) सचमुच कवि का मन्तव्य समान दुःखी सभी हिरामनों का मेला लगाने का है। "दुनिया भर के सभी हिरामन/एक रात सब मिलकर नाचें/एक रात सब मिलकर गायें...." (पृ. 102, बिथा कथा) प्रेम की पीर की यह संवेदना कविता को उदत्त भावभूमि पर प्रतिष्ठित करती है।

'अथ रूपकुमार कथा', 'कहते हैं कि दिल्ली की है कुछ आबोहवा और' तथा 'उत्तर पटकथा बनाम सुराजे हिन्द' समकालीन जीवन में हस्तक्षेप की कविताएँ है जिनमें कवि का आलोचनाशील मुखर हुआ है। सचमुच ये लम्बी कविताएँ एक ही श्रृंखला की कड़ियाँ हैं। 'अथ रूपकुमार कथा' पहली कड़ी है, 'कहते हैं कि दिल्ली की है कुछ आबोहवा और' बीच की कड़ी तथा 'उत्तर पटकथा बनाम सुराजे हिन्द' अन्तिम कड़ी। इनमें कवि के आलोचनाशील का क्रमिक विकास देखा जा सकता है।

'अथ रूपकुमार कथा' राजा-रानी की लोक कथा परम्परा से आरम्भ हो भारत के समकालीन जीवन यथार्थ को वर्णनात्मक, मनोरंजक शैली में व्यंग्य एवं हल्के हास्य का पुट देकर प्रस्तुत करती है। पुराने राजपाटों के उजड़ने, राजा-रानी तथा राजकुमारों की सत्ता एवं हस्ती के विलुप्त होने पर देश में रूपकुमारों की परम्परा चल निकली। राजनीति, धर्म, नौकरशाही ही क्या जीवन के हर क्षेत्र में रूपकुमार अवतरित होने लगे। इन रूपकुमारों का यह वर्गीय चरित्र होता है कि आदमी जब अपनी लड़ाई लड़ रहा होता है तो रूपकुमार उसके आईने में अपनी छवि निहारते रहते हैं। जनता के अधिकारों की लड़ाई में स्वामित्व का उत्सव मनाना और उनकी अस्मिता के संघर्ष में अपना झण्डा फहराना रूपकुमारों का आम चरित्र है। आदमी अपनी लड़ाई लड़ता रहता है और रूपकुमार तालियाँ बजाता जाता है।

राजनीति एवं सत्ता के क्षेत्र में रूपकुमार कैसे अवतरित होते हैं, यह कवि के शब्दों में, "जनता जब बार-बार। कर जोड़ करती है प्रार्थना/बड़ी मुश्किल से तब/राजनीति में अवतरित होते हैं/रूपकुमार/आते ही वे अनाथ सत्ता की बागडोर सँभालते हैं/बैठते हैं उस कुर्सी पर/जो उनके लिए खाली पड़ी रहती है/जानते हैं जानकार/जन्म से ही सत्ता की चम्मच मुँह में दबाये/पैदा होते हैं रूपकुमार।" (पृ. 114-15, बिथा कथा) धर्म के क्षेत्र के रूपकुमार को देखिये : "उनकी वाणी में अमृत होता है/आँखों में सम्मोहन/चेहरे पर तेज/और हाथों में चमत्कार/रूपकुमारों की सारी किस्में/इनके आगे पानी भारती हैं/इनकी सभा में मत्था टेकते हैं बड़े-बड़े रूपकुमार/उनके दर्शन होते नहीं/वे दर्शन देते हैं/करोड़ों के वारे-न्यारे हो जाते हैं जब किसी शीश पर/आशीष का हाथ/धर देते हैं/भगवान रूपकुमार।" (पृ. 113, बिथा कथा)

शासक सत्ता के रूपकुमारों के बिना सभा संगोष्ठियाँ सफल नहीं होतीं। "विषय साहित्य हो, कला हो, समाज हो/या विज्ञान/शुभारम्भ करते हैं रूपकुमार/समापन करते हैं रूपकुमार/बीच में जो होता है/होता ही रहता है/उसे लेकर कोई होता नहीं परेशान/दूसरे दिन अखबारों में छपता वही है/जो बोले/या नहीं बोले/रूपकुमार" (पृ. 114, बिथा कथा) 'अथ रूपकुमार कथा' लम्बी कविता के कलेवर में समकालीन राजनीति, धर्म एवं समाज व्यवस्था में हस्तक्षेप की जबरदस्त कविता है। इसकी अगली कड़ी है 'कहते हैं कि दिल्ली की है कुछ आबोहवा और।'

रूपकुमार कथा का रूपक 'दिल्ली' में आकर अधिक खुल जाता है। दिल्ली भारत की राजधानी है। देश का केन्द्र है दिल्ली। बाकी देश उसकी परिधि है। अब केन्द्र और परिधि के बीच दूरियों के रिश्ते के सिवा कुछ नहीं बचा है - "चौकन्नी हो रही है परिधियाँ/वे अपने-अपने अलग-अलग केन्द्र बना रही हैं/अपनी-अपनी ताकत आजमा रही है/चारों ओर फैली है जातियों की भी जातियों/वर्णों के भी वर्णों और वर्गों के भी वर्गों की/अहम्मन्य अराजकता/मची हुई है मारकाट, तोड़-फोड़, खून-खराबा/हत्याएँ और अपराध हो रहे हैं/सामान्य घटनाएँ।" (पृ. 146, अम्माँ से बातें और कुछ लम्बी

कविताएँ) इसका यह परिणाम हो गया है कि "जड़ता-से-जड़ता की ओर जाता हुआ प्रजा का यह तन्त्र/सिर्फ एक मोहरा बनकर रह गया है/हल कुछ होता दिख नहीं रहा/सिर्फ समीकरण बदल रहे हैं।" (वही)

दिल्ली का चरित्र इतना बदल गया है कि अब उसका अपना मौसम है, अपनी हवाएँ है, अपनी गर्मी है, अपनी ठण्डक है, अपना तापमान है। दिल्ली के मायने और अर्थ-ध्वनियाँ इतनी बदल गयी हैं कि "जिसमें अच्छा खासा आदमी/एक बार भीतर तक चला जाये तो लौटकर/पहचान में न आये।" (पृ. 138, वही) दिल्ली इतनी बदल गयी है कि "दिल्ली में सब-कुछ मिलता है/बस दिल्ली ही नहीं मिलती।" (पृ. 151, वही) दिल्ली की अपनी भाषा है जो आपकी अपनी भाषा में सेंध लगाती है। आपको यह पता ही नहीं चलता कि कब आप अपनी ही भाषा में दिल्ली की भाषा बोलने लग जाते हैं, उसकी चाल में ढल जाते हैं और उसी की तरह रहने-सहने लग जाते हैं। आप दिल्ली के दास हो जाते हैं। आपको अपने अलावा दूसरों की आवाजें कम सुनायी देने लगती हैं। अपने लिखे के अलावा दूसरों का लिखा कम पढ़ाई में आने लगता है। आप फैसले सुनाने की आवाज में बोलने लग जाते हैं। आप आदमी को दूर से ही सूँघने लगते हैं। आदमी को उसकी हैसियत से पहचानने लगते हैं। यह सब भारत की राजनीति एवं शासक सत्ता की करामात है जिसकी चालक शक्ति दिल्ली है। दिल्ली का यह चरित्र वर्तमान जीवन की मूल्यहीनता एवं विघटन के साथ संस्कृति की ह्रासोन्मुखता को भी रेखांकित करता है।

'उत्तर पटकथा बनाम सुराजे हिन्द' भगवत रावत की अन्तिम महत्वपूर्ण कविता है जो अभी असंगृहीत है। 'नया ज्ञानोदय' के अंक 87, मई 2010 में यह कविता प्रकाशित हुई थी। भगवत ने यह कविता आजादी की तिरसठवीं तथा हिन्द सुराज की 102वीं वर्षगाँठ पर लिखी थी। यह कविता कवि के अपने देश और काल के उस हिस्से को देखने की कोशिश है जिसके लिए कहा जा रहा है कि "देखो देखो/हम कहाँ-से-कहाँ निकल आये हैं।" "हद हो गयी तिरसठ बरस हो गये/पर वह नहीं आया", "वह नहीं आया जिसे आना था", "वह नहीं आया जिसे आना चाहिए था" पंक्तियाँ जाहिर करती हैं कि देश को किसी की प्रतीक्षा है। लेकिन "कोई बताता नहीं उसका नाक-नक्शा/कद-काठी, रहन-सहन/बोली-बानी।" मगर भूख को उपवास में बदलकर मनुष्य के भीतर की आग को जगाने और जीवित करनेवाले महात्मा यह जानते थे कि अपने ही देश में किसका चेहरा बहाल करना है। "वह जानता था उसकी शक्ल-सूरत/उसका ओढ़ना-बिछौना, खाना-पीना। बोली-बानी। रहन-सहन और रख-रखाव।" इस पहचान और संकल्प के कारण वह मारा गया– "वह समझ गया था कि राष्ट्रगीत में वह जो/भाग्य विधाता है वह कौन होना चाहिए/और कौन होना चाहता था/इसीलिए उसको मार दिया गया/पहले उसका शरीर नष्ट किया/पर धीरे-धीरे उसे नष्ट किया गया/और उसका जो सबसे बड़ा दुश्मन था/उसी पर उसकी तस्वीर छापकर/उसे मुद्रा में बदल दिया गया।"

अब हिटलर की सोयी हुई आत्मा भी जागकर खुश हो रही है कि वह अभी मरा नहीं और सत्य तथा अहिंसा की जमीन पर जिन्दा है। हमने माँगा था कुछ और मिला कुछ और। पर किसी ने चूँ तक नहीं किया। अब देश का जीवन इतना बदतर है कि - - "घरों में घुसते रहे चोर लुटेरे, बदमाश/और सजाते रहे हम उनसे अपने घर और अब उनके/इतने गुलाम हो गये हैं/कि उनके बिना चल नहीं सकते/हिल नहीं सकते/उठ-बैठ नहीं सकते।"

देश की मौजूदा हालत का ब्यौरा देते हुए कवि ने रघुवीर सहाय, मुक्तिबोध और धूमिल का हवाला दिया है। कविता का उपशीर्षक भी कवि ने 'मुक्तिबोध, रघुवीर सहाय और धूमिल को याद करते हुए' रखा है। रघुवीर सहाय का हवाला देते हुए देश-सुरक्षा, कानून-व्यवस्था और अर्थ-व्यवस्था में बजते 'खतरे की घण्टी' की आवाज सुनायी है। लेकिन विडम्बना यह है कि उसे 'खुद बादशाह बजा रहा है।' "और वह दिन भी आ ही गया है/जब 'खतरा है, खतरे की घण्टी है'। और उसे 'खुद बादशाह बजा रहा है'/ बादशाह घण्टी बजाकर सो जाता है/और जनता रात भर जागती है।" भारतीय प्रजातन्त्र की विफलता और शासक वर्ग की प्रवंचना एवं निर्लज्जता की ये दस्तावेजी पंक्तियाँ है।

अपराध की राजनीति और राजनीति के अपराधीकरण ने देश की न्याय-व्यवस्था एवं अर्थ-व्यवस्था को तोड़ दिया है। शासक, पूँजीपति, व्यापारी, नौकरशाह सबकी मिली-भगत है। सबके पौ बारह हैं। हमारा जनतन्त्र 'अपराधियों का संयुक्त परिवार' बन गया है। मुक्तिबोध ने रात के अँधेरे में, शोभायात्रा में डोमाजी उस्ताद को दिखाया था। अब दिन के उजाले में खुली चौड़ी सड़क पर, सीना तानकर डोमाजी उस्ताद अपनी-अपनी शोभायात्राएँ निकाल रहे हैं – "सपने इस तरह भी सच होते हैं पहले पता न था/ चारों ओर फैल गये हैं/डोमाजी ही डोमाजी उस्ताद/मन्दिर से मस्जिद तक/संसद् से सड़क तक/साहित्य से लेकर कलादीर्घाओं तक के गलियारों में/खुद अपनी जय-जयकार बोलते हुए। रात के अँधेरे में/अपनी-अपनी टैरसों पर/की हुई हत्याओं का जश्न मना रहे हैं।"

धूमिल ने पहले-पहल भारतीय प्रजातन्त्र और समाजवाद की कलई खोली थी। भगवत ने अपनी 'पटकथा' में बार-बार घूमिल का नाम लिया है। "तुमने पहचान ली थी बीस सालों में ही/अपने इस लोकतन्त्र की चाल-ढाल/तुमने ही पहचाना पहले-पहल/ संसद् और सड़क के रिश्ते को/तुमने ही उघाड़ा उन चेहरों को जो विरोध में/मुट्ठियाँ ताने, और अपनी-अपनी काँख भी/दबाये रखने में माहिर हो चुके हैं इस लोकतन्त्र में/ तुमने ही पहचाना 'समाजवाद' के उस चेहरे को/जो मालगोदामों में रखी उन बाल्टियों की तरह है/जिस पर आग लिखा है और उनमें/रेत और पानी भरा है।" धूमिल ने ही कहा था पहली बार कि "एक ही संविधान के नीचे/भूख से रिरियाती हुई फैली हथेली का नाम/'दया' है/और भूख में/तनी हुई मुट्ठी का नाम/नक्सलबाड़ी है।" आजादी के बाद के अँधेरे में देश के चालाक सुराजियों को धूमिल ने ही बनेकाब किया था– "तुमने दिल्ली

के टी हाउस और कॉफी हाउस की/बहसों का खोखलापन देख लिया था/तुमने देख लिया था 'आजादी के बाद के अँधेरे में'/उन चालाक सुराजियों को जो/गर्म कुत्ता खा रहे थे और/सफेद घोड़ा पी रहे थे।"

"आजादी के बाद किसे आना था/वह कौन था/कैसा था।" यह 'धूमिल' सुदामा प्रसाद ही बता सकते थे। क्योंकि आजादी शब्द मुख से उच्चारित होते ही उसे पहले खेत ही याद आयी थी। वह खेतों की तरफ भाग था और खेतों में फूटते हुए अंकुर उसे 'कसरत करते हुए बच्चों की तरह' लगे थे। उसने एक बैल की पीठ थपथपायी थी। यह धूमिल ही थे जिसने सबसे पहले पहचाना कि "किसे आना था और कौन आ गया।"

आज देश का यह नक्शा है कि "उठते जा रहे हैं मंजिल-दर-मंजिल और-और/ऊँचे उठते हुए मकान/राजधानियों की सड़कें सज रही हैं/विकास की नयी-नयी तकनीकों से आँखें चौंधिया रही हैं/तेज रफ्तार की अन्धी भागदौड़ के शोर में/फटे जा रहे हैं कान/सुनायी दे नहीं रही खुद को अपनी ही आवाज।" लेकिन विज्ञान एवं प्रौद्योगिकी के चरम विकास के इस जमाने में भी खेतों में पानी नहीं पहुँचा। कवि का व्यग्य है – "खेतों में पानी नहीं पहुँचा तो नहीं पहुँचा/सब जगह पहुँच गये हैं मोबाइल/राष्ट्रीय शोक की तरह/राष्ट्रीय शर्म का कोई प्रावधान संविधान में नहीं है।" लेकिन हम सब मजे में है – "दरअसल सच बात तो ये है/हम सब बहुत मजे में हैं/सबका कारोबार बढ़ रहा है/दिन दूना-रात चौगुना।" लगभग समान पंक्तियाँ भगवत की कविता 'हे बाबा तुलसीदास' की हैं। "मजे में हैं यहाँ सब/हे बाबा तुलसीदास/कविताई ससुरी अब/कहाँ जाए का करी।" (पृ. 113, हमने उनके घर देखे) 'पटकथा' के साथ 'हे बाबा तुलसीदास' पढ़ने पर देश का दिन-ब-दिन स्याह होता हुआ चेहरा अपनी पूरी सच्चाई एवं विकरालता में हमारे सामने प्रकट होगा। 'कविताई ससुरी अब। कहाँ जाए का करी' में कवि ने वर्तमान संकट के समय कठिनतर होते कविकर्म को पहचाना है। भगवत रावत को पूरा यकीन है कि आम आदमी के पक्ष में सत्ता के खिलाफ, उसकी जन-विरोधी हरकतों के विरुद्ध की लड़ाई कविता में ही सम्भव है। भगवत रावत का सम्पूर्ण काव्य इस पहचान की सार्थक परिणति एवं प्रमाण है।

कविता की शानदार पदयात्रा

प्रेमशंकर रघुवंशी प्रगतिशील जनवादी धारा के कवि हैं। वे नागार्जुन एवं त्रिलोचन की परंपरा के कवि हैं। अपने गाँव-देहात से हमेशा जुडे रघुवंशी किसी राजनीतिक मतवाद या विचारधारा से बंधे कवि नहीं हैं। लुप्त होती हुई कृषक सभ्यता के अंतर्गत देहात, देहाती जन, खेत, खलिहान, मवेशी, ग्रामांचल के पहाड़, जंगल और नदियों से गहरी रागात्मक संलग्नता तथा भूमंडलीकरण की नव उपनिवेशी, नव पूँजीवादी महाजनी सभ्यता के प्रति विद्रोह रघुवंशी की कविता के मूल स्वर हैं।

रघुवंशी का रचना संसार विपुल है। उनके नौ काव्य संग्रह प्रकाशित हो चुके हैं : 'आकार लेती यात्राएँ', 'पहाडों के बीच', 'देखो साँप : तक्षक नाग', 'तुम पूरी पृथ्वी हो कविता', 'पकी फ़सल के बीच', 'नर्मदा की लहरों से', 'देखा, बिना नाम के तुम्हें', 'प्रणय का अनहद' और 'नहीं रहने के बाद' भी। उनके गीत-नवगीत संग्रह है : 'अंजुरी भर घाम', 'मुक्ति के शंख' और 'सतपुडा के शिखरों से'। रघुवंशी के प्रारंभिक काव्य संग्रह अब अनुपलब्ध हैं। स्वयं कवि के अनुसार उनके 'तुम पूरी पृथ्वी हो कविता', 'देखा, बिना नाम के तुम्हें', 'प्रणय का अनहद' और 'नहीं रहने के बाद भी' उनके उत्कर्ष काल के संग्रह हैं जो उनके रचना संसार का सही प्रतिनिधित्व करते हैं। इन्हीं संग्रहों के आधार पर प्रेमशंकर रघुवंशी की कविता का अध्ययन-विश्लेषण हमारा उद्दिष्ट है।

रघुवंशी का पहला काव्य संग्रह 1984 में प्रकाशित हुआ था। अपने अधुनातन संग्रह तक आते आते उन्होंने विकास के अनेक सोपान पार किये। उनके सामाजिक, राजनीतिक और मानवीय सरोकार प्रबल होते रहे हैं। आधुनिक सभ्यता के गहराते संकट के बीच कविता में सामाजिक चिंता का स्वर सर्वाधिक मुखर होता रहा है। भूमण्डलीकृत सभ्यता के दौर शहर में रहते हुए भी रघुवंशी की जडें गाँव में हैं। अपने गाँव देहात से उनका रागात्मक संबन्ध गाढ़ा होता गया। विष्णु खरे ने सही ही फरमाया है कि "अपने अंचल से गड़ा हुआ अपना खूंटा उन्होंने कभी नहीं तोडा है।" ('ये मेरी नहीं तुम्हारी हैं' शीर्षक भूमिका - 'नहीं रहने के बाद भी')।

रघुवंशी की कविता अपने गाँव-देहात और अंचल की प्रकृति, लोकजीवन, लोक संवेदना एवं लोकभाषा को धरोहर बनाये लोक संस्कृति का अक्षय कोष बना हुआ है।

इस विपुल काव्य संसार में देहात की प्रकृति की अनंत सुषमा के साथ बदलती ऋतुओं का एक समूचा दृश्य विस्मय है जिसमें रूप रस गंध का सागर लहराता है। यह सघन ऐन्द्रियता रघुवंशी को अपने समकालीन कवियों में एक विशिष्ट काव्य भंगिमा प्रदान करती है। 'नहीं रहने के बाद भी' संग्रह की 'किसान का बारहमासा' कविता दृष्टांत है। प्रकृति यहाँ लोक जीवन से गलबांही डाले प्रकट होती है। पके खेतों की तरफ तेजी से बढते चैत का चित्र देखिए : कमर में/हँसिया खोंसे/पके खेत की तरफ/तेजी से आते/चैत को मुडकर देखा/तो लगा/खेड़ापति वाले गेंवडे से/वनगूले उठाता/गाँव की तरफ आ रहा है।" (पृ. 74) तभी तलैया पार से दहवास टिटहरी कि अमराइयों से बचता बैसारत्र आ रहा होता है। वह सब पर तमतमाता रहता है। फिर जेठ आसाढ का आना जाना। फिर बनी रहनेवाली सावन की घटाएँ जिनकी हफ्तों लगी झरी से दीवाल गिर जाती है। कुअर (क्वार) के लौट जाने पर घर भर की प्रसन्नता का यह चित्र है : "घर भर का सामान/आँगन में सूखने डाल/कलेवा तैयार करती भौजी का/मन खिल जाएगा।" (पृ. 75) फिर पूस और माघ के बाद फागुन का आगमन "कि तभी गली-गली/रंग-गुलाल उछालता/नाचता-गाता फागुन/खलिहानों की लिपाई कर/कटी पूलियाँ ढोने छकड़ा लिए/खेतों की तरफ चल देगा चररमरर/जहाँ गूँजने ही वाले हैं कल से/चेतुओं के सहगान आठों पहर!!" (पृ. 76) ऋतुओं की बदलती भंगिमाओं में किसानी वृत्ति एवं चर्य्या का समाहार एवं समीकरण कवि के किसानी व्यक्तित्व की असली कसौटी है।

नई भूमंडलीकृत सभ्यता के आक्रामक तेवर में गाँव देहात उजडते जा रहे हैं। कृषक सभ्यता अंतिम घडियाँ गिन रही है। गौशालाएँ मिटती जा रही हैं। घूरे का गड्ढा जहाँ बारहवों मास खाद पकता रहता था हमेशा के लिए गायब हो गया है। 'शहर से लौटने पर' कविता में कवि का आत्मरोदन है : "कौन ले गया ग्वान/गाय-बैल घूरा/बिण्डा घिनोची कहाँ गये? कहाँ है खलिहान/मेरे बिरवा, खेत कहाँ है?" (पृ. 44, देखा, बिना नाम के तुम्हें) अपनी स्मृतियों में कवि ने गौशाला का मुग्धकारी चित्र प्रस्तुत किया है : "उधर वहाँ/वो देखो/चौपाल की जगह/खूँटों के निशान हैं/जिनसे अटके/गिरमों में बंधी/रम्हाती रहती थीं/श्यामा कपिला कबरी गायें हमारी।" (पृ. 42, वही) शहर जाते हुए सभी कुछ ठीक-ठाक छोड गया था कवि। आज लौटा है तो पाता है : "जाने कहाँ/किन-किन के कब्जों में/चला गया मेरा गाँव/कहीं कुछ भी तो/ नहीं रहा अपनी ठाँव!" (पृ. 44, वही) यह केवल कवि के गाँव के उजाड की कविता नहीं है, सम्पूर्ण भारतीय गाँव के उजाड और देहाती सभ्यता के विलुप्त होने की यह गाथा है।

भूमंडलीकरण की महाजनी सभ्यता का आतंक जिस तेजी से बढ रहा है उसका सही आख्यान 'जामला' है। जामला कवि के पुश्तैनी घर का बैल था। पकी जामुन-सा रंग था जामला का, तभी तो उसे जामला कहते थे। वह भरा-पूरा, लम्बा चौड़ा और छरहरा था "जिसके पासंग में/नहीं बैठता कोई भी नंदी/और उठान पर आते ही/ऐसी हिर्राती गाएँ/मानों खूँटियाँ उखाड़/या कि गले में बंधी रस्सियाँ/गिरमे तुड़ाए/आ लपकेंगी

जामले के पास।" (पृ. 72, प्रणय का अनहद) वृषभार्थ से भरा वृषभ कद वृषभ था जामला जो मोहनजोदड़ो हड़प्पा की खुदाई वाली प्राचीन मुद्राओं, सिक्कों में अंकित वृषभों से ज़्यादा गब्बर था।

अब शहर से जब भी कवि गाँव आता उसे जामले कहीं तो नहीं मिलते। गाँव का सारा परिवेश ही बदला हुआ है - "ना वे लोग, ना परिवेश/ना वे पतझर, ना बसंत/ना कहकहे लगाते/गली कूचे, कूल कछार/ना सुख-दुख बँटाते हाथ/ना एक दूजे का/पसीना पोंछते गमछे।" (पृ. 75, वही) गाँव का नक्शा ही एकदम बदल गया है। घरों से सटी गौशालाएँ गायब हैं। ढोर डंगर से भरी गुठान सूनी है। घर आँगन खेत खलिहान सब सूना है। मगर बिजली सड़क नहर नाली सब हैं। फोन मोबाइल कम्प्यूटर अखबार भी हैं। लम्बी महत्वाकांक्षी यात्राएँ हैं। इन सब के लिए लडते झगडते हाहाकार मचाते लोग हैं। नन्दीग्राम होते जा रहे गाँवों में जामलों की जरूरत नहीं। नई महाजनी सभ्यता में चालाकियों के साथ जनता की थालियों में भूख परोसी जा रही है। होरी धनिया और गोबर नई सभ्यता में भी महाजनों के शोषण के शिकार हैं। "गिरवी हैं अब भी होरी के खेत/बाहुबलियों के पास/बंधक हैं धनिया/कर्ज अदायगी की खातिर/जन्म-जन्मान्तरों के लिए यहाँ/और प्रेमचन्द के फटे जूते पहने/शहरों की तरफ चला जा रहा गोबर/कभी न लौटने के लिए।" (पृ. 76, वही) अब किसानी और कृषक सभ्यता भी गाँव से सदा के लिए बिदा ले रही है। इक्कीसवीं सदी के भारतीय गाँव की सही तस्वीर कवि ने प्रस्तुत की है।

कृषक सभ्यता में घर के जानवर घर के ही सदस्य थे। प्रेम, ममता, क्रोध, समझदारी, विवेक एवं समर्पण से युक्त। 'बेड़ई' कविता की भैंस जिसे दादी प्यार से पगली के अर्थ में बेडई पुकारती थी मानव एवं पशु जगत के सह अस्तित्व का अजीब नमूना है। उसकी अजीब हरकतें थीं। सिर्फ दादी ही उसे दुह पाती थी। धोखे से कोई और उसे दुहने की कोशिश करता तो त्रिशूल जैसे तीखे सींगों से मारने की मुद्रा बना वह जोर जोर से फुस्कार उठती, बिफर पड़ती। वह दादी के हाथों बना सानी-भूसा ही खाती थी। दादी नहीं दीखती तो वह पागलों सी अड़लाती और जैसे ही उनकी आवाज़ सुनती झूम उठती। कभी कभार घर का गुस्सा दादी बेडई पर निकालती तो वह बिना सींग हिलाये उनकी खीझ सह लेती और दादी की मार खा लेती। भैया भाभी को एक साथ गौशाला में देख बेडई इतनी प्रसन्न हो उठती मानों 'दूधों नहाओ पूतो फलों' का आशीर्वाद दे रही हो। वह घर के रिश्ते नाते खूब जानती थी। "बेड़ई जानती थी/घर के रिश्ते-नाते/और ये भी कि/कैसे फटते-उखटते हैं ये/और कैसे रफू/करते हैं इन्हें।" (पृ. 126, नहीं रहने के बाद भी) आज बेड़ई के न रहने पर भी उसकी आँखों की भाषा कवि को हमेशा एहसास कराती है कि दुग्धमय प्राण से ही जीवन का रचाव होता है। यह दुग्ध धारा लोकजीवन के सहज प्रेम एवं सौहार्द की धारा है जिसके सूख जाने से देहाती जीवन का प्राण तत्व ही नष्ट हो रहा है।

नव पूँजीवाद रचित उपभोगी बाजारी सभ्यता से लोकजीवन की जड ही उखाडी जा रही है। प्रकृति पर भारी आफत आ पडी है। जंगल काटे जा रहे हैं। कहीं जंगल में आग लगायी जा रही है। पहाडों जंगलों से लगे गाँव देहात आजीविका से वंचित हैं। उसकी सांस्कृतिक विरासत ही छीनी जा रही है। रघुवंशी की कविता की जडें लोक संस्कृति में हैं। उसकी निसर्ग जन्य प्रवृत्तियाँ और खूबियाँ उनकी कविता की सहज प्रेरणा है। लोकजीवन से जुडाव रघुवंशी की कविता का पुख्ता जमीन है। 'कीडे जो पड़े हैं आग में' और 'कविता नारक्यादाजी के साथ' कविताएँ रघुवंशी की रचनाभूमि की मूल प्रेरणा की ओर संकेत करती हैं। सई संमझा से बोष्ठती वाक्सियारी (बूढ़ी सियार) और वाक्सियारी के बोल में बडे संकट का अंदेशा करनेवाली दादी तथा किस्से सुनने दादी को घेरे बैठे बच्चे लोकजीवन की केवल स्मृतियाँ रह गयी हैं। सतपुड़ा के जंगलों में दूर तक पसरे दावानल की ओर संकेत कर दादी बताया करती थी कि आग को काबू में करते बुझाते जंगल के निवासी पीढ़ी-दर-पीढ़ी काले पडते गये। अब न वाक्सियारी बोलती है और न दादी माँ जिन्दा है। लेकिन अब भी जंगल में आग जलती है; वह हत्यारों द्वारा लगायी जाने वाली आग है। वह भयंकर एवं विनाशकारी है। "रात-बिरात चाहे जब/पहाड़ से कूदकर/खेत, खलिहान, बाड़ों में/घुस आती है/और बस्तियां आ जातीं/आग के कीड़ों की चपेट में/धधक उठतीं थूनियाँ, खूँटी/गिरमों में बँधी की बँधी जल जातीं/दूध पिलाती गायें बछडों समेत।" (पृ. 89, तुम पूरी पृथ्वी हो कविता) यह आग धन लिप्सा और हिंसा को प्रश्रय देती नयी सभ्यता की विनाश लीला का संकेत है।

ग्वाल जीवन लोक संस्कृति का चिर आकर्षण रहा है। दूध दही और गाय-भैंस केन्द्रित अर्थ व्यवस्था वाले ग्रामीण जीवन की धुरी ग्वाल ही होते हैं। ग्वाल जीवन पर केन्द्रित कितने ही लोकगीत और लोक कथाएँ हमारी प्राचीन संस्कृति की धरोहर बनी हुई है। कविता नारक्यादाजी के साथ कविता में रघुवंशी ने अपनी कविता को नारक्याजी की स्वप्न छवियों से जोडा है - "तत्परा है मेरी कविता/अपने गाँव के/नारक्यादाजी की स्वप्न छवियों के साथ!!" (पृ. 180, तुम पूरी पृथ्वी हो कविता) बडे सबेरे अपनी पहली हाँक से ही केडा केडियों, गाय बछडों को जंगल ले चलते नारक्याजी जंगल पहाड के छप्पे छप्पे पहचानते थे। पेड पर्वत की भाषा, गिलहरियों की उछलकूद, धींगा मस्ती और एक-एक पखेरु की चहक का अर्थ नारक्याजी जानते थे। घातक आहटों के इशारे और चकडबों में फँसी लोमड़ियों के मन्सूबे पहचानते थे। ऋतुओं को राग-विराग बाँटते नारक्यादाजी जब जनगीत आलापते थे तो मवेशियाँ भी आसक्त हो ठिठक कर देखने लगती थीं। शाम को अपने खाडू के साथ लौटते तो नारक्याजी वन के कंद मूल, शहद और फूलों के गुच्छों से लदे होते थे। सचमुच धरती की मीठी गन्ध से वे महक उठते थे।

रघुवंशी ने अपनी कविता को नारक्यादाजी के जीवन और चरित्र से एकीभूत माना है। अपने ही इरादों अहसासों से भरी यह कविता दाजी के संग-साथ रहती पलती बढती रही है : "बचपन में रेवड़ के पीछे-पीछे/घूल-घूसरित होती/तूंबी का पानी पीती/पुटरिया

से चटनी रोटी खाती/सुबह से शाम तक/दाजी के संग साथ रहती मेरी कविता/दोज़ख व दीन की परवाह किये वगैर/घूम रही अपनी ही ज़मीन पर/अब भी बिना किन्हीं अलंकरणों से लदी/बिना कहीं हमबिस्तर हुए/गर्दे गुबार चीरती/सभी की हरेक छोटी बड़ी चिंताएँ ढोती।/अपने ही इरादों/अहसासों से भरी मशगूल-/बिल्कुल बेबाक...।" (पृ. 179, 180 वही) रघुवंशी ने अपनी कविता के लोकधर्मी जनचरित्री रूप को रेखांकित किया है।

नव पूँजीवाद, भूमंडलीकरण और उदार बाजार ग्रामीण जीवन और लोक संस्कृति पर इस कदर हावी हो गये हैं कि जनपदों की अनेक सभ्यताएँ मिटती जा रही हैं। खास पेशेवर जनजातियों का अस्तित्व ही संकट में है। 'गोबर्या', 'लोहापीटों के डेरे' और 'जमना बेडनी और बिहारी ढोलकिया' कविताओं में रघुवंशी ने मध्यभारत के बुंदेलखंड एवं मालवा के जनपदों की चिरपरिचित लेकिन अब लुप्तप्रायः होते जा रहे जनसमुदायों के जीवन को मूर्त कर दिया है। इन कविताओं में जनपद की प्रकृति, जनचेतना, परंपरा और जीवन पद्धति की झाँकियाँ प्रस्तुत की गयी हैं।

गोबरया एक ऐसा समुदाय है जिसके लोग गोबर में से दाने छाँट उसे धो सुखाकर उसी के आटे की रोटियाँ खाते हैं। फसल के मौसम में ये खलिहानों में घूमते हैं और दावन में जुते बैलों का गोबर बटोर लेते हैं। पीढ़ियों से सिर्फ गोबर ही गोबर ढोनेवाले गोबर्या में ऐसी जिजीविषा है कि दमघोंटू जीवन में भी वह अपनी हड्डियों के भीतर फूल खिलाने की ताकत रखता है। उसके बच्चे खेलते आग के खेल हैं ; "कोई नाच-नाचकर/बजाता आग का गोला/कोई भागते हुए बनाता/लम्बी लकीरें, तो कोई/झण्डा-सा बनाकर/खूब-खूब किलकारियाँ देकर कहता/कि लो, फहरा लिया हमने सुर्ख परचम!" (पृ. 219, तुम पूरी पृथ्वी हो कविता) सुर्ख परचम क्रांति का प्रतीक है। घोर विपन्नता एवं भीषण गरीबी में भी गोबर्या की मेहरारू कभी उदास नहीं होती। मेहनत को लय ताल में ढालती वह कभी नहीं थकती। उसके पास "लोक धुनों में पगी/एक लम्बी विरासत है/आशा की, मस्ती की/सपनों की, समर्पण की/और हर हाल के रहते/फुर्तीली बनी रहने की।" (पृ. 221, वही) विपन्न जीवन जीते हुए भी गोबर्या में भविष्य को लेकर बडी उम्मीद है। उसका विश्वास है कि उसका लडका सामाजिक विषमता को मिटाने में कामयाब होगा और उसके अपने खेत होंगे। यह आशावाद ही लोकजीवन की धुरी है।

'लोहापीटों के डेरे' में साल में एक बार गाँव आनेवाले गडरिये लुहारों के जीवन की झाँकियाँ हैं। यायावरी गाडी पर अपनी गृहस्थी लादे ये लुहार जब गाँव के बाहर डेरा डालते हैं तो सारे गाँव में उत्सव सा मच जाता है। गाँववाले खुश हैं कि "अब दादा परदादाओं के/जंग लगे हथियार/ढलेंगे हँसियों में।" (पृ. 233, तुम पूरी पृथ्वी हो कविता) सामंती सभ्यता की कृषक सभ्यता में कालापलट का यह संकेत है। तपी खेड़ी पर लुहारिनें ताक-ताक कर घन मारती हैं तो दूर तक उचटती चिनगारियाँ शब्दों के

माफिक नये-नये हथियारों की शक्लों में धारदार कविताएँ रचती हैं। लोहा पीटती लुहारिन श्रमिक होती है। "बच्चे को दूध पिलाती है, तो वह माँ हो जाती है/खाना बनाती है तो अन्नपूर्णा हो जाती है।" (हरिशंकर परसाई, ये कविताएँ दस्तावेज रहेंगी शीर्षक भूमिका, पृ. 172, तुम पूरी पृथ्वी हो कविता) रघुवंशी ने लुहारिन में निराला की पत्थर तोडती श्रमिक के साथ स्त्री के माँ और अन्नपूर्णा रूप को भी दर्शाया है।

लोहापीटों को पूरे गाँव की चिन्ता है। गाँव के जीवन की जंग को फ़तह करने के लिए वे दादा-परदादाओं के प्राक्तन जंग लगे टूटे हथियार गला रहे हैं। "कोमल भरे मन से/फैलादी संकल्पों के साथ/बना रहे लोहापीटे हँसिए/जिन्हें कमर में खोंसे/चल पड़े चेतुए/पके खेतों की ओर/दिशा-वि-दिशाओं को रौंदते हुए।" (पृ. 236, वही) क्रांति का पदचाप कविता में मुखर है। जनपदीय सभ्यता की यह खूबी है कि उसमें विभिन्न वर्गों एवं जन समुदायों के बीच सहयोग एवं आपसी लेन देन बना रहता है। इसी मेल जोल और सहयोग से ही ग्रामीण जीवन लोभनीय बना रहता है। लोहापीट जिन्हें पूरे गाँव की चिन्ता है और पूरा मेहनती गाँव जो डेरों की तरफ आकर्षित है, आपसी सहयोग का सुन्दर दृष्टांत है।

नई सभ्यता के विध्वंसकारी प्रवाह में विलुप्त होती एक जनपदीय जाति को रघुवंशी ने 'जमना बेड़नी और बिहारी ढोलकिया' कविता में अमर कर दिया है। मध्य भारत के हर जनपद में नटी-नाचनियाँ होती हैं। रघुवंशी के क्षेत्र की बेड़नी होती है नर्तकी जिसका साथ ढोलकिया देता है। बेड़नी मनोरंजन करती है। लेकिन समाज उसे अच्छी नज़र से नहीं देखता। वह बाजारू माना जाता है। उसके भीतर के नारीत्व का कोई कद्र नहीं करता। जमना बेड़नी कोढी पिता और पागल माँ की कोख से पैदा हुई। भँवरी बुआ उसे ममता के खटोले में पालती दुलराती रही। जहाँ कहाँ भुआ राई को जाती अजीब साज संवारकर जमना को अपनी पीठ पर ले जाती। बचपन से ही वह भुआ की नकल पर ठुमुक ठुमुक नाचती थी। हौले हौले उसमें खासी पतुरिया पीकती रही। भुआ बुढिया गयी तो जमना को रस्मा रिवाज के साथ मैदान में संगत के लिए छोडा गया। बिहारी उसका ढोलकिया था। बिहारी का घिनकता मृदंग, बेडनी के छनकते घुंघरू और रसीले गीत पर जुगलबन्दी जम गयी। बिहारी के मृदंग की ठनक पर गाँव के गाँव उमड़ पड़ते थे। बेडनी का नाच भी कमाल का था। दर्शक उसपर निछावर हो जाते थे। उस पर लट्टू थे। लेकिन वह सब को मूर्ख बनाती थी। "अच्छे-अच्छे मेरे पास/खुजली लिए आते/और सुकून का भरम पाले लौट जाते।" (पृ. 228, तुम सारी पृथ्वी हो कविता) ढेर सारों के बीच वह बिहारी को एकला मर्द मानती थी और उसके सामने बिछ जाती थी : "मेरी पलक आज तक नहीं हिली/बिहारी के सिवाय किसी को भी/मेरी थाह नहीं मिली/जिसके साथ/आदमकद औरत होने का/भरा पूरा स्वप्न जिया है/घास फूस की सेज पर छक कर लोकगीतों का रस पिया है!!" (पृ. 232, वही) बेडनियों और ढोलकियों की जात आज लुप्त प्राय है जिससे लोकगीत एवं लोकनृत्य पर पली एक पूरी संस्कृति ही

विनष्ट हो रही है।

सांस्कृतिक विघटन और विलोप के संकट के दौर रघुवंशी की दृष्टि संयुक्त परिवार के भीतरी कोनों तक पहुँचती है। वहाँ घर की जड़ वस्तु भी रघुवंशी की विलक्षण प्रतिभा के स्पर्श से एकदम जीवंत हो उठती है और वह परिवार के अतीत तथा घर की मान मर्यादा के उतार चढाव पर हँसती रोती खिलखिलाती मानवीय उपस्थिति में बदल जाती है। सन्दूकचा न केवल अपनी दास्ताने ही नहीं सुनाता, बल्कि पूरे परिवार के गत आगत से अपने को जोडता है। कितनी ही पीढ़ियों के अनुभव संसार से वह गुजरा है। परदादा से दादा, दादा से बाप उसके उत्तराधिकारी बना। सन्दूकचा कभी सूना नहीं रहा, हर वक्त अन्दर से भरा भरा रहा। घर भर के पुराने कपडे लत्ते, खेती के पुराने औजार, रामलीला की पोशाकें, मुखौटे और टूटे तीर कमान के साथ फिरंगियों के जमाने के कुर्कीवाले नोटिस, खेतों के खसरा-खतोनी के नक्शे, कपडे में बंधी चिट्ठियाँ और आज़ादी के गीत से भरे सन्दूकचे से इतिहास की ध्वनि तरंगे फूटती थीं।

अब की दशहरे पर सन्दूकचा खाली किया गया तो "पूरा का पूरा ओसारा भर गया अटाले से/जहाँ म्यूज़ियम में रखी चीज़ों की तरह लग रही थीं चीज़ें/जिन्हें खिलौने मानकर देख रहे बच्चे...." (पृ. 28, नहीं रहने के बाद भी) अब की घर के सदस्यों ने छाँट-छाँट कर अपना अपना इतिहास उसमें भरा। पत्नी ने अपनी भजन-मंडली के झाँझ मँजीरे-ढोलक और सींकों की झाडुएँ एक तरफ रख दीं। अनुज ने अपनी पार्टी के भड़कीले नारों के पोस्टर और मचकुण्डी, अनुज वधु ने बाल-बाड़ी की स्लेट-पट्टी, बेटी ने बेटरी से चलनेवाले घर गिरस्थी के खेल-खिलौने, पाठशाला में गुरुजी द्वारा बनवाए भाईचारे के पोस्टर, गणतंत्र दिवस के संदेश सब रख दिये। बेटे ने सन्दूकचे में रखा अपना धारदार वर्तमान। यहाँ सन्दूकचा काल का गवाह है, इतिहास का साक्षी है। समाज का बदलता हुआ चेहरा, पीढ़ी दर पीढ़ी बदलती हुई रुचियाँ, रीति-रिवाज़, जीवन दृष्टि और बदलते हुए मानवीय संबन्ध संदूकचे के माध्यम से ज़ाहिर हुए हैं। इन सामाजिक सरोकारों के साथ पर्यावरण एवं प्रकृति से सघन संपृक्त यह कविता है। कवि ने बडी कुशलता से संदूकचे के ऊपर के ढक्कन और उसके कुंदेवाले हिस्से के बीच की वार्ता के माध्यम से सन्दूकचे के जंगल के पेड से सन्दूकचा होने तक की दास्ताने सुनायी हैं। पेड होते वक्त की सन्दूकचे की कितनी ही यादें हैं। इन यादों में जंगल की आदिम गंध छोडती सिसकियाँ सुनाई देती हैं। पहाड़ से काट कर बढ़ई के आँगन में टुकड़ा-टुकड़ा किये जाने और आरियों से चीर कर पटिया-पटिया किये जाने का दर्द उनकी वार्ता में घनीभूत हो उठा है। परिवार के हर सदस्य के मन की तरंगों में समूची पारिवारिकता की गमक उठाता सन्दूकचा एक परिवार के माध्यम से पूरे समाज और समाज के माध्यम से समूचे देश काल का निर्दशक बन जाता है।

रघुवंशी प्रणय के कवि हैं। उनके भीतर प्रणय का अनहद हमेशा गूँजता रहता है। यह प्रणय कहीं उन्मुक्त है तो कहीं दांपत्य के भीतर का प्रगल्भ प्रेम। समकालीन कविता

जटिल संवेदनाओं एवं आरोपित गंभीर मनस्थितियों के फेर में पडकर प्रेम के कोमल संसार से प्रायः विमुख ही रही। वर्तमान सन्दर्भ में प्रेम को उसकी विभिन्न रूप छवियों एवं अर्थ संकेतों में उभारने वाले अकेले कवि हैं रघुवंशी। प्रेम के संसार में विभोर रघुवंशी का गीतकार व्यक्तित्व भी खासा निखरा हुआ है।

रघुवंशी का प्रणय उन्मुक्त होते हुए भी यथार्थ की ठोस जमीन पर पला है। प्रणयिनी की उन्मुक्त चितवन पडने पर कवि स्वयं आकाश हो जाता है, एकदम तना हुआ "तुमने देखा/और मैं/आकाश हो गया/एकदम तना हुआ।" (पृ. 137, तुम पूरी पृथ्वी हो कविता) धरती की गंध, दमक, सिहरन, स्वर और ऊष्मा कवि को अपनी प्रेमिका के ही लगते हैं : "यदि तुम अपनी गंध,/दमक, सिहरन, स्वर/और ऊष्मा नहीं बोती/तो ये जमीन/कहीं की भी/नहीं होती।" (पृ. 139, वही) प्रेम की उल्हडता में भी प्रेमी युगल के सपने और संकल्प समाज के खातिर संजोए हुए हैं। इसलिए श्रम, सहानुभूति एवं परोपकार में रमता यह प्रेम है। इसलिए तो प्रिया से प्रेमी का यह उद्‌गार है : "पहले से ज़्यादा/अच्छी लगने लगी हैं/तुम्हारी आँखें/कि जिनमें दुख-दर्द/पीड़ा को पहचानने की/दृष्टि आ गई है। ....पहले से खूब-खूब/अच्छे लगने लगे हैं/तुम्हारे चरण/जो तनिक-सी कराह पर/दौड़ पड़ते जरूरतमंदों तक।" (पृ. 148, तुम पूरी पृथ्वी हो कविता)

कवि के लिए प्रेम समर्पण एवं तन्मयता है। उसमें जाति, धर्म, वर्ण एवं अन्य किसी भी प्रकार के भेदभाव की गुंजाइश नहीं है। खुद को सही सही प्रेम के दर्पण में देखना और उसी लिहाज़ से अपनी प्रेमिका को देखना प्रेम की सही शुरुआत है। यह प्रेम मानवता के लिए असंख्य संभावनाएँ लिये हुए हैं। 'देखा, बिना नाम के तुम्हें' संग्रह की इसी शीर्षक की कविता कवि के 'प्रणय का अनहद' संग्रह की कविताओं की पूर्व पीठिका रचती है। यह प्रेम उन्मुक्त है, लेकिन लोकजीवन की संवेदना में पगा हुआ। तभी तो कवि का आह्वान है : "अब, बिना किसी नाम के मिलें हम/जैसे कि नदी, नदी से मिलकर नदी होती है/और सागर से उसकी खारी तासीर जाने बिना/अपना मीठा कोश लुटाती है।" (पृ. 116, देखा, बिना नाम के तुम्हें)

'प्रणय का अनहद' की कविताएँ गीतात्मक अन्विति से युक्त हैं। 'प्रणय का अनहद' कविता की पंक्तियाँ हैं : "लिख देना चाहता/एक कविता अपनी कलम से/बदन पर तुम्हारे/उतार देना चाहता/मन में/सभी इन्द्रधनुष अपने/और भर देना चाहता/प्रणय का अनहद/रोम रोम में तुम्हारे!!" (पृ. 55, प्रणय का अनहद) प्रेम की तन्मयता एवं भुलावे में कवि चाहने लगता है : "कवि का प्यार/रचता/आलिंगनों की भरपूर संस्कृति/और चाहता कि/हो जाए पूरी दुनियाँ ही/प्रेमिका उसकी!!" (पृ. 34, वही) हृदय के आकाश पर प्रणय के अरुणोदय की झाँकी कितनी मोहक है। "बहुत कुछ कहा/आँखों ने/बचा खुचा/मौन ने/और हो गया/अरुणोदय/हृदय के आकाश पर/प्रणय का!!" (पृ. 26, वही) प्रेम को जी लेने के बाद मोक्ष वोक्ष, ईश्वर वगैरह भी मनुष्य के लिए जरूरी नहीं रहता। प्रेम को सही जीना दांपत्य में ही संभव है। दांपत्य प्रेम के अनूठे

संकेतों से भरी कविताएँ 'प्रणय का अनहद' में हैं। ऑपरेशन थियेटर के अंदर शल्य क्रिया के वक्त कवि के प्राणों में पत्नी ही तो समाई थी : "तुम ही तो समाई थीं/ऑपरेशन थियेटर के अंदर/शल्य क्रिया के वक्त प्राण में/तुमने ही तो देखा था/बाईपास सर्जरी के बाद झटके खाकर/होश में आते हुए मुझे/तुमने ही तो पाया था/अपना पुनर्जन्म/मेरे पुनर्जन्म के साथ!!" (पृ. 50, वही) 'तुम्हारे नहीं आने तक' कविता में भी गार्हस्थ्य प्रेम की छवि छायी हुई है। 'याद', 'आज भी जहाँ कहीं', 'जत्रा लगी है' कविताओं में किशोर प्रेम की मोहक झाँकियाँ हैं।

सतपुड़ा और नर्मदा ने रघुवंशी को प्रकृति एवं पर्यावरण का कवि बनाया। कवि के व्यक्तित्व में नदी इस कदर छाई और समाई हुई है कि उनकी कविता सहज ही नदी धर्मा हो गयी है। 'नदीक़द' कविता में कवि की यह घोषणा है : "संसार की कोई भी नदी/मुझसे ही मिलकर बहती है/एक भरपूर नदीक़द नदी/मेरी शिराओं में/हर वक्त बहती है।" (पृ. 15, देखा, बिना नाम के तुम्हें) जहाँ कहीं नदी मिलती कवि के हाथ खुद ब खुद प्रणाम को जुड़ जाते हैं। सूखी नदियाँ भी उनके प्रणाम से वंचित नहीं होतीं। नदियों के प्रति कृतज्ञता का भाव कवि में बना ही रहता है। नदी के प्रति सहज समर्पण के कारण उसके प्रदूषण पर कवि तिलमिला उठता है। 'नदी : चार कविताएँ' में कवि अपने बचपन की नदी की याद करता है जब वह शंख सीपियाँ बीनने नदी जाता था और वह स्वयं नदी का खिलौना बन जाता था। अब सुबह यही नदी नल की टोंटी से घर आती है साँप, बिच्छू झींगों की लाश लिए। सारा शहर पीलिया या पेचिश की गिरफ्त में है। कवि नदी से मिलने गया तो वह बिलख उठी। झुर्रियों से भरी अपनी डबराई सूरत वह इशारों से बताने लगी। अपनी धारा में पल रहे फैक्टरियों के तेजाब तथा बहती लाश का बयान करती नदी अपनी अस्मत को बचाये रखने के लिए मनुष्य मात्र के स्पर्श से बचना चाहती है। आत्मपीड़ा, क्रोध एवं धिक्कार का भाव कविता की अंतिम पंक्तियों में निचुड पडता है : "मेरी इस हालत के/जवाबदार तुम हो तुम/तुम सब/जब तीमारदार ही/बिगाड़ दे कोख/खो दे संयम। तो कहाँ बचेगी अस्मत?" (पृ. 145, तुम पूरी पृथ्वी हो कविता)

'नहीं रहने के बाद भी' संग्रह में नदी श्रृंखला की तेईस कविताएँ हैं। (पृ. 100-121) नदी और कवि एक दूसरे में आत्मसात हैं। नदी द्वैत मिटाती है। वह दुनियाँ को बचाये रखती है। नदी को नदी बनाये रखने के लिए वह आदमी को आदमी बनाये रखना चाहती है। नदी से मनुष्य ने कई रिश्ते जोड़े। उसे माँ माना, उसकी आरती उतारी, दीपमालिका पहनाई। बहन-बेटी बनाया, राखी बंधवाई और सुहागिन की तरह बिदा किया। नदी अन्नपूर्णा बनी। नदी ने ऋचाएँ रचीं। वह ज्ञान-ध्यान की तपस्थली बनी। सचमुच जीवन के हर प्रश्न का उत्तर देती गीता है नदी। नदी और मनुष्य आत्मीयता के सूत्र में ऐसे गुंथे हैं कि "नदी के बिना/न तो/हमारा कोई वजूद/न परिचय/न संस्कृति/न सभ्यता/जिस किसी भी/दिन/कोई भी नाते-रिश्ते/नदी से क्षीण होंगे/सर्वनाश के/बहुत, करीब होंगे हम।" (पृ. 113, नहीं रहने के बाद भी) कवि ने अपनी 'वसीयतनामा-

नदी के नाम' लिखी है। कवि की इच्छा है कि उसका अग्निदाह नदी के तट पर हो "ताकि वह/आत्मसात कर सके/कि जल और अग्नि/कविता रचते थके नहीं/न थकेंगे कभी।" (पृ. 119, नहीं रहने के बाद भी) जल और अग्नि जीवन को पवित्र एवं गतिशील बनाये रखनेवाले तत्व हैं। तभी तो सभी धार्मिक अनुष्ठानों में जल और अग्नि अभिन्न जुडे हुए हैं। जीवन के हर स्पंदन में नदी समाई हुई है। बचपन के खेल कूद से लेकर अग्निदाह तक की समस्त क्रियायें नदी तट पर होती हैं। रघुवंशी की कविता में एक सांस्कृतिक परंपरा एवं चेतन उपस्थिति के रूप में नदी नर्मदा मूर्तिमान है। कहीं नर्मदा रेवा बन जाती है और कहीं मात्र नदी।

नर्मदा के समान सतपुडा की पहाडियाँ रघुवंशी की कविता की जीवंत उपस्थिति है। पहाड और जंगल में कवि का मन रमता है। पेडों से लगाव जंगल के प्रति आकर्षण का नतीजा है। 'छैंया छैंया होना' कविता में धरती और आसमान के बीच यात्रा करते कवि जब घूमकर देखता तो उसे दीखता कि छूटे हुए पेड बहुत आगे होते। पेडों का साथ छोडकर चलना मरुस्थल में चलना है। कवि का यह सहज ज्ञान है "पेड़ों को साथ लिए चलना/धरती पर/यात्रा के किसी भी मुकाम तक चलना है।" (पृ. 92, प्रणय का अनहद) यह पेड जंगल का, प्रकृति का मूर्तमान प्रतीक है। प्रकृति का अंचल छोडना रेगिस्तान में भटकना है।

'सतपुड़ा : तीन कविताएँ' में कवि ने सतपुड़ा के सुबह, दोपहर और शाम का शब्दचित्र प्रस्तुत किया है। सुबह सतपुड़ा ऋषि रूप में प्रकट होता है : "पक्षियों की सामवेदी धुनें/जड़ी बूटियों की यदुर्वेदी गन्ध/पेडों पर थरथराती/पवन की ऋग्वेदी ऋचाएँ और/संपूर्ण वन से अथर्वेदी आभा लेकर/यह ऋषि अपनी बोझिल पलकें खोल/प्रतिदिन शुभाशीषें देता।" (पृ. 164, तुम पूरी पृथ्वी हो कविता) इस चित्र में वैदिक कालीन भारत और उसकी संस्कृति मूर्तिमान हो उठी है। कुलाँचें मारती किरणों की हरिणियां और पक्षियों का गान आलापते गंधर्व वन्य प्रकृति की शोभा एवं पवित्रता में चार चाँद लगाते हैं। सतपुड़ा का दोपहर भी मनभावन है। वन्य प्रकृति और वन के जीव-जंतुओं को उनकी संपूर्ण क्रियाशीलता में कवि ने मूर्तिमान किया है : "झाड़ियों में सो रहे/बाराह बेहोश/सींगों से खोद रहे बारहसिंगे/बामियों की सौंधी माटी/दो पल को स्तब्ध हो गई/एक-एक घाटी/गुफाओं में झीम रहे/जरख, तेंदुए, बनविलाव/बैठे-बैठे ऊँघ रहे चीते/गुठानों पर चुगाली कर रहीं नीलगायें...।" (पृ. 165-166, तुम पूरी पृथ्वी हो कविता) सायं घर लौटती हुई घोरी, काली, कबरी की रम्भाहट से सनी गोधूलि से लिपटी, टपरी, ढोली, घंटुरियों की मन्द-मन्द ध्वनियाँ करती सतपुड़ा की शाम पर्वतीय अंचल के जीवन और कृषक सभ्यता को पुनर्रचित करती है।

कवि के बचपन का यह सतपुड़ा महाजनी सभ्यता एवं भूमंडलीकृत बाजार के थपेडों से बच नहीं पाया। उसका वर्तमान संकटग्रस्त एवं दीन है। 'निढाल होता गया सतपुड़ा' में सतपुड़ा का थका हारा व्रणित चेहरा है। सागौन वन का पता पूछने निकले कवि के सामने

धूप के गमछे से वदन पोंछता सतपुड़ा घाट तक आ जाता है। अपने घुटे सिर पर हाथ फेरता, कवि के लिए छाँह की तलाश करता सतपुड़ा अपना दुखड़ा रोने लगता है : "अब तो, सागौन-वन के मृत्युभोज में/पल्लर-पल्लर शामिल होती जा रहीं/दीमक, ऊपर से वन भक्षकों का कहर/तुम चाहो तो बचा लो, वरना मैं तो/मुँह दिखाने लायक भी नहीं बचूँगा इस/दुनिया में।" (पृ. 25, नही रहने के बाद भी) वन एवं पर्वत के दुर्दांत शोषण और विनाश का यह चित्र समाज की प्रतिरोधी चेतना को उन्मीलित करता है।

रघुवंशी की कविता में समाज-चिंता एवं समाज विमर्श का पक्ष प्रबल है। निम्न तथा निम्न मध्यवित्त समाज ही उनकी कविता की जमीन है। आदिवासी, मज़दूर और किसान उनके काव्य नायक हैं। आदिवासी समाज की जिजीविषा और अस्मिता का संघर्ष, मज़दूर जीवन के श्रम की गाथा और शोषण का विरोध, ग्रामीण जीवन का सहज उल्लास, प्रकृति का सान्निध्य तथा किसान जीवन का अभाव एवं दुख-दैन्य आदि उनकी कविता के विषय हैं। रघुवंशी की कविता की विषय प्रधानता को लक्ष्य करते हुए लीलाधर मण्डलोई ने लिखा है : "वे कंन्टेंट्स के कवि हैं/उनके यहाँ वस्तुएँ और विषय अधिक आलोकित हैं।" ('तुम पूरी पृथ्वी हो कविता' संग्रह के 'बिन्दु' खण्ड की भूमिका) विषय बहुलता के भीतर कवि ने जीवन का, विशेषतः ग्रामीण एवं आंचलिक जीवन का यथार्थ पूरी सहानुभूति तथा संसक्ति के साथ प्रस्तुत किया है।

'सौंधी गंध की जननी है धरती' कविता में धरती, जन और जीवन के प्रति कवि के संवेदनात्मक उद्‌गार हैं जिसमें भावुकता के साथ यथार्थ एवं प्रतिबद्धता के स्वर निहित हैं। प्रकृति, मानव एवं पशु जगत की सौंधी गंध उठाती कविता में एक ओर गोबर से लिपे खलिहान पर पड़ती धूप से उठती कुनमुनी गंध से लेकर मदमस्त गजराज से रिसती कामगंध, श्रम की बूँदों से टपकती गंध, बालतन औरत की देह से झरती कचपचिया गंध है तो दूसरी ओर उदासी को झटकार फेंकने की चैतन्य गंध, जिन्दा रहने के हौसले रचती गंध, सपनों को साकार करती ऊर्जस्वित गंध और सिकते दलिया से उठती भूख भटकाती गंध भी है। सचमुच ये कुछ प्रतीक और संकेत हैं कवि के बहु आयामी भाव संसार तथा यथार्थ चेतन दृष्टि के। यह कविता रघुवंशी के काव्य के चरित्र एवं स्वरूप को परिभाषित करती है।

समाज विमर्श में कवि ने कभी राजनीति का सन्दर्भ उठाया है तो कभी संसद और प्रजातंत्र का। 'कस्बे की सेहत' कविता में दो साँडों की लडाई में पूरा कस्बा तबाह हो जाता है। शहर के शहर और पूरा देश ही इसकी झोंक में आ सकता है। शांति समितियों की बैठकें अशांति को बढानेवाली हो जाती हैं। अमन कायम करने के नाम पर अपराधियों और हत्यारों को नहीं, निरीह निरपराधों को कैद कर लिया जाता है। इस सारे माहौल में हमारे बुद्धिजीवी नपुंसक बने रहते हैं। देश में जो दहशत छा जाती है उसके मूल में लंबी योजना है, भारी षडयंत्र है। इसके सूत्र मठाधीशों की राज्याश्रयी लिप्सा में है।

बापू पर लिखी 'छोड़ दिये जाते बेगुनाह' शीर्षक कविता में संसद और वर्तमान प्रजातंत्र की हँसी उडायी गयी है। संसद भवन की सीढ़ियाँ चढनेवाले सांसदों के हाथों में

योजना की फाइले हैं जिनमें पीढ़ियाँ हस्ताक्षरित हो रही हैं। देश से गोरे चले गये, लेकिन जो शासक बनकर आये उनमें और गोरों में फर्क नहीं है। भारत की वर्तमान दशा का चित्र कवि के शब्दों में : "धर्म निरपेक्षता को/सिंगार रहे धर्मपरायण/स्वावलम्बी पढ़ रहे पराई रामायण/और मानवीय प्यार/किसी पेन्शनर की/धरोहर बन गया है/अन्धकार शिक्षा का-/स्थायी सचिव हो गया है/सत्ता के पेड़ पर/फहरा रहे/अधिनायकवाद के सम्मोहक झण्डे/कृषि प्रधान देश/राशन की दूकानों में पिचल रहा।" (पृ. 183, तुम पूरी पृथ्वी हो कविता)

'जितने आज़ाद हैं ये लोग' में देश के मज़दूरों की दीन-हीन अवस्था का चित्रण है। स्वतंत्रता दिवस हो या तीज-त्योहार मज़दूरों के कर्म का मंत्र खंडित नहीं होता। संसद के चुनाव का ऐलान होने पर ये मतदाता सूची से छिटक कर अलग हो गये दीखते हैं। "गणतन्त्र पर/जब महामहिम/ले रहे होते सलामी/ये मँजिलों ऊपर/बाँस की/बल्लियों से लिपटे/छैनी-हथौडे चलाते/झण्डे जैसे फहराते हैं।" (पृ. 65, 66, देखा, बिना नाम के तुम्हें)

'ओ भाई!' कविता में वर्तमान राजनीति और राजनीतिज्ञों के ढोंग पर कवि ने करारा व्यंग्य किया है। स्वतंत्रता दिवस और गणतंत्र दिवस केवल मनाने के लिए हैं। इसमें निहित जनचेतना एवं जन कल्याण की शासकों को परवाह नहीं। कवि की व्यंग्योक्ति हैं : "अरे भाई!/ दिल्ली जा रहे हो तो/प्रधानमंत्री के बँगले तक चले जाना/वहाँ बगीचे के किसी कोने में/उकडूँ बैठा होगा पन्द्रह अगस्त/उसे उठाकर अपने साथ ले आना!.... और हाँ! थोडा सा वक्त निकालकर/राष्ट्रपति भवन तक हो आना/वहाँ मुगल गार्डन की किसी झाड़ी में/गुलाब की सूखी पत्तियों के नीचे/चुपचाप लेटी होगी छब्बीस जनवरी/उसे भी सम्हालकर ले आना" (पृ. 84, देखा, बिना नाम के तुम्हें)

नई सभ्यता में बाज़ार का प्रभुत्व बढता जा रहा है। बाज़ार ने मनुष्य को वस्तु बना दिया है और घर को संग्रहालय। रघुवंशी ने बाज़ार के बढते प्रभाव और उसके तहत स्वत्वहीन होते जा रहे जन के प्रति चिंता प्रकट की है। 'गुमे बेटे की चिन्ता' कविता में कवि ने लोगों को बाज़ार के बढते आतंक के प्रति आगाह किया है : "तुम्हें पता होना चाहिए/कि कितने खौफ़जदा/होते जा रहे बाज़ार/और कितने तटस्थ/कितने उदासीन होते जा रहे/बाज़ार का हिस्सा बनते लोग।" (पृ. 48, देखा, बिना नाम के तुम्हें) बाज़ारी सभ्यता की चमक-दमक का एक साधन टी.वी है। वही विज्ञापन के जरिये बाज़ार को बढावा देता है। आज व्यक्ति की रुचियाँ निर्धारित करनेवाली टी.वी है। रिश्तों को मार्ग दर्शन देनेवाली, मानव के सारे संस्कारों की पोषक टी.वी बन गयी है। कवि का करारा व्यंग्य है : "यही है/जीवनदायिनी सबकी/सबकी/मोक्षदायिनी है यही/...जय हो... जय हो/टीव्ही वैतरिणी की।" (पृ. 57, देखा, बिना नाम के तुम्हें)

आज शहर में जीनेवाले व्यक्ति की कोई पहचान नहीं, कोई अस्मिता नहीं। दाना पानी और सामान देनेवाली दूकानें व्यक्ति को उसके व्यक्तित्व से नहीं ग्राहक के नाम से जानती हैं। शहर भी व्यक्ति को इसी नाम से पहचानता है। 'दुकान के मार्फ़त ही जाने

जाएँगे हमारे घर' कविता में कवि ने बाजार का मज़ाक उडाया है, उसपर व्यंग्य भी किया है। बाजार की सलाह पर कवि ने अपने पाँव बदलवा लिए, पाँवों का बेलेंस शानदार बनाने के लिए हाथ बदलवा लिए। मेचिंग के लिए मुँह भी बदलवा लिया। अब कवि प्रेमशंकर न होकर हर काम को कम समय में करनेवाला उपकरण बन गया। कवि को एहसास होता है : "मेरे दिमाग में फिट हैं ऐसे पाट्र्स/जो कम्प्यूटर से भी हो सकते हैं तेज़/मेरे पाँव किसी भी सुपर पॉवर बाइक को/छोड.सकते हैं पीछे।' (पृ. 130, नहीं रहने के बाद भी) घर लौटते हुए कवि देखता है कि रास्ते में जितने भी मकान थे, दुकानों में तब्दील हो गये हैं। घर पहुँचकर देखता है कि सामने वाले पड़ोसी आँगन खुदवा रहे हैं स्टोर खोलने के लिए जिसका नामकरण तक करवा लिया गया है। कवि का मन कसक उठता है कि शहर अब आँगन ओटलों वाला नहीं रहा। जहाँ जन्म-मरण के संस्कार फलते फूलते वहाँ अब व्यापार ही व्यापार है। अब व्यक्ति को अपना पता दूकानों के केयर ऑफ देना पडता है। कवि व्यंग्य करते हैं : "समृद्ध हैं वे लोग जिनके घर दूकानों के केयर ऑफ जाने जाते हैं/कितना नवीनीकरण है उनके जीवन में/अब पड़ोसी की दूकान के मार्फत ही/दिया करूँगा घर का पता!!" (पृ. 131, नहीं रहने के बाद भी)

गाँव-देहात अपनी धार्मिक सहिष्णुता, समभाव एवं सद्भावना के लिए प्रसिद्ध रहे हैं। शहरों में धर्म एवं संप्रदाय को लेकर जो झगडा और खून खराबा होता गाँव उससे अछूते ही रहे। लेकिन अब गाँव में भी सांप्रदायिकता का विष घोला जाने लगा है। देहाती सभ्यता में पले रघुवंशी जाति एवं संप्रदाय से परे मानवता के पक्षधर कवि रहे। अपनी कई कविताओं में कवि ने सांप्रदायिकता का विरोध किया है। धार्मिक कट्टरता का जो दैत्य घर घर घुस गया है, आदमीयत की सही पहचान के लिए उसे मिटाना होगा। सांप्रदायिकता जन्य लूट पाट एवं खून खराबे का चित्र रघुवंशी की 'अरदास करते वक्त' कविता में मिलता है : "मुर्दों की चिराँध/वीरान खण्डहरों पर छा रहे/माँस नोचते गिद्ध/झगड़ते कुत्ते/हड्डियाँ कड़कड़ाते कबरबिज्जू।" (पृ. 65, तुम पूरी पृथ्वी हो कविता)

भारत के शहर के शहर बूचडखाने बनते जा रहे हैं। देश में चलने वाले सांप्रदायिक दंगों में विश्व के अमीर देशों का षडयंत्र है। एकाध गैया मारकर या एकाध सुअर काट कर योजनाबद्ध तरीके से दंगे कराये जाते हैं। कवि चाहता है कि इनके नरभक्षी इरादों को समाप्त करने के लिए उन पर पलीते धर दें। ('धर दें पलीते नरभक्षी इरादों में', पृ. 77-78, तुम पूरी पृथ्वी हो कविता) सांप्रदायिक दंगे कराने में पंडे-पादरियों, मुल्लों और धर्म गुरुओं का षडयंत्र है। दंगों से ही उनका स्वार्थ सिद्ध होता है। सचमुच वे मज़हब के साथ भगवान की भी हत्या कर रहे हैं : "मज़हब और भगवान की लाशों को/पोप-पादरी-पण्डे/फादर-मौलवी-मुसटण्डे/जगद्गुरु जत्थेदार/अगुनी-सगुनी-निराकारे/अपनी अपनी गादी पीठों पर/कलाबत्तू गोटों के सलमे सितारों से/सजाने में लगे हैं।" (पृ. 10, तुम पूरी पृथ्वी हो कविता)

सांप्रदायिक दंगों में मोहल्ले के मोहल्ले जलाये जाते हैं। लूट पाट होता है।

बलात्कार होता है। हत्याएं होती हैं। लेकिन शासक चुप रहते हैं। संचार माध्यम जो देश का आइना होता है अपने स्वार्थ में लिप्त रहता है। वे भी दंगाइयों की खुशामंद करते हैं और अपना सुरक्षा कवच बनाते हैं : "उनकी ही खुशामदें करता, पत्रकार वार्ता/के वास्ते ऊँची ऊँची मचानें बना रहा है...।" (पृ. 104, देखा, बिना नाम के तुम्हें) 'कविता की पाण्डुलिपि पर रखी फटाखे की लड़', 'परिजनों को खोजता अकेला लड़का', 'रात भर जागता रहा कवि चिंतक कलाकार' (प्रणय का अनहद') 'आर्यावर्त का पवित्र पानी' (नहीं रहने के बाद भी) आदि कविताएँ गोधरा कांड के सन्दर्भ में लिखी गयी हैं। विष्णु खरे के लिए लिखी कविता 'रात भर जागता रहा कवि चिंतक कलाकार' में कवि ने घटनाओं के ब्यौरे से बचकर वातावरण के संकेत मात्र से दंगे की भीषणता को दर्शाया है : "रात भर भूँकते रहे कुत्ते/....रात भर उड़ती रही अफवाहें/रात भर चलते रहे षड्यंत्र/रात भर होती रही गुप्त बैठक/रात भर काँपती रही बस्ती।" (पृ. 81, प्रणय का अनद) 'आर्यावर्त का पवित्र पानी' कविता का संदर्भ भी गोधरा कांड है। 'गांधी के घर से ही शुरू करती अपनी यात्रा' का संकेत स्पष्ट है। दंगे की भीषणता को कवि ने मूर्त कर दिया है : "हत्यारों के समूह गीतों में लाठियों की तड़ातड़ हैं/लेजिम की छनकार हैं/खनक हैं तलवारों की/खंजरों की भरमार हैं/गमक हैं डमरू की/त्रिशूल की टंकारें हैं/उद्घोष हैं हथगोलों के/और सीने में संकल्प हैं सत्यानाश के।" (पृ. 31, नहीं रहने के बाद भी)

वर्तमान हालात को देखते हुए कवि को यही लगता है कि कविता के लिए यह बेहद खराब वक्त है। आज आदमी इन्सान से चीज़ में बदल गया है। शोषण, बर्बरता, अत्याचार और आतंक के सामने कायर बने जन की नागरिकता क्या आदमीयत तक बदल गई है। आज समाज का हर व्यक्ति 'झूठ के इलाके का सच' बनकर रह गया है। चन्द बाज़ारू मुहावरों में जीता हुआ समाज एक साथ मुर्दा और कसाई होता जा रहा है। इस संकट में समाज को बदलने का कारगर और मुकम्मल लडाई कविता ही लडेगी : "...यही है वह सही वक्त/कि फिर से शुरू होनी चाहिए/कविता की पदयात्रा ठाठ से!!" (पृ. 137, नहीं रहने के बाद भी) सचमुच प्रेमशंकर रघुवंशी की कविता एक शानदार पदयात्रा है जिसमें कवि ने अपने जनपद की प्रकृति एवं जनजीवन से हमारा साक्षात्कार कराया है।

चाँद की वर्तनी और जादू की कविता

राजेश जोशी कविता की एक संश्लेषी परंपरा के कवि हैं। उनकी कविता में तीन पीढियों के संघनित संस्कार संश्लिष्ट हैं। नई कविता, अति वामपंथी कविता और समकालीन कविता से जुडते हुए वे वर्तमान कविता के सशक्त हस्ताक्षर बने हुए हैं। वाम की क्रांति, नई कविता की आधुनिकता और समकालीन कविता की विवेक दृष्टि एवं संघर्ष चेतना से युक्त राजेश की कविता में कहीं भी आरोपित गंभीरता और बनावटीपन नहीं है। खुलापन और आत्मीयता उनकी कविता की सहज मुद्रा बनी हुई है।

राजेश जोशी के काव्य संग्रह हैं : समरगाथा (1977, लंबी कविता) एक दिन बोलेंगे पेड (1980) मिट्टी का चेहरा (1985) नेपथ्य में हँसी (1994) दो पंक्तियों के बीच (2000) चाँद की वर्तनी (2006) 'धूप घड़ी' (2002) 'एक दिन बोलेंगे पेड़' और 'मिट्टी का चेहरा' का संयुक्त संस्करण है।

राजेश जोशी ने हिन्दी कविता को एक नई संवेदना दी। चिडिया, पहाड और गेंद पर लिखी राजेश की कविताएँ हिन्दी में एक नूतन संवेदन का सूत्रपात करती हैं। चाबी, धूप घडी, बाल्टी, ताला, करमकल्ला, लहसुन की कली और शहद पर उनकी कविताएँ हैं। बच्चों पर उनकी अनेक कविताएँ हैं। अधुनातन कविता में वे बच्चे तथा बचपन के कवि हैं। चाँद और स्वप्न कवि के प्रिय बिंब हैं। स्वप्न अतीत और वर्तमान को भविष्य से जोडता है। उनकी बेशुमार कविताओं में चाँद झांकता दिखाई देता है। चाँद वर्तमान का गवाह है, भविष्य का सुन्दर प्रतीक भी। तभी तो कवि चाँद की वर्तनी लिखने में मशगूल हैं।

राजेश जी निम्न मध्यवर्ग के कवि हैं। मुक्तिबोध के बाद मध्यवर्ग का अभावग्रस्त जीवन उसकी समस्त विषमता, पीड़ा एवं विडंबना के साथ राजेश की कविता में ही उभरता दिखाई देता है। आजीविका की खोज में लगे, दर दर भटकते, बार बार पिटते, मन में विद्रोह की ज्वाला छिपाये घूमते मध्यवर्ग के युवकों का कठोर जीवन संघर्ष राजेश की कविता में खूबहू प्रकट हुआ है। कवि की एक लंबी कविता है 'असली किस्सा तबीयत के हिरन हो जाने का'। हिरन छाप बोतल के नशे में कवि का विगत और वर्तमान उभरता है। यह कवि के विराट और बंजर बेरोजगारी के दिनों की एक रात है।

कवि के सामने वे मनहूस दिन प्रकट होते हैं जब "सुबह साढ़े दस से शाम साढ़े पाँच तक। सारा-सारा दिन किचकिचाती धूप में। चालू चाय और बीड़ियों के सहारे। विद्यालय और सरकारी कार्यालयों से। अखबार के दफ्तरों तक। फकत एक छोटी-सी नौकरी की तलाश में। मैं नापता रहता था। अजगर-सी लम्बी सड़कें।" (पृ. 170, धूप घडी) पानी पर नंगे पाँव चलकर समुद्र पार करने का दावा करने वाले बाबाओं के महान देश में यह युवक एक छोटी सी नौकरी तलाश रहा था : "हाय हाय!!/एक छोटी सी नौकरी!!/दो कौड़ी की बबुआगिरी/या चार धेले की मास्टरी/जिसकी कोई इज्जत आबरू नहीं इस दुनिया जहान में।" (पृ. 170, वही)

बेरोजगारी और तंगहाली के दिनों में भी कवि और मित्र फक्कड़ी का बाना ओढ़े घूमते हैं : "हमने ओढ़े ये फक्कड़ी के बाने/हमारी जिद थी अपने दुख को/किसी से न कहने की/हमने हर बार दिखना चाहा/बेहद बेहद लापरवाह" (पृ. 78, दो पंक्तियों के बीच) वे हमेशा अपने घर का रास्ता भूल जाते थे। लोगों के बीच अकेले होने का अनुभव करते थे। उनके अनुभवों की कोई परवाह नहीं करता था : "अर्जियों के साथ हमारा जो जीवन चरित नत्थी था/उसमें हमारे अनुभवों के लिए कोई जगह नहीं थी/उसमें चाय की दुकानों और सिगरेट की गुमटियों के/हमारे उधार खातों का जिक्र नहीं था/उसमें हमारे रतजगों और आवारगी का कोई किस्सा नहीं था।" (पृ. 12, चाँद की वर्तनी) वे अपनी प्रेमिकाओं को अपने जीवन से जाते हुए देखते थे। मोची उनकी चप्पलें देखकर पहले मुस्कुराते थे। फिर नये थेगले लगाने से इनकार कर देते थे। उन्हें एक हुनर में महारत हासिल थी। वे बहुत सफाई से अपने आँसू अपनी हँसी में छिपा लेते थे।

आत्मकथ्य के सिवा अपनी अनेक कविताओं में कवि ने निम्न मध्यवर्गीय जीवन का साक्ष्य प्रस्तुत किया है। 'घर की याद' और 'विलुप्त प्रजातियाँ' कविताओं में निम्न मध्यवर्ग के निर्वासन और विस्थापन की त्रासदी है। 'घर की याद' का प्राइमरी स्कूल का फटेहाल मास्टर घर से ढाई सौ मील दूर एक जंगल में फेंक दिया गया है। पिछले दस बरस में सैकडों अर्जियाँ लगाने और शिक्षा विभाग के पचासों चक्कर लगाने पर भी उसकी बात कोई नहीं सुनता। कोई उसकी पीडा को नहीं समझता : "न जाने किस किसको गाली निकालता/अचानक सुबकने लगता है मास्टर/अगल बगल खड़े लोग देखते हैं जैसे देखते हों तमाशा।" (पृ. 63, दो पंक्तियों के बीच) 'विलुप्त प्रजातियाँ' में आत्मीय मित्रों और परिजनों के खो जाने की पीडा है। इससे आदमी के भीतर के प्रेम का सोता ही सूखता जाता है।

वर्तमान जीवन की यह विडंबना है कि जो घर में रहता है घर उसका नहीं होता। जिन्दगी भर कमर तोड मेहनत कर बच्चों को पाल पोस कर बडा करने पर भी घर में पिता का अपमान होता है। पुत्र पिता को पीटते हैं, घर से बाहर निकाल देते हैं। यह वर्तमान बुर्जुग पीढ़ी की दर्द भरी दास्तान है। पुत्रों द्वारा अपमानित बूढा अपने घर जाना नहीं चाहता। गुस्से में वह बोलता भी है कि अब वह कभी घर नहीं जाएगा। लेकिन थोडी

देर बाद वह कहने लगता है कि अब इस उम्र में वह जाएगा कहाँ? वह चाहता है कि कोई उसके लडकों को समझाए कि उसे वापस घर आने दें। सारा दोष वह लडकों पर नहीं लगाता : "सारी गलती लड़कों की ही नहीं है। वे मन के इतने बुरे भी नहीं हैं। हालात ही इतने बुरे हैं उनका भी हाथ तंग रहता है।" (पृ. 14, चाँद की वर्तनी) कविता में यथार्थ के दो पहलू हैं। एक पुत्रों के अमानवीय व्यवहार का, दूसरा उनकी विवशत का। वर्तमान जीवन की यह त्रासदी है कि निम्न मध्यवर्ग का व्यक्ति कठोर मेहनत करने के बावजूद भी आजीविका के साधन जुटा नहीं पाता। ऐसी हालत में घर के बूढे माता पिता उन पर बोझ बन जाते हैं। उनके प्रति संतानों के अमानवीय व्यवहार के पीछे छिपी विवशता और आत्मपीड़ा वर्तमान जीवन का ज्वलंत सवाल है। मनुष्य की विवशता के सामने उसकी दायित्व चेतना और कर्तव्य भावना कुंठित हो जाती हैं। दूसरी ओर पुत्रों से प्रताडित और तिरस्कृत बूढा अमानवीयता का शिकार बनते बुजुर्ग वर्ग का प्रतीक चरित्र बना हुआ है।

निम्न मध्यवर्ग की अभावग्रस्त जिन्दगी को उभारने वाली कविताएँ हैं 'रैली में स्त्रियाँ' और 'बिजली सुधारनेवाले'। अपना घर दुआर, चूल्हा चौका और न जाने कितने कामकाज छोडकर स्त्रियाँ रैली में आयी हैं। उनके चेहरों को रौंदती थकान में उनकी चिन्ताएँ, दुख और आशंकाएँ कौंध जाती है : वे बुरी तरह थक चुकी हैं, पर उनके हौसले थके नहीं हैं - "रैली में चलती स्त्री/जैसे ब्रह्मांड में अनथक चलती पृथ्वी को देखना है/बाहर वह जितनी दिख रही है/उससे उसके सपनों और उसके भीतर मची उथल-पुथल का/अनुमान लगाना कठिन है।" (पृ. 33, चाँद की वर्तनी) उनकी आंखों में असमय चला आया आँसू उनकी हार का नहीं उनके गुस्से का बाँध दरक जाने का संकेत है। संकेत है कि निम्न मध्यवर्ग जाग रहा है। उसके भीतर विद्रोह और प्रतिरोध के अंकुर फूट रहे हैं। झडी के दिनों में भी मोहल्ले के धुप अँधेरे में अपनी नसेनी और थोडे से औजार लेकर प्रकट होनेवाले बिजली कर्मचारी गलियों मोहल्लों को जगमगा देते हैं। लेकिन उनके जीवन में घनघोर अंधकार छाया है। उनकी पुरानी बरसातियों की दरारों से रिसता पानी उनकी अभावग्रस्त जिन्दगी का साक्ष्य बना हुआ है। (बिजली सुधारनेवाले पृ. 19, एक दिन बोलेंगे पेड)

देश के अछूत और निम्न वर्ण के लोग शोषण और दमन के शिकार हैं। 'पत्ता तुलसी का' और 'किस्सा तोता मैना' कविताओं में दुखियारों की व्यथा-कथा अंकित है। बिन्दा के हाथ की कटोरी में तुलसी का पत्ता है। तुलसी के पत्ते में धर्म है। लेकिन दुखियारा बिन्दा के धर्म में सीली लकडियाँ और धुआँती आँखें हैं। धुएँ में अंधेरा है। अंधेरे में महाजन और खेत का मालिक है जिनके लिए बिन्दा रोज रात अपमान में गिरती है। बिन्दा कमजोर हो गयी है। पानी के लिए वह दो कोस दूर जाती है। पाखाने के लिए वह मुँह अंधेरे नदी पर जाती है। गोबर बीनने दूर दूर जंगल जाती है। अगर बिन्दा के धर्म में एक कुआँ, पाखाना और गैयें बछियें नहीं हैं तो वह धर्म ही कैसा है। कवि का

व्यंग्यात्मक सवाल है : "क्या गैयें बछियें नहीं हैं तुम्हारे धर्म के पास। या धर्म की गायें गोबर नहीं करतीं।" (पृ. 73, एक दिन बोलेंगे पेड़) यह सवाल धर्म पर कठोर प्रहार करता है। धर्म के लबादे में छिपे शोषण का पर्दाफाश करता है।

आज निम्न वर्ग एकदम दलित शोषित है। उसका जीवन एकदम यातनापूर्ण है। उसे अपनी छोटी से छोटी इच्छा की पूर्ति भी नसीब नहीं होती। बीमार फल खाना चाहता है। लेकिन वह उसकी पहुँच के बाहर है। 'अनार' कविता एकांत श्रीवास्तव की 'फल बाजार से कविताएँ' की याद कराती है। अनार के पेड की तरफ दौडनेवाले को कवि समझाता है "....हाँफते-हाँफते जब तक/पहुँचोगे तुम/कोई राक्षस चुराकर/ले जा चुका होगा/सारे अनार।" (पृ. 168, धूप घडी) यहाँ संकेत बाजार के सर्वग्रासी चरित्र की ओर है जिसके विरुद्ध खडे होने का आह्वान कविता में है।

1984 की भोपाल की गैस त्रासदी अत्यंत दर्दनाक घटना है। दो दिसम्बर की रात को हुई इस दुर्घटना में हजारों स्त्री पुरुष और बच्चे मरे। गर्भस्थ शिशुओं को पंगु बनाकर छोडा। जीवित भी मृतप्राय हुए। सारे शहर में मृत्यु-छाया तिर रही थी। भयानक चुप्पी छायी हुई थी। अब शहर में कोई नहीं रोता। एक डर परछाई की तरह लोगों के साथ साथ चलता रहता है। 'भोपाल : शोकगीत 1984' की आठ कविताओं में भीषण त्रासदी का भयावह चित्र है। हवा की आवाज में भी मरते हुए बच्चे का खरखराता हुआ शब्द है : "हवा गुजरती है बच्चों की कब्र को छूती हुई/और एक खरखराता हुआ शब्द गूँजता है/रूँधे गले से जैसे कोई बच्चा/आखिरी बार पुकार रहा हो/माँ" (पृ. 184, धूप घडी) शहर के इलाके के सारे पेड अब भी स्याह हैं। औरतें कुछ भी याद न करने की कोशिश में दिन भर लिफाफे बनाती हैं। किसी कतरन में बच्चे की तस्वीर देखकर ठिठक जाती हैं। आँखें चुराते हुए कागज को जल्दी से पलटकर ढेर में मिला देती हैं। 1985 का बसंत भी इस शहर में आकर चुपचाप लौट जाता है। थका, लज्जित, सहमा और शंकित बसंत शहर से ऐसे लौटता है : "इस तरह आते और इस तरह लौटते/किसी ने नहीं देखा होगा/इससे पहले कभी बसन्त को" (पृ. 192, धूप घडी) साम्राज्यवाद के घोर स्वार्थ के कारण यह त्रासदी हुई थी। लेकिन इस के अपराधी भारतीय नीति व्यवस्था से साफ साफ बच निकले।

राजेश जोशी की कविता समकालीन कविता से वर्तमान कविता की ओर प्रस्थान बिन्दु है। 1980 में प्रकाशित जोशी का काव्य संग्रह 'एक दिन बोलेंगे पेड' हिन्दी कविता में एक नई संवेदना का सूत्रपात करता है। पेड भाव-संवेदन का प्रतीक बन कर प्रकट होता है जैसे मंगलेश डबराल की कविता का पहाड पर लालटेन। संग्रह की 'पेड क्या करता है' कविता में यह प्रश्न उठाया गया है कि पेड दिन भर क्या करता है कि वह रात भर सोता है। पेड का काम भी हम्माल, मजूर, अफसर और बाबू के काम से भिन्न नहीं है। वह दिन भर जागकर संसार को चाक्षुष सौंदर्य द्वारा चेतना का अनंत स्रोत पहुँचाता है। पेड सृष्टि के रहस्य खोलने वाले होते हैं। चाँद की झरनों, तारों और स्वप्नों से जो

बातचीत होती है वह रहस्य ही बना रहता है। स्वप्नों ने रात भर बच्चों से क्या कहा यह भी रहस्य बना रहता है। इस रहस्य को खोलनेवाले भी पेड होते हैं। चिडियाँ और हवाएँ भी पेड के इशारे पर बोलती हैं। 'रात-भर' कविता की पंक्तियाँ है : "फिर एक दिन बोलेंगे पेड/खोलेंगे भेद/राजा का रात का/फिर एक दिन बोलेंगी चिड़ियाँ/खोलेंगी भेद/राजा का रात का/राजा के सर पर है कितने सींग/हवाएँ बोलेंगी एक दिन/खोलेंगी भेद सब पर/सपनों ने क्या कहा बच्चों से रात भर।" (पृ. 93, धूप घडी)

स्वतंत्र भारत में बच्चों की हालत बदत्तर है। खेलने और पढने की उम्र में वे काम पर भेजे जाते हैं। होटल, कारखाने, और अन्य अनेक जगहों पर बच्चों को काम पर रखा जाता है। संविधान में बच्चों के अधिकार और सुरक्षा संबन्धी कानून हैं। लेकिन इनकी परवाह किये बिना देश में बच्चों का शोषण चल रहा है। राजेश जोशी ने अपनी कविताओं में बच्चों के अधिकारों के लिए आवाज उठायी। इस संदर्भ में 'बच्चे काम पर जा रहे हैं' कविता बहुचर्चित है। आज दुनियाँ की हजारों सडकों से गुजरते हुए असंख्य छोटे छोटे बच्चे काम पर जा रहे हैं : "बच्चे काम पर जा रहे हैं/हमारे समय की सबसे भयानक पंक्ति है यह/भयानक है इसे विवरण की तरह लिखा जाना/लिखा जाना चाहिए इसे सवाल की तरह/काम पर क्यों जा रहे हैं बच्चे?" (पृ. 23, नेपथ्य में हँसी) यह सवाल सत्ता के प्रति है, समाज के प्रति है, पूँजीवादी व्यवस्था के प्रति है। खेलने-पढने की उम्र में बच्चे काम पर जा रहे हैं। उनको न बचपन का खेल नसीब होता है, न मदरसों की पढाई। कवि का यह व्यंग्यात्मक सवाल है : "क्या अंतरिक्ष में गिर गयी है सारी गेंदें/क्या दीमकों ने खा लिया है/सारी रंग बिरंगी किताबों को/क्या काले पहाड़ के नीचे दब गये हैं सारे खिलौने/क्या किसी भूकंप में ढ़ह गयी हैं/सारे मदरसों की इमारतें।" (पृ. 23, वही) वे बच्चे अनेक प्रकार के शोषण के शिकार हैं। उनसे असंख्य जानलेवा काम कराये जाते हैं। उनको न नींद नसीब होती है, न आराम। राजेश जी पहले कवि है जिसने बचपन को सलोनेपन, स्वप्न, खेल-कूद से वंचित दिखाया। इसका दोषी व्यवस्था है। समाज है। लेकिन हजारों लाखों बच्चों के बचपन को लुटते देखकर भी समाज के कानों पर जूँ नहीं रेंगती।

'बच्चों की चित्रकला प्रतियोगिता' के बच्चे भी बचपन के खेलकूद से वंचित हैं। चित्र में चीजों को बनाते बनाते वह इतना भर गया कि गेंद को रखने की जगह ही नहीं बची। प्रतियोगिताओं के लिए बच्चों को उकसाते घर के बडे लोग उनके बचपन का ख्याल ही नहीं रखते। बच्चों के दिमाग को वे ज्ञान और सूचनाओं से इतना ज्यादा भर देते हैं कि उनका बचपन हमेशा के लिए नष्ट हो जाता है। यहाँ गेंद बचपन के खेलकूद और अल्हडपन का प्रतीक है। 'हमारे समय के बच्चे' 'बच्चों की चित्रकला प्रतियोगिता' के आगे की रचना है। हमारे समय के बच्चों में बचपन ढूँढने पर भी नहीं मिलेगा। उनकी उम्र उनकी असल उम्र से कुछ ज्यादा ही लगती है। कभी कभी तो हम से भी कुछ ज्यादा। तकनीकी शिक्षा में प्रवीण उन बच्चों की आँखों में स्वप्नों से ज़्यादा महत्वाकांक्षाएँ

है। सफलता के सारे गुर उनकी निगाह में हैं। उन्हें बहुत जल्दी है, उनमें हड़बड़ी है। समाज, राजनीति या साहित्य जैसे विषयों पर उनकी दिलचस्पी तेजी से खतम हो रही है : "इनकी भाषा बदल चुकी है/बदल चुका है इनका पूरा वाक्य विन्यास/अब इनके साथ मिलकर स्वर्ग की मीनार बनाना सम्भव नहीं/ठहर कर सोचना और पीछे मुड़कर देखना/इनकी बनक में नहीं है" (पृ. 30, चाँद की वर्तनी) इनके जूतों तले बचपन के सारे स्वप्न कुचले जाते हैं। यह हमारे समय की एक भयावह फैंटसी है। इस फैंटसी में हमारे समय के बच्चे किसी अदृश्य दैत्य की उँगुली थामे जाते हुए लगते हैं। 'बच्चे काम पर जा रहे हैं' के बच्चे निर्धनता एवं भीषण गरीबी के कारण बचपन के स्वप्नों से वंचित हैं तो 'हमारे समय के बच्चे' अतिशय संपन्नता और तकनीकी शिक्षा के अतिरेक से बचपन के स्वप्नों को कुचल देते हैं। दोनों में समाज और व्यवस्था ही दोषी है।

देश विभाजन और स्वतंत्रता प्राप्ति के बाद भी भारत में समय समय पर सांप्रदायिक दंगे होते रहे। वर्तमान कविता सांप्रदायिकता के विरुद्ध प्रतिरोध रचती है। सांप्रदायिकता का विरोध करनेवाले कवियों में राजेश जोशी अग्रणी है। 'सलीम और मैं और उनसठ का साल' कविता में उनसठ में भोपाल में हुए दंगे के सन्दर्भ में जोशी जी ने दंगे का मनोविज्ञान प्रस्तुत किया है। दो जिगरी दोस्तों के माध्यम से दंगे का बयान प्रस्तुत है। एक दिन शहर में दंगा हुआ। वह मार्च के पहले सफ्ताह का शुक्रवार था। एक अपरिचित लेकिन डरावनी दुर्गन्ध हवाओं में अचानक फैल गयी थी। मैं ने सलीम से पूछा कि यह कैसी बास आ रही है। सलीम ने कहा था "हवाओं में कबूतर मर रहे हैं।" यह निरीह सा वाक्य आनेवाले कांड का संकेत रहा। तीन लम्बे और क्रूर सफ्ताह तक दंगा चला। दंगे ने शहर को 'तरबूज की तरह दो हिस्सों में' काट डाला था। दंगे का भयानक चित्र कवि ने प्रस्तुत किया है : "वहाँ 'इतने' कत्ल हुए/वहाँ 'इतनी' अस्मतें लुटीं/कि उस मोहल्ले के सारे मकान जला दिए गए/कि राख हो गया 'अलवी प्रेस'/बच्चे मार डाले गए/फूल मार डाले गए/शब्द मार डाले गए/कि सर्राफा बच गया।" (पृ. 58, 59, धूप घडी) दंगे में निरीह और गरीब जन ही मारे गये। दोनों धर्मों के अमीर दंगे में भी सुरक्षित रहे।

तीन सप्ताह के बाद स्कूल खुला तो एक ही बेंच पर सटकर बैठनेवाले दोनों दोस्त अलग-अलग बैठ गये। इस तरह उनके नये दिन शुरू हुए थे। आधी रात गए मेरी नींद में एक नीला खतरनाक चाकू चमक उठा था। चमकते चमकते वह सलीम की शक्ल में बदल जाता था। सलीम ने भी बताया कि शत गए उसकी नींद में भी एक चाकू चमकता है। उसने यह नहीं बताया कि वह चाकू मेरी शक्ल में बदल जाता था। हमने अपनी घृणा और अपना डर छुपाया था। "लेकिन दंगाग्रस्त शहर की कटी-पिटी हवाओं/और जली अधजली गलियों से निकलते हुए/हम दो लँगोटिए यार/शहर के दो विपरीत ध्रुओं की ओर चले गए/दो विपरीत अँधेरों की ओर।" (पृ. 65, 66 धूप घडी) यहाँ दो यारों का अलग होना दो धर्मों का अलग होना है, हमेशा हमेशा के लिए जुदा होना है।

समय के साथ सांप्रदायिकता का आतंक भी बढता रहा। दो धर्मों के बीच अविश्वास, डर, आशंका एवं तनाव बढ़ता रहा। धर्म के नाम पर हत्या एवं रक्तपात आम बात हो गयी। 'परछाई' कविता में कवि ने निरीह की निर्मम हत्या का दृश्य प्रस्तुत किया है। यह दृश्य सचमुच हमारे समय की ही परछाई है जो दीवार पर की घड़ी की परछाई से संकेतित है : "दीवार पर एक घड़ी की परछाई है/यह जो समय है/समय की परछाई है/जो एक घड़ी की परछाई से गुज़र रहा है। हत्या के इस दृश्य की परछाई में/खून की परछाई गिर रही है" (पृ. 94, दो पंक्तियों के बीच) 'बर्बर सिर्फ़ बर्बर थे' कविता में कवि ने दिखाया है कि दंगा करनेवाले बर्बर होते हैं। उनके पास अपनी बर्बरता का कोई तर्क नहीं होता। धर्म की ध्वजा भी नहीं होती : "उनके पास भाषा का कोई छल नहीं था। नहीं थे उनके पास दुख या पश्चात्ताप जैसे शब्द। बर्बर सिर्फ बर्बर थे" (पृ. 96, दो पंक्तियों के बीच)

आज सांप्रदायिक दंगे कैसे भीषण रूप धारण कर रहे हैं उसका सही चित्र 'जब तक मैं एक अपील लिखता हूँ' कविता में प्रस्तुत क़िया गया है : "जब तक मैं एक अपील लिखता हूँ। आग लग चुकी होती है सारे शहर में। हिज्जे ठीक करता हूँ जब तक अपील के। कर्फ़्यू का ऐलान करती घूमने लगती है गाड़ी। अपील छपने जाती है जब तक प्रेस में। दुकानें जल चुकी होती हैं। मारे जा चुके होते हैं लोग। छपकर जब तक आती है अपील। अपील की ज़रूरत खत्म हो चुकी होती है!" (पृ. 95, दो पंक्तियों के बीच) 'ऐसा होता तो नहीं है' कविता में कवि ने युग के सांप्रदायिक उन्माद एवं सांस्कृतिक पतन को दिखाया है। सचमुच पिछली सदी का अंत हमारी महान विरासत के ह्रास और सांस्कृतिक पतन का दृश्यालेख रहा है। 'रफीक मास्टर साहब और कागज़ के फूल' कविता में कवि ने दिखाया है कि सांप्रदायिक उन्माद में न केवल मनुष्य मारा जाता है लेकिन सृष्टि में जो कुछ सुन्दर और महनीय है उसे भी खत्म कर दिया जाता है। इसका यह दुखद एवं त्रासद परिणाम हो रहा है कि 'देश अपनी अस्मिता खो रहा है।' अपनी अस्मिता के खोने का जिक्र करके कवि ने हमारी परंपरा, विरासत एवं संस्कृति के नष्टभ्रष्ट होने का संकेत किया है (दो पंक्तियों के बीच) मेरठ के दंगे के प्रसंग में कवि ने यही दिखाया है कि भारत के हर शहर में मेरठ की आवृत्ति हो रही है जो देश एवं जनता के लिए शर्मनाक है। (नेपथ्य में हँसी)

धार्मिक कट्टरता पाखंड और अन्धविश्वास को जन्म देती है। मनुष्य का विवेक कुंठित कर देती है। अन्धविश्वास में पडकर मनुष्य अपना भला-बुरा भी समझ नहीं पाता। चाहे उसे कितना ही नुकसान पहुँचे वह अन्धविश्वास और पाखंड पर अटल रहता है। मिसाल के तौर पर 'यह धर्म के विरुद्ध है' कविता उल्लेखनीय है। मकान मालिक परेशान है कि मकान की भीत फोडकर एक पीपल उग आया है। दीवार में दूर तक दरार पड गयी है। पर पीपल को न तो उखाड़ा जा सकता है न काटा जा सकता है, क्योंकि यह धर्म के विरुद्ध है। पीपल और बडा हो गया है और मोहल्ले के लोग पूजा के लिए

उसके आसपास इकट्ठे होने लगे हैं। मकान एक सार्वजनिक स्थल बनता जा रहा है। समय के साथ पीपल की जडें फैल जाती हैं और दीवार पूरी तरह धसक जाती है। घर एक तरफ से नंगा हो जाता है जहाँ से लोग ताक झाँक कर रहे हैं। लेकिन मकान मालिक किसी से कुछ नहीं कह पा रहा है, क्योंकि यह धर्म के विरुद्ध है। पीपल की जडें फैलती ही जाती हैं और मकान भी धसकता ही जा रहा है : "अपनी ही जमीन से/ निर्वासित होता जा रहा है वह/वह मन ही मन बड़बड़ा रहा है/ऐसी की तैसी इस..../ पर असम्भव है इसके आगे कुछ भी कहना/क्योंकि यह/धर्म के विरुद्ध है।" (पृ. 158, धूप घड़ी) धर्म का नशा अफीम का नशा जैसा है जिसमें मनुष्य अपनी चेतना, सूझ-समझ और विवेक खो देता है।

आर्थिक उदारीकरण और बाजारवाद के इस जमाने में बाजार व्यक्ति के सर चढ़कर बोल रहा है। घर बाजार बनता जा रहा है और व्यक्ति वस्तु में बदल रहा है। बदलते हुए इस माहौल को राजेश जोशी ने खूब पहचाना : "नदियों का नहीं समुद्रों का नहीं पेड पहाड़ों का नहीं/बाजारों का है यह समय!" (पृ. 77, नेपथ्य में हँसी) 'आठ लफंगों और एक पागल औरत का गीत' कविता की पागल औरत सूखती हुई नदियों के किनारे बैठकर चीखती है : "हत्यारों को ले जाये यम, दलालों को ले जाये पुलिस/बहो मेरी नदियों बहो! झरो पुरानी पत्तियो झरो मेरी गोद में/उगो नई कोंपलो उगो" (पृ. 79, वही) उस पागल औरत के मुँह से वर्तमान विवेकी नागरिक ही बोल रहा है, बाजार के विरुद्ध, हत्यारे बहुराष्ट्री पूँजी के विरुद्ध और दलाली संस्कृति के विरुद्ध।

'किस्सा उस तालाब का' कविता में भी जोशी जी ने जल स्रोतों के सूख जाने के आसन्न खत्तरे को दिखाया है। आज मनुष्य कुएँ के जल को छोडकर मिनरल वाटर से अपनी प्यास बुझाने को अभिशप्त है। लेकिन मिनरल वाटर से उसकी प्यास कहाँ बुझती है! अखबार के फोटो में सूखे तालाब की पपड़ाई हुई जमीन पर एक मेला सा लगा देखकर कवि का मन बुरी तरह कचोट उठता है। प्लेटफार्म पर बैठे बीच बीच में अपने पपड़ा जाते ओठों को मिरल वाटर से गीला करते हुए कवि को लगता है कि वह दहशत से भरा एक सूखे तालाब में चल रहा है। उसके जूतों के नीचे चिन्दी चिन्दी होता अखबार कराह रहा है। कवि को लगता है : "मेरे अन्दर कोई पूछ रहा था लगातार/कब, कब वह पानी देखूँगा/जिसे पानी कहने की तसल्ली हो/और जल कहने से मन भीग जाए!" (पृ. 28, चाँद की वर्तनी)

वर्तमान बाजारीकृत समाज के आम चरित्र के विरुद्ध राजेश जोशी पारिवारिक नाते रिश्तों के कवि हैं। उनकी कविता गहन पारिवारिक रागात्मक संबन्धों से जुडा है। संयुक्त परिवार का विघटन हुए लम्बा अरसा बीता है। लेकिन कवि के मन में संयुक्त परिवार के प्रति रागात्मक प्रगाढ़ता है। 'संयुक्त परिवार' कविता मिसाल है। कोई कवि से मिलने आया था। लेकिन घर बंद देखकर ताले में पर्ची खोंसकर वह चला जाता है। कवि का मन दुखता है कि लौटे हुए के साथ कितनी ही बातें अनकही लौट गयी हैं। बचपन के

पैतृक घर से किसी के इस प्रकार लौटने की नौबत ही नहीं आती थी। घर के लोग आनेवाले का हाल चाल पूछ उसे बिठा लेते थे। कवि के एकल परिवार में तीन जन हैं जिनकी उपस्थिति अनुपस्थिति इकट्ठी ही होती है। विघटित होते मानवीय संबन्धों पर कवि का मन कातर हो उठता है : "कम हो रहा है मिलना जुलना/कम हो रही है लोगों की जान पहचान/सुख दुख में भी पहले की तरह इकट्ठे नहीं होते लोग/तार से आ जाती है बधाई और शोक संदेश" (पृ. 55, दो पंक्तियों के बीच) संबन्धों का यह टूटना है। लेकिन कोई इस टूटन की परवाह नहीं करता।

रिश्तों की प्रगाढ़ता को जताती कविता है 'बीसवीं सदी के अंतिम दिनों का एक आश्चर्य'। आज का समाज ही ऐसा है कि भाई भाई को नहीं पूछता। सारे संबन्ध शिथिल हैं। इसके विरुद्ध महानगर का एक दृश्य कवि ने प्रस्तुत किया है। अस्सी पार का एक बूढा महानगर में आकर अपने भतीजे के घर रुक जाता है। बूढे को अपने घर बुलाने में उसकी भांजी, चचेरे भाई और दोस्त में होड सी मच जाती है। "बीसवीं सदी के अन्तिम दिनों में हो रहा था यह सब/और वह भी एक महानगर में/बूढ़ा अंदर ही अंदर भीगता जाता था/बुदबुदाता था.... अभी सब कुछ नष्ट नहीं हुआ है...." बूढे का बुदबुदाना मानवीय संबन्धों की ऊष्मा पर स्वयं कवि का आनंद विह्वल होना है।

'सपनों की करतूत' (चाँद की वर्तनी) कविता भी घनी मित्रता के रोचक प्रसंगों की कविता है। 'बेटी की बिदाई' (चाँद की वर्तनी) चार मित्रों की मित्रता और जीवन के गहरे रागात्मक मर्मस्पर्शी क्षणों की गाथा है। 'बहन' (चाँद की वर्तनी) कविता एक छोटे भाई की अपनी बडी बहन से संबन्धित स्मृतियाँ है जो घरेलू वातावरण की घनिष्ठता से युक्त है। 'नेलकटर' कविता परिवार के भीतर पीढ़ियों के अनुभव संसार को उजागर करती है। नेलकटर एक विरासत एवं परंपरा बनकर आता है। नेलकटर के माध्यम से दादा, पिता एवं पुत्र की चारित्रिक खूबियों की और संकेत है। तीनों में नेलकटर से नाखून काटना ही सामान्य है। अत्यंत संक्षिप्त से वर्णनों में भारत की तीन पीढ़ियों के आम नाग़रिक चरित्र को संजीदगी के साथ प्रस्तुत किया गया है। दादा जो नवाब के मातहत थे अंग्रेजों के भक्त रहे। पिता अंग्रेजों की छावनी में स्टोरकीपर थे और आजादी के बाद सरकारी खजाने में बडे बाबू के पद पर नियुक्त हुए। उनकी यह खूबी रही कि उन्होंने कभी किसी से ऊँची आवाज में कुछ नहीं कहा। कवि के संबन्ध में यह खूबी है कि "मुझे याद नहीं कितने बरसों से मैंने/किसी से 'नहीं' नहीं कहा!" (पृ. 57, दो पंक्तियों के बीच) भारतीय नागरिक समाज के पराभव का कारण व्यक्ति का व्यक्तित्वहीन होना है, अपनी अस्मिता खो देना है।

स्त्री पुरुष के प्रणय पर कवि ने कम ही कविताएँ लिखीं। उनकी दो प्रेम कविताएँ हैं 'मुलाकात' और 'जादूगरनी'। दोनों असफल प्रेम की कविताएँ हैं। बेरोजगार निम्न मध्यवर्ग के लडकों के प्रणय की यह स्वाभाविक परिणति है। प्रेमी को छोडकर अपना घर बसानेवाली प्रेमिका वर्षों बाद मिलती है तो प्रेमी की आँखों में देखकर थोडी शरारत समेटकर कहती है : "यूँ पहले प्यार का असफल हो जाना ज़्याद बुरा नहीं होता। एक

मीठी सी टीस तो बनी रहती है। उम्र भर मन में!" (पृ. 55, चाँद की वर्तनी) 'जादूगरनी' कविता का प्रेम मनगढ़न्त किस्सा हो सकता है, लेकिन कवि की यह टिप्पणी है कि "पर तरह-तरह की नफ़रतों से भरे इस बर्बर समय में। प्रेम का एक मनगढ़न्त किस्सा कहने में हर्ज ही क्या है?" (पृ. 60, चाँद की वर्तनी) प्रेम के हर झूठे सच्चे किस्से के प्रति कवि का लगाव बना रहता है। निम्न मध्यवर्गीय युवक की यह मानसिकता है।

देश के प्रजातंत्र के बिगडते हुए चरित्र को राजेश जोशी ने पहचाना। लोकतंत्र के तानाशाही में परिवर्तन के उस दौर में सत्ता की जनविरोधी हरकतों का उन्होंने विरोध किया। साहित्यकार की स्वाधीनता और अभिव्यक्ति की स्वतंत्रता पर सत्ता के प्रतिबन्ध के विरुद्ध उन्होंने प्रतिरोध खडा किया। उनकी कविता हमेशा सत्ता के विपक्ष में रही। 'किसी दूसरे मूल्क और किसी और वक्त के बारे में' कविता में तानाशाही शासन का रवैया देखिए "हालाँकि मैं जिस वक्त के बारे में बात कर रहा हूँ/और जिस मूल्क के बारे में/उसमें तर्क करने की पूरी आज़ादी थी/बशर्ते कि वह शासक के बारे में न हो और अगर हो/तो उसके पक्ष में हो और अगर उसके खिलाफ़ हो/तो कमरा बन्द हो और एकदम खाली हो" (पृ. 102, 103, दो पंक्तियों के बीच) किसी दूसरे मुल्क और किसी और वक्त के बारे में लिखते हुए अंत में कवि टिप्पणी करते है : "लेकिन यह अजीब इत्तिफ़ाक था कि मैं उसी मुल्क का था/और उसी वक्त में रहना पड़ा मुझे!" (पृ. 103, वही)

'कवि की जगह' कविता भी तानाशाही शासन के रवैये को प्रकट करती है। देश में इस बात का पुख्ता बन्दोबस्त है कि एक कवि इस समाज में रहा जाए। लेकिन इस बात का भी खासा इंतजाम है कि उसकी किताब लोगों तक न पहुँचे जबकि "शासक झक्क कलफ़दार कपड़े पहने/बुद्धू बक्से के स्क्रीन पर मुस्कुराते हुए बोलते थे/झूठ की ऐसी चाक-चौबन्द नाकाबन्दी थी/कि सच वहाँ पर भी नहीं मार सकता था" (पृ. 76, चाँद की बर्तनी) शासक की मक्कारी का खुलासा करनेवाले कवि समाज में रहते अवश्य हैं। लेकिन शासन इसका पूरा पुख्ता बन्दोबस्त करता है कि उनका प्रभाव समाज में न बन पाए।

'टॉमस मोर' कविता तानाशाही शासन की बर्बरता प्रकट करती है। सर टॉमस मोर (1478-1535) 'यूटोपिया' के लेखक और प्रमुख समाजशास्त्री विचारक थे। वे एक सच्चे ईसाई थे। उन्होंने राजा को चर्च का धार्मिक नेता और ईसाई विश्व का धार्मिक अध्यक्ष मानने से इन्कार किया था। उसे प्राणदंड दिया गया और उसका कटा हुआ सिर लंदन ब्रिज पर लटका दिया गया। शासक सत्ता और धर्म-संप्रदायों के गठबन्धन के भारतीय संदर्भ में यह कविता प्रासंगिक है। देश के शासक मठाधीशों और धर्म गुरुओं के हाथ के कठपुतले बनते जा रहे हैं। शासन पर उनका ही कब्जा है। इस गठबन्धन का जो विरोध करता है टॉमस मोर का कटा हुआ सिर उसे चेतावनी देता है : "मैं टॉमस मोर का कटा हुआ सिर हूँ/और धर्म और राजसत्ता के बीच बने/पुल पर लटका हूँ।" (पृ. 88, चाँद की वर्तनी)

'मुर्गा मुआफ़ी' (चाँद की वर्तनी) में करारा राजनीतिक व्यंग्य है। अन्तर्राष्ट्रीय मुद्राकोष

और विश्व व्यापार संगठनों के लिए पूरी दक्षता से काम करनेवाले भारतीय मुर्गों पर व्यंग्य है। ये ही मुर्गे इन्हीं संस्थाओं द्वारा भारत भेजे जाते हैं और वे शासन के उच्च पदों पर आसीन होकर इन्हीं संस्थाओं के हित में देश को बेच देते हैं। 'भाषा की आवाज' में भी सत्ता द्वारा जनतांत्रिक हितों के विरुद्ध कार्रवाई है। हमारी आजादी की लड़ाई की भाषा फैसलों की भाषा नहीं थी। लेकिन स्वतंत्रता की आधी रात के अंधेरे में फैसले तो उसी शासक की भाषा में लिखे गये जिसके खिलाफ़ हम लडे थे। परिणाम यह हुआ कि "बाजार पहले ही चुरा चुका था हमारी जेब में रखे सिक्कों को/और अब वह सौदा कर रहा था हमारी भाषा का/और हमारे सपनों का। महात्वाकांक्षाओं के मायालोक में कहीं नहीं थी हमारी भाषा/कहीं दूर कोने कुचालों से कभी-कभी सुनाई पड़ती थी/उसकी बहुत धीमी और पराजित आवाज़। बिना लडे ही हम हार रहे थे अपनी लड़ाई!" (पृ. 85, 86 चाँद की वर्तनी) नई बाजारी सभ्यता न केवल देश एवं जनता को लूटती है वरन् वह मुल्क को अपनी भाषा से भी वंचित करती है। परिणामतः देश अस्मिता विहीन होता जा रहा है।

राजेश जोशी की कविता वर्तमान जीवन की विकृति, विडंबना और क्रूरता का साक्ष्य है। लेकिन उसमें निराशा, कुंठा और पराजय की भावना नहीं है। बडे से बडे दुस्वप्न के बीच भी उनका आशावादी स्वर बना रहता है। 'एक बार फिर' कविता में कवि का बयान है कि न्यूट्रॉन बम गिरने के शताब्दियाँ बाद भी शताब्दियों पहले परोसी गयी थाली ज्यों की त्यों धरी होगी और रोटियाँ वैसी ही गर्म रहेंगी। "चटनी से आ रही होगी/कैरी और ताजे पुदीने की गन्ध/बेचैन कर देगी जो/आदमी की भूख को/एक बार फिर/एक बार फिर" (पृ. 124, धूप घडी) बेचैन कर देनेवाली यह भूख जिन्दगी जीने की भूख है; जिजीविषा है। राजेश जोशी की कविता जिन्दगी को एकदम बदल डालनेवाली, उसे एकदम नये सिरे से रचने वाली कला है। 'जादू है कविता' की पंक्तियाँ स्वयं उनकी कविता पर चरितार्थ होती है "जो है/जो जैसा है/तुरत-फुरत/पलक झपकते/सब कुछ की शक्ल/बदल डालने की ललक/जादू।" (पृ. 87, धूप घडी)

राजेश जोशी ने स्वयं अपने कवि कर्म का निरूपण किया है। 'अस्त-व्यस्त चीज़ें' कविता में कवि का बयान है : "मुझे पसन्द हैं थोड़े फक्कड़ और बेखबर से कवि/थोड़ी अनगढ़ और अस्त-व्यस्त सी कविता/जो अचानक थोड़ी हड़बड़ी में चली आई हो/कवि की आत्मा से बाहर/और जिसे तराशने का कभी वक़्त ही न मिला हो उसे!" (पृ. 78, 79 चाँद की वर्तनी) राजेश की कविता में कहीं कहीं जो फक्कड़पन और अनगढ़ता है, तराश का जो अभाव है उसका स्पष्टीकरण कवि के बयान में निहित है। दूसरी ओर वे कविता में 'महीन हुनर' भी चाहते हैं। कवि को सही सही और पारदर्शी, आँसू और ताप से भरे शब्द चुनने में काफी ढूँढना पड़ता है। "इसके लिए बहुत महीन हुनर की ज़रूरत होती है। और यह सिर्फ एक कवि के ही बस का काम है!" (पृ. 108, चाँद की वर्तनी) अपने कवि कर्म में कवि को यह 'हुनर' प्राप्त हुई है। राजेश जोशी सचमुच महीन हुनर के कवि हैं।

समकालीन जीवन में एक हस्तक्षेप

समकालीन कविता के विशिष्ट हस्ताक्षर मंगलेश डबराल ग्रामीण संवेदना एवं कस्बाई जीवन बोध के कवि हैं। महानगर में रहते हुए भी पहाड़ की कठिन जिन्दगी से जुड़े मंगलेश का काव्य अपने परिवेश की समग्र पहचान का काव्य है। इसमें प्रकृति एवं मनुष्य की परस्परता में रची-बसी लोक संस्कृति की स्मृतियों के साथ जीवन के प्रति संसक्ति एवं व्यवस्था के प्रति प्रतिरोध की चेतना है। यह प्रतिरोध प्रखर और आक्रामक नहीं; मितकथन और शान्त लयात्मकता में प्रकट प्रतिरोध का स्वर क्रूर जमाना एवं अमानवीय व्यवस्था में कवि का मूल्यपरक हस्तक्षेप लगता है।

बीस साल की अवधि में मंगलेश के केवल चार काव्य संग्रह प्रकाशित हुए - 'पहाड़ पर लालटेन' (1981), 'घर का रास्ता' (1988), 'हम जो देखते हैं' (1995), 'आवाज़ भी एक जगह है' (2000) अत्यन्त समृद्ध काव्य संवेदना एवं जीवन बोध से सम्पन्न मंगलेश ने अपेक्षाकृत कम लिखकर भी समकालीन कविता में अपनी विशिष्ट पहचान बनायी है।

'आवाज़ भी एक जगह है' मंगलेश की पचास कविताओं का संग्रह है। 1992 में लिखी 'दूसरे लोग' कविता को छोड़कर बाकी कविताओं का रचनाकाल 1995-1999 है। जैसा काव्य का शीर्षक ही संकेत करता है, यह आवाज पर केन्द्रित कविताओं का संग्रह है। आवाज भी वह जो समकालीन जीवन और काव्य में कवि की उपस्थिति और हस्तक्षेप दर्ज करती है। शब्दों के परदे के पीछे अभिव्यक्ति के लिए तड़पती आवाज़ में जीवन छिपा है। यही आवाज़ पूरी जिन्दगी से हमारा साक्षात्कार कराती है। हमारे सामने बेपर्द होती जिन्दगी में एक ओर जमाने का क्रूर यथार्थ, व्यवस्था की अमानवीयता एवं सांस्कृतिक संकट की स्थितियाँ हैं तो दूसरी ओर कवि की स्मृतियों और इच्छाओं का एक संसार भी है। यथार्थ से मुठभेड़ करते हुए कवि हमारे भीतर एक बेचैनी पैदा करता है, कभी प्रतिरोध की भावना जगाता है और कभी समय का गवाह बनकर प्रस्तुत होता है। कवि की यह मान्यता है कि कविता एवं जीवन के घोर संकट की स्थिति में व्यापक असहमति एवं विरोध का स्वर ही कविता और समाज को जिलाये रख सकता है। एक अंधेरे युग में अँधेरे का ताला खोलना और समाज की तलछट में रहने वालों का साथ

देना कवि का दायित्व है। जनता की मुक्ति में ही कविता बची रह सकती है। जीवन में सार्थक हस्तक्षेप द्वारा कविता को बचाये रखना ही मंगलेश का कवि कर्म है।

भूमण्डलीकरण और उदारीकृत बाजार के नाम पर भारत का नवउपनिवेशन, बहुराष्ट्रीय कम्पनियों के प्रभुत्व से भारतीय उद्योग तथा अर्थव्यवस्था की क्षति, कृषि तथा ग्रामीण उद्योगों का नाश, प्राकृतिक सम्पदाओं की खुली लूट, लोक संस्कृति एवं कला पर संकट, भारत की सांस्कृतिक अस्मिता का लोप आदि मंगलेश की कविता के मुख्य सरोकार रहे हैं। चर्चित संग्रह की 'अन्तिम प्रारूप', 'बाजार', 'दूसरे लोग', 'आयोजन' आदि कविताएं बाज़ारवाद के विरुद्ध जनता को आगाह करती हैं। आज बाजार चीजों की बिक्री का केन्द्र नहीं, उसका एक ठोस आध्यात्मिक आधार है। बाज़ार में रखी चीजों का कोई विकल्प नहीं है। जो कुछ आम तौर पर जिस तरह दिखता है वह उसी तरह नहीं होता। बाज़ार में चीज़ें आपस में लगातार एक मैत्रीपूर्ण युद्ध में उलझी होती हैं। प्रकृति की तरह बाज़ार भी परिवर्तनशील है। उसका भूगर्भ भी कभी इधर कभी उधर करवटें बदलता है। भूकम्प के झटके रोज़ ही यहाँ आते हैं। लेकिन उन्हें महसूस नहीं किया जाता। (बाज़ार)। बहुराष्ट्रीय कम्पनियों की होड़ और बाज़ारी तन्त्र में जाने अनजाने गुलाम बनती जनता है। बाज़ार की चीजें मनुष्य की विवशता पर खिलखिलाती हैं। मनुष्य अपनी जिन्दगी न जीकर एक नकली जिन्दगी जीने को विवश होता है। जीवन में मानवीय संवेदनाओं का मूल्य ही नहीं रह जाता। कवि के शब्दों में "इस बीच मैं दूर-दूर गया बाज़ारों में भटकता रहा। जहाँ चीजें मनुष्य की विवशता पर खिलखिलाती थीं। प्रेम और रोटी की पीड़ा महसूस करने के लिए। कहीं लौटना सम्भव नहीं था। मैं किसी दूसरे की नींद सोया, किसी दूसरे के जीवन में जागा...." (अन्तिम प्रारूप)

बाज़ार के गुलाम बने लोगों से भिन्न दूसरे लोग भी हैं जो प्रकृति की गोद में जीवन बिताना चाहते हैं। वे पेड़ों और बादलों से प्यार करते हैं। उन्हें नदी में नहाना पसन्द है और नदी उन्हें सुन्दर लगती है। "दूसरे लोग भी पेड़ों और बादलों से प्यार करते हैं। वे भी चाहते हैं कि रात में फूल न तोड़े जाएँ। उन्हें भी नहाना पसन्द है एक नदी उन्हें सुन्दर लगती है।" (दूसरे लोग) तथाकथित सभ्य लोगों से कवि का यह दावा है कि ये दूसरे लोग भी मानवीय साँचों में ढले हैं। जो तुम्हारी तरह नहीं जीते उन्हें भी अपनी तरह जीने का अधिकार है। लोक जीवन एवं संस्कृति के प्रति कत्रि की निष्ठा का यह जीवन्त प्रमाण है।

अर्से से महानगर में रहते हुए भी मंगलेश महानगर के नहीं हो पाये। अपने भीतर दिल्ली को आत्मसात् नहीं कर पाये। एक विस्थापित ही अपने को अनुभव किया। उनकी कविताओं में शहरी जीवन की चौंधियाती तड़क-भड़क नहीं है, चहल-पहल नहीं है। बरक्स, उनमें एक उदासी है, करुणा है जो शहरी जीवन की अमानवीयता में इन्सानियत को बनाये रखती है। 'पागलों का वर्णन', 'गाता हुआ लड़का' और 'लड़की और अन्धा आदमी' कविताओं में महानगरीय परिवेश है। मनुष्य के कारनामों का

रक्तरंजित इतिहास बताते, तरह-तरह के इशारे करते पागलों के बीच से अक्सर स्वस्थ मस्तिष्क के लोग गुज़रते हैं। वे पागलों की आँखों में थोड़ा-सा झाँककर एकाएक सहमते हुए आगे बढ़ जाते है "जैसे झटक देते हों अपने जीवन का कोई अंश/अपना कोई क्रोध, कोई प्रेम, कोई विरोध/अपनी ही कोई आग/जो उनसे अलग होकर अब भटकती है/व्यस्त चौराहों और नुक्कड़ों पर/कपड़े फाड़े, बाल बिखराये सूखी रोटियाँ सँभाले हुए।" व्यवस्था से एक लम्बा युद्ध छेड़े हुए ये पागल वही करते हैं, जो स्वस्थ मस्तिष्क वाले सुविधा परस्त कायर करने से डरते हैं। हमारे सामने यह प्रश्न उठाया जा रहा है कि इनमें सचमुच पागल कौन है? इसका उत्तर पाना मनुष्यता का तकाज़ा है। 'गाता हुआ लड़का' में दिल्ली की भीड़ भरी बस में गले में नन्हा हरमोनियम लटकाये उस्ताद सरीखा 'अपनी ही खातिर अपने ही भीतर' गाने वाला बारह-तेरह बरस का लड़का और उसकी चारेक बरस की बहन है जो घूम-घूमकर मुसाफिरों से पैसा माँगती है। घर लौटते हुए रास्ते भर वह मीठी धुन जिसमें उम्मीदें थीं और खुशी थी कवि के साथ रही। पर "घर आकर मैंने वह धुन गायी मन में रो पड़ा। कितना रहा अकारथ मेरा होना। कैसा विचित्र रात में वह रोना।" संवेदनशील कवि का रोना मानों अपने 'अकारथ होना' पर प्रश्नचिह्न लगाना है। उस लड़के की दीन-दारुण अवस्था पर समाज के सामने उठाया गया इन्सानियत का यह सवाल है। 'लड़की और अन्धा आदमी' में शहरी जीवन की निर्ममता, क्रूरता, खोखलापन और लोलुपता है। शहर में आँख वाले भी अन्धे होकर भटकते हैं। सचमुच अन्धे आदमी के सामने का अन्धकार शहर की भागती हुई आत्महीन भीड़ से निकला है। उनका प्रेम महज़ स्वार्थ है और करुणा केवल दिखावा। शहरी जीवन आत्महीनता का मानों पर्याय बन गया हो।

मंगलेश की कविता यथार्थ के विस्तार से कतराती है। भावात्मक घनत्व ही उनकी काव्य मुद्रा है। चर्चित संग्रह में ऐसी कविताएँ कम हैं जिनमें समकालीन जिन्दगी के यथार्थ का काव्योचित विस्तार है। 'अन्तिम प्रारूप' एक ऐसी कविता है जो अपने दृश्य बिम्बों द्वारा समकालीन जीवन की असली तस्वीर प्रस्तुत करती है। मनुष्य को कंकाल बनो देने वाली नयी अर्थव्यवस्था, व्यवस्था की अमानवीयता में जनता की तड़प और कराह, जोरों पर चलता अध्यात्म का धन्धा और घटिया अनुष्ठानों में जीवन की उत्सवधर्मिता के बीच रद्दी अखबार में बदलते जीवन का नक्शा ही कविता का अन्तिम प्रारूप हमारे सामने प्रस्तुत करता है। देश की राजनीति में नायकों के अन्त और खलनायकों के प्रवेश का कवि साक्षी एवं भागीदार बनता है। यहाँ तक कि चेहरों पर अपनी कविता का प्रकाश लेकर चलते परिचित कवियों के पते भी बदल गये। व्यवस्था के कायल एवं पक्षधर बनकर वे उच्च वर्ग की शानदार जिन्दगी जीने लगे। अब प्रतिरोध की जो क्षीण काँपती हुई-सी रोशनी है उस पर कवि की यह प्रतिक्रिया अत्यन्त सार्थक है "और अब जो वह काँपती हुई-सी रोशनी है। कहना कठिन है कि अँधेरा शुरू होने के पहले की है या उजाला खत्म होने के बाद की है।" सचमुच यह समकालीन जिन्दगी और

उसके भविष्य पर मंगलेश का सही वक्तव्य है।

मंगलेश के काव्य में प्रेम की व्यापक प्रतिष्ठा है। आदिम स्मृतियों से छनकर आता हुआ प्रेम कवि को जीवन की एक नयी पहचान देता है। कवि के लिए प्रेम एक सम्पूर्ण जीवन मूल्य है। कवि ने जिन स्त्रियों से प्रेम किया उनका आत्मिक प्रकाश तथा उनकी मनुष्यता कवि के भीतर सदा के लिए समा गयी। कवि की स्पष्ट स्वीकारोक्ति है - "अगर मुझमें कुछ गुण हैं तो उससे ज़्यादा कुछ मुझे स्त्रियों से ही मिले और मैं खुद को भी भीतर से आधा स्त्री महसूस करता हूँ और कभी-कभी सोचता हूँ कि अगर मैं वाकई स्त्री होता तो इस संसार को प्रेम की कोमलता और जगमगाहट से भर देता।" (कवि मंगलेश डबराल से ओम निश्चल की बातचीत, साक्षात्कार अगस्त 2004)

चर्चित संग्रह की स्त्री केन्द्रित कविताओं में आधी क्रूरता और आधी कामुकता की सजी-धजी दुनिया में मासूमियत का एक छोटा-सा घेरा खींचकर पुरुष से प्रेम करती स्त्री नज़र आती है। यह स्त्री अर्से से प्रेम करती आयी है और प्रेम करती जायेगी। प्रेम करने के अपराध में प्राप्त दण्ड और निर्वासन के बावजूद कहीं से स्त्री के 'होने की आवाज़' आती है। उसका कोई प्रिय गीत अचानक सुनायी दे जाता है। वह धीमी कोमल आवाज़ में कुछ कहती है जिसे एक भारी कोलाहल के बीच हम सुन नहीं पाते। शायद वह अपना जीवन इतिहास ही सुनाना चाहती है जिसे कवि ने 'मत्र्योशका', 'तारे के प्रकाश की तरह', 'तुम्हारे भीतर' आदि कविताओं में प्रकट किया है। मत्र्योशका रूस की लोकप्रिय गुड़िया है जिसमें लकड़ी की बनी क्रमशः बड़ी से छोटी एक जैसी गुड़ियाँ समायी रहती हैं। मत्र्योशका शब्द का आशय माँ या मातृमूलकता से है। गुड़िया के भीतर की हर परत एक स्त्री है, उसका खामोश इतिहास है। अलग-अलग कोठरियों में कैद स्त्री के सातों जन्म है : परदादी, दादी, माँ, बहन, बेटी, प्रेयसी और नवजात। सब की सब निहत्थी है और इस भीषण दुनिया में अनजान भी। सबसे बड़ी उम्रदार भयावह जिन्दगी से अपनी लड़ाई लड़ती है और अपने द्वारा संरक्षित पीढ़ियों की भी। स्त्री की यह लड़ाई जारी है और व्यवस्था की भीषणता भी बरकरार है।

"खुद को भी भीतर से आधा स्त्री महसूस" करने वाले मंगलेश के काव्य में स्त्री की अनेक छवियाँ अंकित हैं। स्त्री-पुरुष की शक्ति है और प्रेरणा भी। उसकी ममता पुरुष के लिए जीवन का एक कोना सुरक्षित रखती है। वह चिरन्तन प्रतीक्षा बन पुरुष की राह देखती है। स्त्री ही पुरुष को भावों के अनन्त संसार और प्रकृति की उन्मुक्तता की ओर ले चलती है। स्त्री ही के कारण पुरुष की देह बेकार नहीं जाती और उसे अँधेरे के बीच रोशनी दीखती है। सबसे महत्त्वपूर्ण यह कि "एक स्त्री के कारण एक स्त्री। बची रही तुम्हारे भीतर।" हर पुरुष के भीतर एक नारी रहती ही है। उस नारी को जगाने वाली और कोई नारी होती है जो पुरुष के जीवन में प्रवेश करती है। वह नारी पुरुष को प्रेम एवं करुणा की जगमगाहट से भर देती है।

स्त्री की देह स्वयं स्त्री के लिए एक कल्पना है जो सहसा कौंधकर उसकी स्मृति में

आती है दूर किसी तारे के प्रकाश की तरह। यही वह क्षण है जब वह अपना सुन्दर अद्वितीय अस्तित्व पहचानती है। वरना उसकी देह दूसरे तमाम शरीरों की तरह किसी कवच में लिपटा हुआ एक जीवन है। स्त्री के गृहिणी रूप के भीतर चिरन्तन नारीत्व का एक और रूप है। उसका वह दूसरा रूप ही है जिसमें "वह अपने भीतर थामे रहती है टूटते पहाड़ों, बिफरती नदियों और ढहते सौरमण्डलों को।" पुरुष पीड़ाएँ महसूस करने के लिए उसके पास लौटता है तो वह क्षण किसी तारे के प्रकाश की तरह है। चिरन्तन नारीत्व का वह रूप मंगलेश के काव्य में सर्वत्र व्याप्त है; कभी माँ के रूप में, कभी पत्नी के रूप में और कभी दादी और बहन के रूप में। स्मृतियों से छनकर बहती हुई प्रेम की यह स्वच्छ धारा है जो मंगलेश के काव्य का अन्तर्वर्ती भाव है।

स्त्री के समान मंगलेश के काव्य संसार में छाये हैं बालक और बच्चे। बच्चे निर्मम संसार को सृष्टि की अमूल्य भेंट है। बच्चा सरलता एवं भोलापन का एक अनोखा संसार है। उसमें अनन्त खुशियाँ हैं, अनूठे स्वप्न हैं। 'सुबह की सड़क पर' शीर्षक कविता के बच्चे कपड़ों से सजे छोटे-छोटे बादलों जैसे उछलते जाते हैं मानों उन्हीं के कारण वह आश्चर्यजनक सुबह हो रही हो। छोटी-छोटी लड़कियों के चेहरों पर एक अनश्वर हँसी है। बड़ी होती लड़कियों की आँखों में कोई बड़ी होती हुई उम्मीद झलक उठती है। सुबह की सड़क पर जगह जगह कवि यही दृश्य देखता है। मंगलेश खुशी एवं उम्मीद के इस संसार को किसी भी मूल्य पर बचाये रखना चाहते हैं। लेकिन यह कोई आसान काम नहीं। "सुबह की सड़क पर' के कवि की चिंता है "समझ में नहीं आया क्या करूँ कि यह दृश्य बचा रहे।" जमाना ही ऐसा हो चला है कि बच्चों की खुशियों का संसार भी उनसे छीना जा रहा है।

रोज़मर्रा की सपाट दुनिया में बच्चे कौतूहल और उल्लास भरे खेलों से खुशियों का एक संसार रचते हैं। छुपम छुपाई के खेल में बच्चे अपनी कल्पना एवं सहज बुद्धि के सहारे छुपे हुए को खोज ही लेते हैं। उसके लिए ऊहापोह के बाद यह सघन उल्लास का क्षण होता है जहाँ रहस्य और यथार्थ एक दूसरे से टकराते हैं। लेकिन कवि बच्चों के सहज उल्लास एवं सफलता के क्षणों में उन्हें सावधान करता है..... "दौड़ो नहीं। तुम्हें चोट लग सकती है जगह-जगह नुकीले कोने हैं। कहीं कीलें भी निकली हुई हैं। ध्यान रखो आराम से खेलो खोजने का खेल।" यह चेतावनी बच्चों की खुशियों के संसार को उजाड़ देती है।

मंगलेश के काव्य में स्मृतियों का एक संसार बसा है। स्मृतियाँ कवि को अपनी परम्परा, प्रकृति एवं लोकजीवन से जोड़ती हैं। वर्तमान की विषमता का तीव्र एहसास कराती हैं। स्मृति के सहारे कवि कल्पना का एक संसार रचता है। कवि के शब्दों में "स्मृति भी आखिरकार एक कल्पना है क्योंकि स्मृतियों का जीवन कल्पनाओं से ही बना है।" 'आवाज भी एक जगह है' तक पहुँचते स्मृतियों का वेग कुछ क्षीण पड़ गया है। लेकिन इस संग्रह में भी स्मृतियों पर आधारित कुछ कविताएँ हैं जैसे 'अनुपस्थिति', 'घर

की काया', 'पिता का हवाला' आदि। 'अनुपस्थिति' में कवि के बचपन का एक स्मृति चित्र देखिए : "यहाँ बचपन में गिरी थी बर्फ। पहाड़, पेड़, आँगन, सीढ़ियों पर। उन पर चलते हुए हम रोज़ एक रास्ता बनाते थे।" इस चित्र के साथ वर्तमान विपर्यय की प्रस्तुति है "बाद में जब मैं बड़ा हुआ। देख बर्फ को पिघलते हुए। कुछ देर चमकता रहा पानी। अन्ततः उसे उड़ा दिया धूप ने।" जीवन की विषमता एवं प्रखर यथार्थ की धूप में बचपन की सरलता एवं निरीहता के स्मृति चित्र उड़ा दिये जाते हैं।

'घर की काया' में पीढ़ी दर पीढ़ी किराये के घर में रहने वाले मध्यवर्ग का जीवन चित्र है। "इस घर की काया में रहते आये हैं हम। बरसों से आत्मा की तरह", "बिस्तर और तकियों के नीचे निवास करते हैं। इस घर के रोग, शोक, जरा, मरण", "एक पुकार यहाँ हमेशा बनी रहती है", "बेचैनी एक बिल्ली की तरह घूमती है। कभी-कभी दिखती है उसकी ओझल होती हुई पूँछ" जैसी पंक्तियों में मध्यवर्गीय जीवन की गतिहीनता, विपन्नता, विडम्बना एवं विषमता को स्मृति चित्रों के सहारे उभारा गया है।

मंगलेश के अनुसार "गद्य ही सामाजिक अभिव्यक्ति की एकमात्र शक्ति है।.... कविता भी गद्य का ही रूप है।" (कवि मंगलेश डबराल से ओम निश्चल की बातचीत, साक्षात्कार अगस्त 2004) इस मान्यता के तहत ही चर्चित संग्रह में मंगलेश की चार गद्य कविताएँ भी संगृहीत की गयी हैं। 'वापसी', 'चुम्बन', 'ली पाइ' और 'धूल' में कविता की आत्मा ही बोलती नज़र आती है। "आप अगर जंगल की ओर जाएँ तो किसी शिकारी की तरह नहीं एक पेड़ की तरह जाना बेहतर होगा। एक बड़ा पेड़ आपको अपने भीतर छिपा लेगा।" (वापसी) "चुम्बन एक ऐसी घटना है जो इतिहास के बाहर होती है" (चुम्बन) "अब चारों ओर महामहिम हैं उनके युद्ध हैं या युद्ध स्तर पर मनाये जाते उत्सव हैं" (ली पाइ) "धूल चीज़ों, जगहों और लोगों की कराह है; वह उनकी दबी कुचली आत्मा है; कई चीज़ों से उठती हुई धूल आपस में मिलकर धूल की एक दीवार बनाती है और अन्याय की आँखों में घुसने की कोशिश करती रहती है" (धूल) पंक्तियों में कविता का भावात्मक घनत्व एवं संवेदनात्मक तीव्रता है।

मंगलेश ने अपनी कविता को संगीत का नया स्पर्श दिया। कविता की लय को संगीत की धुनों और रागों से जोड़ा। कविता एवं संगीत के सन्धान में लोकगीतों की धुनों को विशेष रूप से अपनाया। लोकवाद्य और संगीत उनकी आत्मा में बसे हैं। चर्चित संग्रह की 'अमीर खाँ', 'केशव अनुरागी', 'गुणानंद पथिक' आदि कविताएँ लोकवाद्य एवं संगीत के प्रति कवि के रुझान एवं निष्ठा के परिचायक हैं। कलागत सन्दर्भों से अलग इन कविताओं का एक व्यापक मानवीय और राजनीतिक सन्दर्भ भी है।

संगीत के घराना और परम्परा के विवादी स्वरों के बीच अपने सरगमों और छूट की तानों में संगीत का असम्भव घर बनाने वाले अमीर खाँ; गढवाल के लोकगीतों को शास्त्रीय आयाम तक पहुँचाने वाले ढोलवादक केशव अनुरागी जिनके सम्बन्ध में लोग कहते थे कि केशव अनुरागी ढोल के भीतर रहता है; खंडहर हो रहे टिहरी कस्बे के बस

अड्डे में गले में पुराना हारमोनियम लटकाये स्वरचित गीतों की पुस्तिकाएँ बेचने वाले गुणानन्द पथिक जो रागों का कारीगर कहलाते थे - ये सभी कलाकार अज्ञात के पथ पर पहाड़ों के लोकगीत बनकर रह गये। भूमण्डलीकरण की बाज़ार केन्द्रित सभ्यता की तड़क-भड़क और पाश्चात्य संगीत के अन्धाधुन्ध अनुकरण में भारतीय लोकगीतों एवं लोकवाद्यों की निर्मम उपेक्षा पर ये कविताएँ सटीक टिप्पणी करती हैं। मंगलेश ने ओम निश्चल से अपनी बातचीत में इन कविताओं का एक और सन्दर्भ जोड़ा है "मेरी कविताओं का कथ्य हमेशा शोषित, उत्पीड़ित और निम्नवर्गीय अवस्थिति रहा है–चाहे वह मोहन थपलियाल या गुणानन्द पथिक पर हो या अमीर ख़ाँ व केशव अनुरागी पर, वह 'घर का रास्ता' हो या 'पहाड़ पर लालटेन'।"

'आवाज़ भी एक जगह है' संग्रह की कविताएँ समकालीन जीवन में एक हस्तक्षेप दर्ज करती हैं। नैतिक प्रतिरोध भी रचती हैं। लेकिन इन कविताओं में मंगलेश डबराल की सामाजिक संसक्ति एवं सरोकार के स्वर क्षीण एवं कमज़ोर होने लगते हैं। शायद कवि को भी इसका भान हो। उन्होंने 'प्रतिकार' कविता में अपना स्पष्टीकरण प्रस्तुत किया भी है– "जो कुछ भी था जहाँ-तहाँ हर तरफ। शोर की तरह लिखा हुआ। उसे ही लिखता मैं। संगीत की तरह।"

दरिंदों के बहाने नज़ाकत की बहस

"एक शब्द माँजता है मुझे। एक पंक्ति माँजती रहती है। अपने खुरदरे तार से।" कुमार अंबुज के 'अतिक्रमण' संग्रह की ये पंक्तियाँ उनके कवि कर्म को परिभाषित एवं रेखांकित करती हैं। उनके कवि कर्म के परिष्कार, विकास एवं निखार का यह संकेत है। अपने प्रथम संग्रह 'किवाड़' की 'आत्म कथ्य की पहली सुरंग में से' कविता में कवि ने अपना शब्दचित्र प्रस्तुत किया है : "प्रेम की प्रबल कामना और तृष्णा के द्वीप पर। मैं नितांत असभ्य और आदिम। निर्वसन खड़ा हुआ हूँ।" (पृ. 110) लेकिन कवि का यह दृढ़ संकल्प है कि "मुझे सिर्फ नक्शे में नहीं। पृथ्वी के एक सचमुच हिस्से में रहना है। मैं अर्थशास्त्र पढ़ने से पहले। थोड़ा-सा नमक खरीदना चाहता हूँ। रात अनंत होने से पहले ही। मैं इस गहराती शाम को। नये सिरे से बुनना चाहता हूँ। "कवि का सारा कविकर्म इस संकल्प की फलश्रुति है।

'क़िवाड़' (1992) कुमार अंबुज का प्रथम काव्य संग्रह है। 'क्रूरता' (1996) अनंतिम (1998), 'अतिक्रमण' (2002) और 'अमीरी रेखा' (2011) तक करीब दो दशकों की काव्य यात्रा में कुमार अंबुज के कवि का उत्तरोत्तर विकास हुआ है। कस्बाई जीवन के भीतर ग्रामीण जीवन की स्मृतियों में घुलता हुआ कवि सभ्यता के गाल में समा रही गाँव की दुर्लभ चीज़ों के साथ गाँव और कस्बे के जीवन के बहुआयामी चित्र प्रस्तुत करता है। उन चित्रों में गाँव की पूरी कृषक सभ्यता मूर्तिमान हो उठती है। कस्बे का अपना विस्थापित जीवन कवि के शब्दों में : "मेरे पास शेष थी सिर्फ। दो स्वप्नों के बीच की अनिद्रा। जहाँ कुछ वरदान थे मेरे पास। शाप की तरह पीछा करते हुए। कुल मिलाकर एक अतुकांत जीवन था। जिसकी तुकें। ढूँढनी थीं।" (पृ. 12, किवाड़) सचमुच कुमार अंबुज की संपूर्ण काव्य यात्रा विस्थापित जीवन तथा सभ्यता संस्कृति की विडंबनाओं से गुज़रते हुए अपने अतुकांत जीवन की तुकें ढूँढने की अनवरत यात्रा है। इस यात्रा में कवि कभी अपने अतीत की ओर लौटता है तो कभी वर्तमान के प्रति जाग्रत एवं विवेकशील बनता है। सचमुच वह अतीत के सहारे वर्तमान की ही बात करता है : "नागरिक! इतिहास के बहाने। एक कवि आपसे। आपके वर्तमान की बात करना चाहता है।" (पृ. 97, किवाड़) इस बात करने में देश का वर्तमान कुमार अंबुज की

कविता में मुखर हो उठता है। कविता समकालीन राजनीति, समाज व्यवस्था, भूमंडलीकरण की गिरफ़्त में पड़ी भारत की अर्थ व्यवस्था और उसके तहत तीव्र होती अमानवीकरण की प्रक्रिया के फलस्वरूप विनष्ट होती सभ्यता संस्कृति का विडंबनामय आख्यान बनती है। सचमुच कुमार अंबुज की कविता "सक्रिय और सकर्मक प्रतिरोध की रचनात्मक कार्रवाई है।"

कुमार अंबुज की कविता में स्मृतियों का एक सजीव संसार है। वर्तमान भी अतीत के झरोखे से छनकर आता है। स्मृति में आत्मकथ्य व्यापक है। यह आत्मकथ्य गाँव कस्बे और शहर के जीवन के संवेदन एवं स्मृतियों से गुंथा है। 'किवाड़' संग्रह की प्रथम कविता 'मेरे पास' में वह सब कुछ प्रत्यक्ष हो उठता है जिससे कुमार अंबुज का कवि चरित्र गठित हुआ है। अपनी पुरानी सभ्यता को टीलों में तब्दील होने से बचाने का संकल्प करनेवाले कवि की पूँजी 'इच्छाओं की पोटली' और 'वक्त की एक छोटी सी लाठी' है जिसके सहारे उसे अनिर्णयों का अरण्य पार करना है। इच्छा स्वयं संकल्प है और वक्त की छोटी सी लाठी इतिहास चेतना है जो जीवन की दूरगामी समझ एवं विवेक चेतना का संबल है। कवि की और पूँजी है : "विस्मृति के जल में हिलते हुए। कुछ धुंधले अक्स थे। सूखते हुए आँसू थे। पिघलती हुई आत्मा। फूलों और सुगंधियों से भरा। एक नरक मेरे सामने था। मेरे मोक्ष का रास्ता वहीं से होकर जाता था।" (पृ. 11, किवाड़) विस्मृति के धुंधलके में चलती छायाकृतियों और सूखते हुए आँसुओं के बावजूद कुमार अंबुज की कविता में एक ताज़गी एवं सुगंधी है जो भीतर के प्रेम तथा करुणा से जनित है।

'आत्म-कथ्य की पहली सुरंग में से' कविता में कवि के जन्म से लेकर 1990 तक की आत्मकहानी है। आत्मकथ्य में कवि के जन्म गाँव, वहाँ की अभावग्रस्त ज़िन्दगी, मोहक ग्रामीण परिवेश, बचपन के लाड-दुलार के साथ पढ़ाई एवं नौकरी के सिलसिले में गाँव के छूट जाने की गहरी उदासी है। जीवन के नाना विध अनुभवों से, अधिकतर कडवे ही, गुज़रते हुए कवि समाज पर व्याप्त संकट की छाया को हटाकर नये सिरे से समाज निर्माण का संकल्प करता है। इस संकल्प की घोषणा कवि के शब्दों में "यही मेरा युद्ध है। यही मेरा द्वंद्व। यहीं। इस बिंदु पर होना है निर्णय। मेरे जीवन का!" (पृ. 111, किवाड़) इस संकल्प पथ पर कवि आगे बढ़ता जाता है। लेकिन अपनी उपलब्धियों से कवि आश्वस्त नहीं दीखता। 'अमीरी रेखा' की 'यहाँ तक आते हुए' कविता में कवि ने अपने कवि कर्म का मूल्यांकन ही प्रस्तुत किया है : मैं उम्मीद में गुनगुनाता आदमी था धनुर्धारी नहीं। मेरे पास जीवन एक ही था और वह भी गलतियों। चूकों और नाकामियों से भरा। लेकिन उसी जीवन के भीतर से। आती थीं कुछ करते रहने की आवाजें भी। कितना काम करना था कह नहीं सकता कितना कर पाया। इतना तो ज़रूर ही हुआ कि मैं अपनी गलतियों से भी पहचान में आया।" (पृ. 10, अमीरी रेखा) इन पंक्तियों में कुमार अंबुज की कविता का चरित्र उभर आया है। अपने को

'धनुर्धारी नहीं' कहते हुए कवि ने राजनैतिक सरगर्मी और हलचल के जुझारू तेवर से अपनी कविता को बचाये रखा। 'उम्मीद में गुनगुनाता आदमी' में कविता की आत्मीयता, सहज शालीनता एवं स्निग्धता को व्यंजित किया। 'गलतियों में भी पहचान में आया' द्वारा अपनी कविता की निजता एवं खासियत प्रकट की। 'कितना काम करना था कह नहीं सकता कितना कर पाया' की आत्मस्वीकृति मुक्तिबोध की "जितना भी किया गया। उससे ज़्यादा कर सकते थे। ज़्यादा मर सकते थे" की बरबस याद दिलाती है।

आत्मचिंतन कुमार अंबुज की खासियत है जो समकालीन कविता में विलुप्त होते जा रहे संस्कार को जीवंत बना देता है। आत्मचिंतन कभी अस्तित्व चिंतन की झलक देता है तो कभी आत्मनिरीक्षण एवं आत्मालोचन का रुख अपनाता है। 'अनंतिम' संग्रह की 'मैं क्या हूँ' कविता में कवि कभी चाँदनी में काँपता हुआ एक पत्ता है, कभी धुंधलके में दिखती थोडी झुकी दीवार, कभी कैनवास पर अटपटा गिरता हुआ एक रंग, कभी रक्त की तरह जमा हुआ दुख का एक थक्का। काली मिट्टी का एक ढेला, किले का ढ़ह गया दरवाज़ा आदि कितने ही रूपकों में कवि ने अपनी हस्ती की पोर पोर को व्यंजित किया है। 'कोई पराजित जीवन अटका हुआ नैतिक वाक्य में', 'एक क्रोधित चेहरा जकड़ा हुआ शिंकंजे में', 'अपनी ही शक्तियों के शाप से शापित पत्थर कोई', 'गलता हुआ हिमखंड' आदि प्रतीक कवि के अन्तर्मन को खोलकर रख देते हैं। 'अनंतिम' संग्रह की ही 'चोट', 'मूर्ति', 'बहुरुपिया', 'ज़रा-सी ऊँचाई से', 'आवाज़ों की धूल', 'काल बोध' आदि कविताओं में कवि ने मूर्त प्रतीकों, स्थितियों के अमूर्तन, लक्षणामूलक प्रत्यय तथा रूपकों के सहारे आत्मचिंतन का प्रसार किया है जिसमें कवि के अन्तर्विरोध, ऊब, थकावट, निराशा और क्रोध के साथ प्रेम, उम्मीद, इंतज़ार, स्फूर्ति तथा आशा-आस्था की विलक्षण झाँकियाँ है।

ज़िन्दगी की तेज़ रफ्तार में कवि का 'मैं' निरंतर बदलता जाता है। अपनी पुरानी तस्वीर को वर्तमान में ढूँढने की विडंबनामय स्थिति का साक्ष्य 'ज़रा-सी ऊँचाई से' कविता में देखिए : "बरसों पहले वाले मैं को मिलाते हुए आज से। ढूँढता हूँ खुद को। मगर मिलती ही नहीं वह तसवीर पुरानी। पड़ी होगी कहीं जो स्मृतियों के अटाले में।" (पृ. 38, अनंतिम) ज़रा-सी ऊँचाई से नीचे झाँकने पर कवि को न जाने कौन सा प्रेत दिन-रात बड़ा होता और क्षण-क्षण भयानक होता दिखाई देता है। कवि यह निर्णय नहीं कर पाता कि वह बेचैन करती कामनाओं का अतीत है या एक भविष्य जो नहीं होना था। अब कवि उससे बचने या उसे बेहतर रूप में पाने के लिए भाग रहा है। इस भागदौड में उसे अपना ही भय और अपना ही रुदन मूर्तिमान दिखाई दे रहा है। लेकिन जिन्दगी के समस्त अन्तर्विरोधों और विपर्यय के बीच भी मनुष्य होने की बहार से गुज़रता यह कवि है। जिन्दगी की इस कोशिश में कवि का सबसे बडा संबल भाषा है जो कवि के भीतर संगीत की तरह गूँजती है : "भाषा थी जो मुझमें संगीत की तरह गूँजती थी। यह मेरी दुनिया थी। जिसे हर बार करता था मैं आबाद। और इस पृथ्वी पर उसे रोज़ जन्म देता

था।" (पृ. 34, 35, अनंतिम) अपनी भाषा में कवि कविता की दुनिया को हर बार आबाद करता रहा, साथ ही इन्सान की जिन्दगी एवं दुनिया को भी।

कुमार अंबुज के काव्य में आद्यंत देहात छाया हुआ है जिसके चित्रण में स्थानीयता का रंग गहरा है। बरसात के दिनों की प्रकृति को देखिए : "कवेलुओं की उलटावनी के बाद भी/छप्पर से गिर रही है पानी की धार/दीवारों के फैफडों में भर गया है पानी/प्लास्टर के टुकड़े/बलगम की तरह गिर रहे हैं/और फूल गये किवाड़ों से/अनोखी गंध आने लगी है।" (पृ. 47, किवाड़) आधी रात में गाँव का एक दृश्य है : "किसान कर रहा है खेत की रखवाली/भैंसें कर रही है जुगाली/कुत्ता बदल रहा है/भट्‌टी की राख में करवट/फसलें झेल रही हैं पाला/सो रहे हैं सारे भगवान और पुजारी।" (पृ. 73, किवाड़) गाँव का एक और दृश्य 'क्रूरता' संग्रह की 'रोज़ की यात्रा' कविता से : "इतने ही सपाटे में दिखाई देती है/कुएँ से गहरा पानी खींचती हुई एक स्त्री/एक और स्त्री तीन कलसे जमाती हुई अपने सिर पर।" (पृ. 102) कवि के अपने गाँव का, शाम का एक चित्र प्रस्तुत है : "अभी यह होती हुई शाम है ऊष्मा और ठंड की/तंग जगह से गुज़रती हुई/ खजूर की पत्तियाँ अपनी ऊँचाई की रोशनी में हिल रही हैं। नदी की आवाज़ अब आ चुकी है पचास गज की दूरी पर। दक्षिण दिशा से आ रही है निश्चित दुःखों के पैरों की आहट। लौट रहे हैं पुरुष और मवेशी। उनके कंधों पर थकान का रंग बैठा है उमंग बनाकर। टुनटन आरती शुरू होने को ही है टेकरी पर।" (पृ. 21, अनंतिम) गौरतलब है कि सभी दृश्यों में देहात और देहाती जीवन गलबाहीं किये ही दीखते हैं।

देहात के साथ देहाती संस्कार कुमार अंबुज की कविता की विशिष्ट पहचान है। ये संस्कार कविता को सांस्कृतिक विरासत की ठोस ज़मीन पर खड़ा करते हैं। कविता में शक्ति एवं ऊर्जा का संचार करते हैं। गाँव ने कवि को बार-बार अपना बनाया : "कद्‌दू की बेल, कत्थई मैदान, अमावस की रात/चींटी, एक सिसकी, एक शब्द/और एक बच्चे ने मुझे बार-बार अपना बनाया।" (पृ. 10, अमीरी रेखा) वर्तमान जीवन की क्रूरता और अमानवीकरण के बीच भी कवि अपनी आज़ादी और इन्सानियत को बचाये रखना चाहता है। एक दोपहर की चमक, घास कपास नमक से जीवन को फिर से पाने और रचने की कवि की प्रस्तावना है। 'किवाड़' कविता में किवाड़ परंपरा, विश्वास एवं सुरक्षा का प्रतीक है - "इन किवाड़ों पर। चंदा सूरज। और नाग देवता बने हैं। एक विश्वास और सुरक्षा। खुदी हुई है इनपर।" (पृ. 20) और "ये पुराने हैं/लेकिन कमज़ोर नहीं/इनके दोलन में/ एक वज़नदारी है/ये जब खुलते हैं/एक पूरी दुनियाँ/हमारी तरफ खुलती है/जब ये नहीं होंगे/घर/घर नहीं रहेगा।" (पृ. 21, किवाड़)

घर और देहात ने कवि को गठा है। कवि चरित्र के दीप्त संस्कार है उम्मीद, इंतज़ार और जिद। ये कृषक जीवन के प्राण तत्व हैं। जीवन के गहराते रेगिस्तान के बावजूद कवि के भीतर थोड़ा सा द्रव शेष था। "और थोड़ी-सी उम्मीद/जो रह-रहकर एक पुराने लैम्प की/बत्ती की तरह काँपती थी।" (पृ. 41, किवाड) यह कवि की खास पहचान है।

यही उम्मीद वर्तमान के जर्जर समय में भी कवि के कंधे पर 'झुर्रियों से भरा एक हाथ' बनकर प्रकट होता है : "यह वही प्राचीन उम्मीद है/बार-बार संभव बनाती रही है/मेरे होने को/एक मनुष्य का होना।" (पृ. 90, क्रूरता) 'विकल्पहीनता' कविता में कवि ने उम्मीद को विकल्पहीन बताया है : "जीवन के सामने/सबसे बड़ी मुश्किल यह है/कि उम्मीद का कोई विकल्प नहीं/मृत्यु भी नहीं।" (पृ. 71, अमीरी रेखा) उम्मीद कविता में आदमी होने को संभव बनाती है। उम्मीद को कवि ने 'इंतज़ार की पदचाप' माना। यही इंतजार इन्सान को भविष्य के सुन्दर दृश्यों तक पहुँचाता है : "इंतज़ार करते हुए हम सबसे अलग होते जाते हैं। पहुँचते हैं भविष्य के सुंदर दृश्यों में।" (पृ. 25, अनंतिम) जिद देहाती जीवन में सकारात्मक भूमिका अदा करती है। सचमुच जिद मानवता के प्रति अडिग आस्था का ही दूसरा नाम है। कवि का बयान है जिद पर : "एक शांत किस्म का व्यक्तिगत जीवन। जिसे इस जगह तक भी कोई इच्छा, एक प्रेम,/एक दया, एक हँसी/और एक छोटी-सी ज़िद ले आई है खींचकर" (पृ. 17, 18 अमीरी रेखा)

भूमंडलीकरण के मुक्त बाज़ार और उदार अर्थनीति ने देश में एक नई सभ्यता को जन्म दिया है। इस सभ्यता की चालक शक्ति बाजार है। बाजार आदमी पर इस कदर हावी हो गया है कि व्यक्ति अपना स्वत्व खोता जा रहा है। व्यक्ति का वस्तूकरण इस सभ्यता का सबसे बड़ा खतरा है। इन्सान के लिए यह दशा अत्यंत विडंबनात्मक है। विडंबना का प्रत्यक्ष प्रमाण है कि पुस्तकालय तोडकर दूकानें बनायी जा रही है : "पुस्तकालय तोड़कर निकाली हैं तीन दुकानें" (पृ. 63, अमीरी रेखा) लोग बाज़ार को घर ले आते हैं और अब घर भी संग्रहालय बनता जा रहा है। मनुष्य आसक्ति की चाशनी में पागता चला जा रहा है : "घेरते हुए खुद को वस्तुओं से/आसक्ति की चाशनी में वे पागते चले जाते हैं/एक ऐसा नया संसार/जिसमें मानवीय दिखता हुआ हर उपक्रम/किसी नयी वस्तु को ले सकने की सामर्थ्य बताता है।" (पृ. 27, अतिक्रमण) नई सभ्यता की यह करामत है। उसकी चाल है कि उसने "मनुष्यों की बजाय/वस्तुओं में बहुत अधिक निवेश कर दिया है।" (पृ. 56, अमीरी रेखा)

भूमंडलीकरण के मुक्त बाज़ार और उदार अर्थनीति ने विकासशील देशों की अर्थ व्यवस्था को तोड दिया है। भारत भी इस की गिरफ्त में है। देश पर विदेशी कर्ज बढता जा रहा है। इस की परिणति देश की आर्थिक गुलामी है। निरीह जन देश की अवस्था से बेखबर है : "कक्षा तीन में पढ़ रही पड़ोस की बच्ची को नहीं पता/आनेवाले समाज की भयावहता/उसे नहीं पता उसके कर्णफूल/गिरवी रखे जा चुके हैं विश्व-बैंक में।" (पृ. 11, क्रूरता) ऋणभार से दबे-पिसे किसानों और मध्यवर्गीय जन के जर्जर आवासों की नीलामी हो रही है : "अब सारी ज़मीन बिल्डरों के पास है/सारी तरकीबें, अध्यात्म और दर्शन बिल्डिरों के पास/जो खरीद सकते हैं वे जीवित हैं/बाकी मर चुके हैं/या केवल उनकी छायाप्रतियाँ चल-फिर रही हैं।" (पृ. 117, अमीरी रेखा) नयी सभ्यता के अधीन किसानों की दुर्दशा देखिए : "फसलें जला दी गई हैं/सल्फास खा चुके हैं किसान/और

बचे-खुचे लोग बिल्डरों से ही रोजी माँग रहे हैं/पृथ्वी बिल्डर की डायनिंग टेबल पर रखा एक अधखाया फल। (पृ. 118, अमीरी रेखा)

नयी सभ्यता में मनुष्य को मान-अपमान से परे सुख सुविधापूर्ण जिन्दगी की तलब है। अब व्यक्ति अपमानित होता है तो तिलमिलाता नहीं। 'संस्कार' कविता की पंक्तियाँ हैं : "अब तुम अपमानित होते हो और मुस्कुराते हो/यह यकायक नहीं है/यहाँ तक आने में तुमने कई बरस लिये हैं/उपदेशों, परिपत्रों, नियमों, जरूरतों और सुविधाओं ने/तुम्हें अनुभवी बनाया और शिक्षित किया।" (पृ. 37, अमीरी रेखा) अब आदमी की यह नीयत हो गयी है कि उसे धूल में स्वाद आने लगा है।

नयी सभ्यता ने देश में एक ऐसे वर्ग एवं समाज को जन्म दिया है जिसकी पहचान ही उसकी क्रूरता है। 'क्रूरता' कविता में कवि ने मानव हृदय पर हावी हो रही क्रूरता को उघाड़ा है। क्रूरता "पहले हृदय में आएगी और चेहरे पर न दीखेगी/फिर घटित होगी धर्म-ग्रंथों की व्याख्या में/फिर इतिहास में और फिर भविष्यवाणियों में/फिर वह जनता का आदर्श हो जाएगी।" (पृ. 21, क्रूरता) क्रूरता के विरुद्ध जनता का सारा विलाप निरर्थक हो जाएगा। धीरे-दीरे वह गौरव प्राप्त कर लेगी और संस्कृति की तरह प्रकट होगी। उसे अधिक सभ्य और ऐतिहासिक बनाने की कोशिश होगी। वह हमारी सारी करुणा और मानवता के श्रृंगार को सोख लेगी। लेकिन विडंबना यह कि "लम्बे समय तक हमें पता ही न चले उसका आना" (पृ. 22, वही)

अमानवीकरण की प्रक्रिया में क्रूरता का एक और आक्रामक कदम है अतिक्रमण। अतिक्रमण की परिधि अनंत है। पहले दूसरे के हिस्से की जगह, फिर दूसरे के हिस्से की स्वतंत्रता और अंत में दूसरे के हिस्से के जीवन पर अतिक्रमण का धावा होता है। "समुद्र की तरफ़ अंतरिक्ष की तरफ़/पाताल की तरफ़/दसों दिशाओं में लालसाएँ मारती हैं झपट्टा।" (पृ. 27, अतिक्रमण) बढती हुई लालसा और अतिक्रमण के खिलाफ़ कुमार अंबुज ने अपने खास अन्दाज़ में समाज को आगाह भी किया है : "अगर हमारे जीवन में जोखिम नहीं। तो तय है वह हमारे बच्चों के जीवन में होगा। सिर्फ़ संपत्तियाँ उत्तराधिकार में नहीं मिलेंगी। गलतियों का हिसाब भी हिस्से में आयेगा।" (पृ. 17, अमीरी रेखा)

कुमार अंबुज की कविता में राजनीति है। लेकिन राजनीति में सीधे हस्तक्षेप की यह कविता नहीं है। राजनीति और राजनीतिज्ञों के प्रति विमुखता, उपेक्षा और मज़ाक कविता में लक्षित होते हैं। 'राजनीति : कुछ सूचनाएँ' कविता में राजनेता की हँसी उडाते हुए तिरस्कार की तीखी व्यंजना है : "राजनीति के पुरोधा के भाषण/और एक शराबी की कै का रंग/एक जैसा है।" (पृ. 66, क्रूरता) 'चरित्रवानों की कथा' कविता में राजनेताओं पर कवि का कटाक्ष है। चरित्र को संयम के सहारे ढोनेवाले, पौराणिक कथाओं के पात्र तो चरित्रवान ठहरे ही। "इसके बाद बचे रहे दो तरह के चरित्रवान/एक वे/जो सामर्थ्य के अभाव में चरित्र नष्ट न कर सके/दूसरे वे/जो अवसर के अभाव में चरित्रवान बने

रहे/शेष/राजनीति में गए।" (पृ. 75, अनंतिम) ऐसे राजनेताओं के साथ स्वत्वहीन, कायर जन के मेल-मिलाप पर भारतीय राजनीति की अच्छी खासी तसवीर बनती है। आत्महीन की वाणी है : "मेरा पक्ष क्या है यह जानने के लिए/मुझे पूछना पड़ता है पार्टी-प्रवक्ता से/जिसकी पार्टी का मैं सदस्य भी नहीं/लेकिन अब एक वही तो रह गया है समाज में/जो बता सकता है मेरा पक्ष।" (पृ. 59, क्रूरता) कोई अपने हक के लिए लडने भी लगता है तो अचानक नेतृत्व करनेके लिए अवांच्छित शक्तियाँ आ जुटती हैं : "हालाँकि मेरी एक परेशानी यह भी है कि जब मैं लड़ता हूँ/तो यकायक कोई गुण्डा, सामंत, रईस, पुजारी या एक सी.ई.ओ/मेरा नेतृत्व करने लगता है/और मेरी मामूली इच्छाओं को तबदील कर देता है ऐसी माँगों में/जिन्हें पूरा कर भी दिया जाये तो मुझे कुछ नहीं मिलेगा।" (पृ. 92, अमीरी रेखा)

जनता के सामने भारतीय राजर्नीति और जनतंत्र का चेहरा बेनकाब हो रहा है। लोकतंत्र में जो कभी तानाशाही का रूप लेता है आदमी यातना के दौर से गुज़रने को अभिशप्त है। उसे यह भी पता नहीं चलता कि वह किस विकसित या अविकसित सभ्यता में मारा जा रहा है या जीवित रखा जा रहा है : "एक सरीखा आदेश आता है लोकतंत्र और तानाशाही में/जिसे अमल में लाने के लिए सक्रिय होता है/प्रशासन हू-ब-हू एक जैसा/एक जैसी यातना के दौर से गुज़रता है आदमी/सीलन, बदबू, कामना और आशा के गलियारे में/घिसटते हुए मुश्किल है पहचान पाना/कि वह किस विकसित/या अविकसित सभ्यता में मारा जा रहा है/या रखा जा रहा है जीवित।" (पृ. 61, अतिक्रमण) हत्यारे ही हिंसासन पर हैं। मुजरिम ही जश्न मना रहे है। विडंबना यह कि उनके जश्न में हम सब शामिल हो रहे हैं। ऐसे माहौल में भ्रष्टाचार, घोटाले, नौकरशाही, भाई भतीजावाद का बाज़ार गरम है। राजनीति का अपराधीकरण और अपराधीकरण की राजनीति ज़ोरों पर है। "बर्बरता एक वैधानिक कार्यवाही/जिसके जरिए निबटा जा रहा है फालतू जनता से।" (पृ. 9, अनंतिम) सत्ता का यह रुख एवं रवैया है कि जिस देश में धर्म सनातन हो चुका है वहाँ गरीबी भी सनातन होनी है : "उधर होनी ही थी गरीबी सनातन/कि धर्म हो चुका था सनातन।" (पृ. 81, अतिक्रमण) देश में यह तंत्र इसलिए पनप रहा है कि प्रजा एकदम दीन और विनम्र बनी हुई है। उसमें विरोध या प्रतिरोध का आत्मबल नहीं है : "हम में हैं वे सारे गुण/उतनी सारी दीनता सहनशीलता विनम्रता/और क्रान्ति-विहीनता/जो एक अच्छी प्रजा में होनी चाहिए।" (पृ. 99, किवाड़)

आज देश की सुरक्षा एवं विकास में सांप्रदायिकता सबसे बडा खतरा और चुनौती बनी हुई है। धर्म, जाति तथा संप्रदाय के नाम पर मारकाट हो रही है। हिंसा का तांडव हो रहा है। कुमार अंबुज ने देश का यह दारुण परिदृश्य 'अनंतिम' कविता में प्रस्तुत किया है : "इतनी है मारकाट कि हँसी हँसी को खा रही है/हिंसा हिंसा को/नहीं कह सकता कब तक बचा सकूँगा/एक पंखुड़ी, एक पत्ती या एक बूँद अश्रु।" (पृ. 95,

अनंतिम) जनता में अविश्वास, डर, आशंका एवं तनाव है। गलत लिये जाने या मारे जाने के भय से कोई अपना सही नाम ही नहीं बताता : "इसी दौरान जब एक राहगीर से पूछा गया उसका नाम/तो उसने उम्मीद में अपना एक नाम खुदा का भी बताया/मगर सर्वशक्तिमान का नाम भी उसके काम न आया।" (पृ. 27 अमीरी रेखा) प्रासंगिक हैं देवी प्रसाद मिश्र की पंक्तियाँ : "इस तंत्र में सिर्फ आपका नाम/आपकी हत्या का सबब हो सकता है।" (पृ. 106, प्रार्थना के शिल्प में नहीं)

अल्पसंख्यक और बहुसंख्यक के आधार पर सांप्रदायिकता का वर्गीकरण भी होने लगा है। कट्टरता इतनी बढ गयी है कि मिट्टी एवं पानी का भी बंटवारा हो रहा है। यह दर्दनाक एवं शर्मनाक स्थिति कवि के शब्दों में "मैं बहुसंख्यकों के मोहल्ले में रहता हूँ/ तुमने भी बना ली है अपनी अलग बस्ती/मिट्टी से अलग मिट्टी/पानी से अलग पानी।" (पृ. 36, अमीरी रेखा) ईर्ष्या-द्वेष के कारण एक ही संप्रदाय के भीतर चाकू और बन्दूक चल रहे हैं। सांप्रदायिकता आतंकवाद का रूप धारण कर रही है। देश की जनता संत्रस्त है। मज़दूर मेहनतकश वर्ग बेहाल है। कवि ने 'मुश्किल तो मेरी है' (पृ. 90, अमीरी रेखा) में इसका सही बयान किया है।

कुमार अंबुज ने अपने स्त्री विमर्श की कविताओं में पत्नी एवं गृहिणी की परंपरा-अनुमोदित छवि को उकेरा है। स्त्री पुरुष के लिए विकल्पहीन अनिवार्यता है। लेकिन वह अपनी अनिवार्यता कभी नहीं जताती। पुरुष स्त्री की देह को जीतते हुए उसके सरल स्वप्नों और सहज इच्छाओं की उपेक्षा करता है। उसकी समस्त संभावनाओं को असंभव करता है। लेकिन स्त्री पुरुष की असभ्यताओं में अपनी सभ्यता खोजती है और उसे सबल करती जाती है : "और वह अपनी दुर्बल काया की/मुट्ठी भर अस्थियों की चुटकी भर मज्जा से/हमें सबल बनाती हुई/हमारी असभ्यताओं में खोजती रही/अपनी सभ्यता।" (पृ. 52, किवाड़) 'खाना बनातीं स्त्रियाँ' कविता में रसोई घर में अपनी पूरी जिन्दगी खपानेवाली स्त्री की दर्दनाक तसवीर है। जब वह बुलबुल थी तो खाना बनाया। फिर हरिणी होकर, फिर फूलों की डाली होकर उसने खाना बनाया। "उन्होंने बच्चे को गर्भ में रखकर खाना बनाया/फिर बच्चे को गोद में लेकर/उन्होंने अपने सपनों के ठीक बीच में खाना बनाया/तुम्हारे सपनों में भी वे बनाती रहीं खाना/पहले तन्वंगी थीं तो खाना बनाया/फिर बेडौल होकर।" (पृ. 47, अमीरी रेखा) उन्होंने कई बार सिर्फ एक आलू, एक प्याज़ से खाना बनाया। दुखती कमर और चढ़ते बुखार में उन्होंने खाना बनाया। वे क्लर्क हुई, अफ़सर हुई, लेकिन उनकी कसौटी रसोई ही रही। जिन्दगी भर खटते रहने से "उनके तलुओं में जमा हो गया है खून/झुकने लगी है रीढ़/घुटनों पर दस्तक दे रहा है गठिया/आपने शायद ध्यान नहीं दिया है/पिछले कई दिनों से उन्होंने/बैठकर खाना बनाना शुरू कर दिया है/हालाँकि उनसे ठीक तरह से बैठा भी नहीं जाता है।" (पृ. 49, अमीरी रेखा)

स्त्री पर कवि का सहज विश्वास है। आस्था है और अर्चना भी। भटकते रास्तों

और ढहती आस्थाओं के अंधकार में वह कंदील बनती है। “यह जो अलभ्य दीखता है/उसे पा सकने के लिए एक स्त्री की उपस्थिति/उसकी हँसी उसकी गंध/और उसके उभान पर कीजिए विश्वास।” (पृ. 90, अनंतिम) समकाल के स्त्री विमर्श के तेवर से भिन्न कुमार अंबुज का यह मिजाज कविता में आत्मीयता, ताजगी एवं स्निग्धता का संचार करता है।

कुमार अंबुज की कविता समकालीन भारतीय जीवन का सही दृश्यांकन है। यह दरिंदों के बहाने नज़ाक्त की बहस की कविता है। इसमें एक ओर गाँव है, ग्रामीण संस्कृति की सहज सरलता, स्निग्धता एवं उदारता है तो दूसरी ओर कस्बे और शहर के बहुआयामी चित्र हैं जिसमें वर्तमान जीवन की त्रासद स्थितियों के साथ नई सभ्यता की विडंबनाएँ तथा जनविरोधी हरकतें हैं। कवि ने अद्भुत कौशल के साथ दो संस्कृतियों के बिखरे सूत्रों को जोडा है। यही तालमेल कुमार अंबुज की कविता की खास पहचान एवं चरित्र है।

लोकजीवन में वर्तमान की त्रासदी से गुज़रते हुए

एकांत श्रीवास्तव छत्तीसगढ़ के कन्हार के कवि हैं। आंचलिकता से जुड़कर भी वे कोरे आंचलिक कवि नहीं है। अस्सी के दशक की क्रांति चेतना एवं महानगरीय संवेदना से भिन्न एक नितांत नूतन संवेदन लेकर एकांत श्रीवास्तव कविता के क्षेत्र में आये। लोकचेतना एवं लोकसंवेदना ही उनकी कविता की असली जमीन है। उसमें भारत के ग्रामांचलों की मिट्टी का सोंधापन है। लोक से ईमानदार रागात्मक सम्पृक्ति है। घर की ओर वापसी और आत्मीय संबन्धों की ऊष्मा है। प्रेम की उर्वरता है। उनके काव्य संग्रह है : "अन्न हैं मेरे शब्द' (1994) 'मिट्टी से कहूँगा धन्यवाद' (2000) 'बीज से फूल तक' (2003) 'धरती अधखिला फूल है' (2013) 'नागेकसर का देश यह' (2009) उनकी लम्बी कविता है।

एकान्त श्रीवास्तव की कविता धरती और मिट्टी की गोद में अन्न, बीज और फूल से जुडी कविता है। धरती उनके लिए माँ है और माँ धरती : "हम धरती कहते हैं/तो वह माँ है/हम माँ कहते हैं/तो वह धरती।" (पृ. 20, बीज से फूल तक) अन्न लोक जीवन के प्राण हैं, बीज संभावना और फूल चेतना का स्वच्छन्द विकास। एकान्त की कविता का लोक मुख्यतः खेत, किसान, खेतमज़दूर, अन्न और धानगंध का है। इसमें बदलती हुई ऋतुएँ हैं। लोकजीवन से गलबांही डाली प्रकृति है। दुधिया चाँदनी में धान से लदी आ रही बैलागाडी की घंटियों की टुनुन-टुनुन, अगुवानी के लिए तैयार हो रहा सारा गाँव और जीवन की हरकत से फडक उठती चेतना हिन्दी कविता में एक नयी संवेदना का सूत्रपात करती है "हिल रही हैं/अलगनी में टँगी हुई कन्दीलें/और चमक रहा है गाँव का कन्धा। एक माँ के कंठ से उठ रही है लोरी/कि चाँदी के कटोरे में भरा है दूध/और घुल रहा है बताशा" (पृ. 13, अन्न हैं मेरे शब्द)

धरती और जमीन पर ही लोकजीवन की चेतना का इतिहास अंकित है। बचपन की कविता, रक्त की चमक और जीवन का गीत उसी जमीन से फूटते हैं। 'जमीन-1' कविता लोकजीवन और जमीन के अजस्र आह्लादकारी संबन्ध को खूबहू प्रस्तुत करती है - "जमीन/उस स्लेट का नाम है/जिसपर लिखी है/हमारे बचपन की कविता। जमीन/उस फूल का नाम है/जिसके रंग में है/हमारे रक्त की चमक/ जमीन/उस गीत

का नाम है/हमारे काँपते होंठों से/जो अभी पैदा होगा।" (पृ. 22, अन्न हैं मेरे शब्द) इस जमीन पर पैदा होनेवाला अन्न धरती का रस तथा सपनों का दुधिया रंग है। लेकिन विपदाग्रस्त किसान के लिए यह अन्न जले हुए सपने बन जाते हैं। "गंध हैं हम जले हुए सपनों की/जडों की सिसकियाँ हैं निशब्द/चिड़ियों की आँखों के जल हैं हम।" (पृ. 28, अन्न हैं मेरे शब्द) जब धान कटता है तो किसान के जीवन में वसंत लौट आता है। 'धान गंध-2' कविता की पंक्तियाँ हैं - "जब पकता है बालियों का दूध/बजती हैं बैलों की घंटियाँ/झरते हैं मुनगे के फूल/और कटता है धान/लौटता है वसन्त/यहाँ इसी मौसम में।" (पृ. 35, अन्न हैं मेरे शब्द)

लोकजीवन में पृथ्वी जीवन का आधार और सपनों का संबल है। पृथ्वी के गीत के साथ गाते गाते ही ग्रामीण जन अपने जीवन की लडाई लडते हैं पृथ्वी की ऊष्मा और हरापन के लिए। उनकी नींद में भी अजस्र स्वप्नों में यही पृथ्वी घूमती रहती है। कवि इस पृथ्वी से अभिन्न जुड जाना चाहते हैं : "मैं रहूँ तेरे झरनों की गुनगुनाहट/और उसके जल की मिठास में/तेरे पतझड का एक पत्ता/तेरे वसन्त का एक पलाश... तेरे खेतों की बालियों का/एक अदद दाना मैं रहूँ/जो लुढक रहा हो/पक्षियों की नींद में।" (पृ. 81, अन्न हैं मेरे शब्द)

शहर में रहते हुए कवि को लगता है कि वह रोटी जितनी गोलाई पर खडा है और इससे बाहर कूदने का उसे हक नहीं है। धरती के भीतर वृक्षों की जड़ों से पानी का संवाद सुनने का उसे हक नहीं है। वह कंडों और सूखी लकडियों के भीतर अजन्मे धुएँ की तरह कैद है। कवि मुक्ति चाहता है। भूख और प्यास की दुनिया में वापस जाने के लिए वह तैयार है। वह भोर के धुंधलके में बंद कमल के 'पक्क' से खुलने की आवाज सुनने के लिए बेताब है। वह काली मिट्टी में कपास की तरह उगना चाहता है। इसी धरती में, शरद में कवि का फूलों भरा आँगन है। इसी आँगन में प्रिया की रंगोली और रंगोली में दस दस रंग हैं। शरद में लोक-जीवन की गति और हरकत का जो चित्र कवि ने खींचा है वह अभूतपूर्व है "शुरू कटाई/देखो तो बैलों की मदमाती चाल/अन्नपूर्णा गाड़ियों का सांझ ढले लौटना/किसिम-किसिम के नामों के धान/धानों भरा मेरा शरद का आँगन।" (पृ. 58, मिट्टी से कहूँगा धन्यवाद)

शरद के इस चित्र के बरअक्स 'दुःस्वप्न में पृथ्वी' कविता की विपन्न धरती है। भयंकर सूखा पड गया है। पूरा समुद्र सूख चुका है। सूखी हुई लहरें और रेत में बिखरे शंख, सीपी और घोंघे। पेड थे, लेकिन उनके पत्ते बरसों पहले टूट चुके थे। सूखी टहनियों पर सूने घोंसले थे, परिन्दे कहीं नहीं थे। सुदूर घरों से रोने की आवाज आती थी। भूख थी मगर अन्न कहीं नहीं था। आकाश में काले मेघ घिरे थे। लेकिन उनमें जल नहीं था। वे पपीहों का गीत और मोरों की थिरकन नहीं बन सकते थे। दरअसल वे बारूद के धुएँ थे जिनसे किसी इन्द्रधनुष के जन्म की उम्मीद व्यर्थ थी। (पृ. 88, मिट्टी से कहूँगा धन्यवाद) यहाँ बारूद मुक्त बाजार के लोभ लालच से पहाडों और वनों के

सर्वनाश का प्रभावी प्रतीक बनकर आया है।

पहाड़ों और जंगलों पर लोगों के बलात्कार का भीषण परिणाम है सूखा। 'बीज से फूल तक' संग्रह की अंतिम कविता 'कन्हार' में कवि ने सूखा और अकाल में तडपते कन्हार की दारुण पीडा को दर्शाया है। कथावाचक के मुँह से प्रस्तुत यह लम्बी कविता कन्हार के दैन्य को मूर्तिमान करती है "मगर आज कोठार में अन्न नहीं/और कोठी में धान/कितना खाली-खाली यह धान का कटोरा/मण्डी जाती बैलगाड़ियों में/आखिरी बोरे धान के।" (पृ. 124, बीज से फूल तक) सूखे में भी मुक्त बाज़ार का शोषण यहाँ संकेतित है। आसमान पर छाये बादल बरसे बिना उड जाते हैं। रात में कुत्ते रोते हैं तो बूढे बुदबुदाते हैं कि कहीं महामारी तो नहीं आनेवाली। यह वही कन्हार है जिसकी यशोगाथा देहात की लडकियों के गीतों में अंकित है "....कन्हार में हमारी खुशियों के बीज/कन्हार में हमारे जीवन की हरियाली/कन्हार में हमारे लहू का रंग/कन्हार में हमारे पसीने का पुनर्जन्म।" (पृ. 128, वही)

सूखा और अकाल के कारण सारा कन्हार उजड़ जाता है। गाँव के किसान शहर की मिलों और फैक्ट्रियों में मजूर हुए। गाँव की बहू-बेटियाँ शहर जाकर चौका-बर्तन करनेवाली नौकरानियाँ हुईं। गाँव के नौजवान पढ़ लिखकर न किसान बन सके न कर्मचारी। अकाल में साहूकार जोंक की तरह लोगों का खून चूसते। सारा जनपद देश के दूसरे गाँवों की तरह निरीह और मूक जानवर जैसे शेर की माँद में जाने की अपनी बारी का इन्तज़ार कर रहा है "दूसरे जनपदों की कथाओं-सी/यहाँ की भी कथा/राजधानियों की चमकती रक्त प्यासी तलवारों की प्यास/यहाँ बुझती है।" (पृ. 133, बीज से फूल तक) भूमण्डलीकरण के उदारीकरण की नयी अर्थनीति की तलवार ही गाँवों का यह कत्ले-आम कर रही है। स्वार्थी निरंकुश सत्ता नवउपनिवेशी शक्तियों के हाथ का खिलौना बन गया है।

अपनी लम्बी कविता 'नागकेसर का देश यह' में भी कवि ने नयी सभ्यता के शोषण से विपन्न जनपद को दिखाया है। कई कोस दूर से पानी का घड़ा सिर पर बोहे नंगे पाँव चलकर आती स्त्री में कवि अपनी माँ का चेहरा देखता है। वह स्त्री गाँव की विपन्न दशा दर्शाती है - "गाँव की नदी में/पानी नहीं है/सूख गये हैं कुएँ और पोखर/ऐसा यह अकाल" (पृ. 22, नागकेसर देश यह) ऐसे गाँव में कुछ नहीं उगता। "केवल भूख उगती है/धारदार/सरपत की पत्तियों सी/जो काट डालती है/आदमी को जगह-जगह कर देती है लहूलुहान।" (पृ. 25, वही) यहाँ तक कि जिस पेड की छाया में कवि खडा है उसपर सतबहिनी रहती हैं। ये सात सगी बहनें हैं जो सडसठ के अकाल में भूख से मर गयी थीं।

सूखा और बाढ़ प्रकृति के प्रकोप कहलाते हैं। मगर इनके मूल में मनुष्य का भीषण स्वार्थ एवं लालच है जिससे प्रकृति का संतुलन ही बिगड जाता है। डूब प्रकृति का प्रकोप नहीं, वह मनुष्य द्वारा पैदा किया हुआ है। टिहरी, मणिबेली और हरसूद बांधों के महाप्रलय में डूब गये हैं। सारे जन विस्थापित हुए हैं। अब डूबे गाँव और प्रान्त की

केवल दन्तकथा रह जायेगी। डूब का भीषण चित्र कवि ने प्रस्तुत किया है "अब यहाँ मनुख नहीं रहते/मेंढक और साँप रहते हैं/घोंघे और घडियाल/केंचुए और जोंक/मछली, कछुए, जुगनू और जलपाँखी।" (पृ. 120-121, धरती अधखिला फूल है) जल की सतह के ऊपर एक डूबे हुए आदमी का उठा हुआ हाथ डूब की भीषणता के साथ इन्सान की दीनता तथा जिजीविषा का जीवंत प्रतीक बना हुआ है।

सत्ता ने विकास तंत्र के नाम पर नदियों में आग लगा दी है जिससे गाँव के गाँव और जनपद के जनपद जल रहे हैं। पूरी सभ्यता ही विकास के जल में डूब रही है। गाँव जनपद को खाली कराने के लिए पुलिस ने गोलियाँ चलायी थीं, लाठियाँ बरसायी थीं - "छूटती कहाँ थी धरती/पर पुलिस ने चलाई थी गोली/छूटता कहाँ था जनपद/पर पुलिस ने बरसाई थीं लाठियाँ।" (पृ. 124, धरती अधखिला फूल है) अभी तक तो बडे बांध नहीं थे। फिर भी यह देश जी रहा था। सचमुच राज्यतंत्र के साथ उसका ऋण तंत्र भी मिला हुआ है। इसमें विश्वबैंक की भी चाल है। अब कई कई पीढ़ियाँ विश्व बैंक के ऋण से उऋण होने की नहीं।

डूब के साथ विस्थापन की समस्या जुडी है। सत्ता का यह दावा है कि वह सबका पुनर्वास करा देगी। यह खोखला दावा है। वह किस किस का कहाँ कहाँ तक पुनर्वास करायेगी? कवि की व्यंग्योक्ति है - "तुम किस-किस चीज़ को पुनर्वास दोगे/छीन सको तो छीन लो/पके धान की खुशबू मेरी साँसो से/और दो उसे पुनर्वास/दो दीवाल में थापे गए/कण्डे के सूखे हुए निशान को पुनर्वास।" (पृ. 125, धरती अधखिला फूल है) पुरखों के पाँवों से बने रास्ते का पुनर्वास कैसे होगा? पक्षियों और तितलियों का पुनर्वास कैसे संभव है। एकांत श्रीवास्तव ने 'नागकेसर का देश यह' में भी जनजातियों के विस्थापन की पीडा को अभिव्यक्त किया है।

गाँव के निवासी जो नौकरी के लिए शहरों में बस जाते हैं वे भी विस्थापन की पीड़ा के शिकार हैं। गाँव लौटने पर वे घर को खाली ही पाते हैं। कभी मकान चिड़ियों का बसेरा बना होता है। 'मोड' कविता के पाँच भाई बहिनों की मनोदशा देखिए। कई बरस बाद वे गाँव के घर में एकत्र हुए थे। माँ रसोई में थीं। पाँचों के भीतर 'कंटीली झाडियों से उलझकर छटपटाता हुआ एक घायल बारहसिंगा था।' यह बिंब विस्थापन की पीडा की अनिवार्य नियति को दर्शाता है। उनकी गहरी पीडा का कवि ने एहसास कराया है - "यह एक मोड़ था/जहाँ से पुरानी जिंदगी/एक लोक कथा की तरह लगती थी/मगर वहाँ कोई राजा नहीं था/जो घायल हिरण के पीछे/जंगल में भटक रहा हो/वे हम थे जो भटक रहे थे/अपने गंतव्य से बहुत-बहुत दूर/किसी चीज़ के पीछे/यह जाने बगैर/कि वह क्या है।" (पृ. 25, 26 बीज से फूल तक)

विस्थापन प्रतिरोध को जन्म देता है। जहाँ विस्थापन सत्ता के अत्याचार से होता है वहाँ प्रतिरोध तीव्र होता है। मनुष्यता और सत्ता के उन्माद की लडाई में धरती भी धुकधुकी कर रही है। समय का लोहा तप रहा है। लुहार की भट्टी में औजार पज रहे

हैं। आदिवासियों के तीर में विष बुझ गये हैं। सताए हुए आदमी की ललकार से तीनों लोक हिल जाते हैं। इस धरती से आदिवासी का प्यार साहस में परिणत होता है जिससे अत्याचारी सत्ता को ललकारा जाता है। डूब की रात का अध्याय लंबा है और अंधकार घना। उसके पन्नों की फड़फड़ाहट बर्दाश्त नहीं होती। लेकिन इसके साथ दूसरी आवाजें भी आ रही हैं - "आवाजें जंजीरों के टूटने की/गर्म लोहे पर पड़ते घन की आवाज/कपाट के खुलने की आवाज़/आवाज़ धरती के करवट बदलने की।" (पृ. 135, धरती अधखिला फूल है) पृथ्वी का करवट लेना मनुष्यता के इतिहास में एक नूतन अध्याय की शुरुआत है।

आदिवासी प्रतिरोध के जीवंत प्रतीक के रूप में कवि ने मेधा पाटकर का नाम लिया है - "मेधा पाटकर अब नहीं है सिर्फ़ मेधा पाटकर/हर आवाज़ जो विरोध में उठती है/मेधा पाटकर है/हर चिनगारी जो दावानल बनती है/मेधा पाटकर है/हर प्रत्यंचा धनुष की/जो तीर रखने के बाद/आदिवासी हाथ से खिंचती है/मेधा पाटकर है।" (पृ. 124, धरती अधखिला फूल है) 'मिट्टी से कहूँगा धन्यवाद' संग्रह की 'मेधा पाटकर' कविता में कवि लिख ही चुके हैं - "सत्ता के सीने में तनी हुई बंदूक है/धरती की माँग का/दिप-दिप सिन्दूर है मेधा पाटकर।" (पृ. 82)

'नागकेसर का देश यह' में भी प्रतिरोध का स्वर तेज है। आज सभ्यता के जंगल में आदमखोर भूख घूम रही है। इसकी रक्त पीती तीखी नाखूनें हैं। इस भूख का संबन्ध न रोटी से है, न पेट से। यह धन एवं सत्ता की भूख है। हत्या, अपराध, दंगे, राजनीति सब इस भूख के संविधान में वैध है। इसके विरुद्ध एक नयी व्यूहरचना का कवि आह्वान करते हैं। कवि का मनुष्यता में विश्वास बना हुआ है : "आदमी जिसे तुम पत्थर समझते हो/अपने भीतर/आग लिये घूमता है/आदमी जिसे तुम ठूँठ समझते हो/अपने भीतर/वसन्त लिये घूमता है।" (पृ. 93, नागकेसर का देश यह) कवि का आह्वान है कि मनुष्य को साहसी होना चाहिए : "बिना साहस/बिजूका में बदल जाता है आदमी/जिससे बस पक्षी डरते हैं कुछ दिन/फिर वे भी उस पर करने लगते हैं बीट।" (पृ. 95, वही) वर्तमान व्यवस्था में कल के नागरिक बच्चे लंगोट पहनकर मछली पकडते हैं। कुपोषण से उनके पेट निकले हुए हैं। इनके जीवन में कभी स्कूल की घंटी नहीं बजती - "ये कल के नागरिक/आज ही/कर दिये गये हैं अपदस्थ/अपनी नागरिकता से/कल के युद्ध के लिए/इन्होंने सीख लिया है/आज ही बाण चलाना/उठाना टँगिया/सीख लिया है आज ही।" (पृ. 19, वही) इनकी किताबें छीनकर इन्हें अस्त्र पकड़ा रही है सत्ता। फिर अपने वातानुकूलित सुनसान में बैठकर युद्ध से घबराती है "तपते हुए पहाड़ों/और जलते हुए जंगलों से/उठती हैं जो गर्म हवाएँ/वे घेर लेती हैं/वातानुकूलित सुनसान को/हवाएँ एक होकर बहती हैं। तो झंझावात में बदल जाती हैं।" (पृ. 20, वही) छत्तीसगढ़, बिहार जैसे प्रान्तों में जो नक्सलबाडी आन्दोलन चल रहा है, कवि ने यहाँ उसकी सही भूमिका बांधी है।

एकांत श्रीवास्तव के अनुसार भारतीय लोकतंत्र एक भ्रष्ट व्यवस्था है। आतंक, षडयंत्र तानाशाही और धूर्तता उसको भ्रष्ट किये हुए हैं। इसके विरुद्ध कवि ने असली जनतंत्र का सपना देखा जो उस का बडा जुर्म सिद्ध हुआ : "इस अहद में जुर्म था देखना/जनतंत्र का स्वप्न/जो मैंने देखा।" (पृ. 16, बीज से फूल तक) कवि को मृत्युदण्ड सुनाया जाता है। जल्लाद उसके सिर पर काला कपड़ा ढंकता है। उसके दोनों हाथ बांध दिये जाते हैं। जनतंत्र में सत्ता की लिप्सा की लंबी जीभ है जो सिर्फ खून पीती है : "शब्द पर हमला/फूल पर हमला/आवाज़ पर हमला कि कोई चीख़ न सके/रीढ पर हमला कि कोई तनकर खड़ा न हो सके।" (पृ. 92, वही) कवि रोज हारता है, गिरता है, लेकिन फिर-फिर खडा होता है। 'आग' शीर्षक कविता में अत्याचारी सत्ता को कवि की चेतावनी है : "हवा का रुख देखो/और आग को मत छुओ/कि उससे चूल्हा भी जल सकता है/और जंगल भी।" (पृ. 46, वही) स्पष्ट है, जंगल भ्रष्ट व्यवस्था का प्रतीक है। कविता व्यवस्था के विरुद्ध खडी होती है। कवि की यह आशंका है कि कविता पर कहीं प्रतिबंध न लगा दिया जाय और कवि कहीं मार न दिया जाय : "कविता शान्ति भंग करती है/अपराध कितना बडा/इस सभ्यता में/छपते-छपते/रोक न दी जाए कविता/लिखते-लिखते/मार न दिया जाए कवि।" (पृ. 60, नागकेसर का देश यह)

'यातना शिविर' एकांत की सशक्त कविता है जो 'अंधेरे में' और 'पटकथा' की याद दिलाती है। यह देश ही एक यातना शिविर बना दिया गया है। यहाँ कवि की आँखें निकाल ली गयी हैं। कानों में गरम शीशा पिघलाकर डाल दिया गया है। आदमी की जान ही यहाँ सस्ती चीज़ बन गयी है। यहाँ आदमी सही सुनने, देखने, बोलने और लिखने के अपराध में मारा जाता है - "कुछ मत बोलो/बोलना अपराध है/यह क्या लिखा है तुमने इस तंत्र के विरुद्ध/लिखना अपराध है/खत्म कर दिए जाओगे एक दिन/यदि तुम लेखक हो।" (पृ. 113, मिट्टी से कहूँगा धन्यवाद) आज देश में न्याय, समानता और जनतंत्र नहीं हैं : "मैं एक शब्द उठाता हूँ-न्याय/जो मरी हुई मछली की तरह मेरे हाथ से/फिसल जाता है/मैं दूसरा शब्द उठाता हूँ-समानता/जो पंख फड़फड़ाकर उड़ जाता है न जाने कहाँ/मैं तीसरा शब्द उठाता हूँ-जनतंत्र/सर्पदंश से नीली पड़ चुकी है/इसकी आधी देह-जन/बस तंत्र रह गया है जीवित/वह भी किसका-मैं पूछता हूँ/किसका...?" (पृ. 115, वही) इस यातना शिविर में कवि जीने की इच्छा की दहलीज़ पर तड़प तड़प कर मरना चाहता है। अपने को नये सिरे से सिरजना चाहता है। अपने भीतर के टूटे-बिखरे 'मैं' को नया जन्म देना चाहता है। यह यातना, पीडा और आकांक्षा सचमुच भारत के आम नागरिक की है जिसकी कवि ने जबर्दस्त अभिव्यक्ति की है।

कवि के मन पर दंगा और हत्या का गहरा आतंक छाया हुआ है। अनेक कविताएँ हैं जिन में कवि ने दंगों की ओर संकेत किया है। अपने प्रथम काव्य संग्रह 'अन्न हैं मेरे शब्द' के 'दंगे के बाद', 'नये साल का गीत', 'सूरजमुखी के फूल' जैसी कविताओं में दंगे से कवि आतंकित दीखता है। 'दंगे के बाद' का शहर एक नुचा हुआ फूल है जिसे

आततायी रौंद गये हैं - "यह शहर/लाखों लाख कंठों में/एक रुकी हुई रुलाई है/एक सूखा हुआ आँसू/एक उड़ा हुआ रंग।" (पृ. 63, अन्न हैं मेरे शब्द) 'नये साल का गीत' में हत्या एवं रक्तपात का संकेत है "न जाने कितने लोगों का भय रेंग रहा है इसपर/न जाने कितने नगरों-गाँवों का रक्त/बह रहा है अभी भी/न जाने कितनी चीखों से/दहल गयी है यह पृथ्वी।" (पृ. 78, वही) 'सूरजमुखी के फूल' में ऐसे दुर्गम समय का अंकन है "जब सिर्फ सूचनाएँ आ रही हैं हत्या की/बाढ, अकाल और/महामारी में मरनेवाले लोगों की/देखते-देखते एक बसे बसाये शहर के। धुएँ और राख में बदलने की।" (पृ. 84, वही)

'मिट्टी से कहूँगा धन्यवाद' संग्रह की कुछ कविताओं पर भी दंगा, हत्या एवं मृत्यु का आतंक छाया है। अपने जन्मदिन की बंधाइयों और आशीर्वाद के बीच भी कवि का मन संभावित खतरे की आशंका से पीडित है - "कि नहीं आई/कोई सनसनाती गोली मेरे सीने में/कि नहीं भोंका गया मुझे छुरा/कि नहीं जलाया गया मेरा घर/कि वर्ष भर जीवित रहा मैं।" (पृ. 13) जब दुआर में देव सो गए हैं और कोठार में अन्न तब जलते हुए भूगोल पर कवि को दंगाइयों के पाँवों की आहटें सुनाई देती हैं (पृ. 37, वही) 'अब वहाँ रहते हैं पक्षी' में दंगों में मारे जा चुके घर के तमाम लोगों में बचे रह गये अंतिम आदमी के गाँव के पुराने मकान में लौटने का दृश्य है। जहाँ कोई नहीं रहता था वहाँ अब पक्षी रहते हैं। पक्षी उजाड मकान को धीरे-धीरे पेड़ में बदल देते हैं। लेकिन दुनियाँ को नष्ट कर देनेवाले प्रक्षेपास्त्रों के कारण कल ये पक्षी भी नहीं रहेंगे जो उजाड़ मकान को कम से कम पेड़ में ही बदल सके।" (पृ. 50, वही) 'अपराध' कविता में देश में व्यापक हो रहे दंगे, लूटपाट और रक्तपात का ब्यौरा देते हुए कवि अपने को इस ढलती शताब्दी का विक्षिप्त नागरिक पाता है - "मुझे पंजाब में मारो/या कश्मीर में/बस से उतारकर दाग दो/मेरे सीने में गोली/मैं हूँ इस ढलती शताब्दी का/एक विक्षिप्त नागरिक। (पृ. 72, वही) अयोध्या और झारखण्ड में धर्म के ठीहे पर हलाल किये जाते कितने ही इन्सान हैं! कवि का कोई अपराध नहीं कि उसे मार दिया जाय : "यही है मेरा अपराध/कि मैंने कुछ सपने देखे/और एक नागरिक की तरह जीने की इच्छा की/मुझे जिजीविषा/और स्वप्न देखने के अपराध में मारो।" (पृ. 72, वही) हत्यारे संसार से कवि का यह प्रलाप है : "मुझे शब्द और फूल और चिड़िया से/प्यार करने के अपराध में मारो।" (पृ. 73, वही) 'प्यार की गीत' में भी असमय ही मारे जाने की कवि की आशंका बनी रहती है : "अगर गोलियों ने/छलनी नहीं किया मेरा सीना/तो तुमसे मिलने आऊँगा।" (पृ. 93, वही) 'भूमि' कविता में कवि की यह बिनती है कि तुम इसपर अपने झंडे और त्रिशूल मत गाडो, यह भूमि मेरी है - "यह भूमि मेरी है/इसके भीतर अभी सोए हैं बीज।" (पृ. 78, वही) बीज अनंत संभावनाओं का प्रतीक है। विकास की अनंत संभावनाओं से युक्त भूमि को रक्तपात से बचाने का कवि का यह आह्वान है।

दंगा, हत्या, लूटपाट और आगजनी का कारण अधिकाशतः सांप्रदायिक होता है।

राजनीतिक कारण हो तो वह तुरंत सांप्रदायिक रंग लेता है। 'धरती अधखिला फूल है' संग्रह में गुजरात के दंगे पर लिखी नौ कविताएँ हैं। घटनात्मकता से बचकर देश, धर्म और मानवीय संबन्ध में हुए परिवर्तन का प्रभावी अंकन कविताओं में मिलता है। घृणा, धर्म और जाति पर कितनी ही किताबें पढनेवालों ने एक शब्द को नहीं पढा-प्यार। दंगे में जीवन खत्म हुआ, मनुष्य खतम हुआ। प्रेम खतम हुआ और बची रह गयी हिंसा। हिंसा के चक्रवात में अब देश का जीवन घिरा है। 'साँस', 'जीवन अमर था', 'ढाई आखर', 'न शब्द न नक्षत्र', 'उनका जन्म', 'घास', 'फूल या बाँसुरी', 'प्यार में' और 'मृतकों से' कविताओं में कवि की मानवतावादी दृष्टि प्रकट हुई है। 'न शब्द, न नक्षत्र' कविता की पंक्तियाँ हैं : "वे न शब्द थे न नक्षत्र/वे मनुष्य थे/नश्वर थे/मर सकते थे/वे मर गए क्योंकि तुमने उन्हें मार डाला। ...खत्म हुआ जीवन/मनुष्य खत्म हुआ/खत्म हुआ प्रेम/बची रह गई हिंसा/हिंसा के चक्रवात में घिरा है/अब तुम्हारा भी जीवन।" दंगे के बाद देश और समाज की जो दर्दनाक अवस्था है उसका यह अत्यंत प्रभावी चित्रण है।

एकान्त श्रीवास्तव ने आधुनिक जीवन की त्रासदी को गहरा आंका है। यह दुनियाँ ही जीने लायक नहीं रह गयी है। उनकी 'नागरिक व्यथा' कविता गहरी पीडा एवं बेचैनी से भरी है। ऋतुएँ रोगग्रस्त हैं। हवा विषलिप्त है। जल प्रदूषित है। सारा पर्यावरण ही दूषित है। शहर रहने लायक नहीं रह गये हैं। अकाल, दंगा एवं गंदगी से ग्रस्त शहर सांप्रदायिक द्वेष का शिकार है। समाज का व्यवहार धूर्त्तता से भरा है। ढोंग जीवन का मूलमंत्र बन गया है। न आदमी खुलकर हँस सकता है, न रो सकता है। वह किसी पक्ष का समर्थन या विरोध नहीं कर पाता। ऐसी नागरिक व्यथा से त्रस्त कवि अपने आसपास की जिंदगी पर दृष्टि डालता है तो समाज में भूख, गरीबी, शोषण एवं गहरी विषमता ही देखता है। किसान मज़दूर और मेहनतकश स्त्री-पुरुष के प्रति कवि की सहानुभूति सर्वत्र प्रकट है। एक ओर समाज विलासिता की गुलछर्रें उडा रहा है तो दूसरी ओर गरीब अपने को जिन्दा रखने के संघर्ष में लगे हैं। कभी कभी वे पस्त होकर आत्महत्या में शरण पाते हैं। 'बुनकर की मृत्यु (एक)' और 'बुनकर की मृत्यु (दो)' में आँध्र प्रदेश में बुनकरों की सामूहिक आत्महत्या का प्रसंग है। इसके लिए जिम्मेदार व्यवस्था के प्रति कवि का रोष प्रकट है : "तुम एक कारीगर से छीन लेते हो उसके हाथ/उसकी थाली का निवाला/एक बुनकर से/छीन लेते हो उसका करघा/तो यह भी वध है हथियार उठाये बिना/कभी-कभी आत्महत्या भी/हत्या की तरह देखी जानी चाहिए।" (पृ. 22, धरती अधखिला फूल है)

'अंधी लडकी का गीत', 'अपाहिज का गीत', 'बधिरों का गीत' (बीज से फूल तक) 'तीन औरत', 'ट्रेन में सिक्के गिनता अंधा भिखारी', 'दो अंधेरे' (धरती अधखिला फूल है) कविताओं में कवि ने समाज के दीन दुखियों के प्रति सहानुभूति एवं करुणा प्रकट की है। अंधी लड़की के सामने केवल एक ही रंग है - काला। आकाश का रंग, फूल का रंग, जल का रंग सब उसके लिए काला है। उसकी आँखों में हर समय बुझी हुई जोत

का धुआँ घुमडता रहता है। मगर "उसकी उँगलियाँ हैं उसकी हज़ार आँखें/जिनसे वह देखती है/छूकर, टटोलकर/उसकी उँगुलियाँ हैं पारस पत्थर/जिसे, जहाँ छू देती है/वह सोना हो जाता है" (पृ. 52, बीज से फूल तक) अपाहिज अपने एक पाँव से पूरी धरती की परिक्रमा करना चाहता है, सात-सात समुद्र लाँघना चाहता है। आकाश-गंगा से गुज़रना चाहता है। अपाहिज होकर भी वह असीम बल, साहस एवं आत्मविश्वास से भरा है कि "...दया व तरस के समीकरण से घृणा करते हुए/लगातार वह चलता है/अपने बनाए रास्ते पर/बैसाखियों के दो ध्रुवों के बीच/अपनी छाप छोड़ता हुआ। (पृ. 54, वही) एक आवाज़हीन दुनिया में रहनेवाले बधिर आवाजों को सबसे ज़्यादा प्यार करते हैं। उनकी दुनियाँ में रंग है, गंध है, स्पर्श है, स्वाद है। लेकिन वे सुन नहीं सकते - "वे पसंद करते हैं अपना नाम/अपने नाम का पुकारा जाना वे पसंद करते हैं/मगर सुनने की अंतहीन तरस के साथ/एक आवाज़हीन दुनिया में वे रहते हैं/और आवाज़ों को सबसे ज्यादा प्यार करते हैं।" (पृ. 56, वही)

'तीन औरतें' की औरतों के सिर झुके हुए थे। उनकी आँखों की जगह केवल कोटर था। उनके चेहरे पर कोई रंग नहीं था। न प्यार, न गुस्सा, न हड़बड़ी, न बेचैनी। उन्हें किसी का इंतज़ार नहीं था, वे शांत थीं। शायद वे वृन्दावन का रास्ता खोजती हुई विधवाएँ हों। मगर कवि की दृष्टि में "वे औरतें थीं/हमारे घर-गाँवों की/वे औरतें थी बस औरतें/और यही उनका अपराध था/कि वे औरतें थीं/वे अपराधी नहीं थीं/मगर उनके सिर झुके हुए थे।" (पृ. 27, धरती अधखिला फूल है) समाज स्त्री के प्रति कितना निर्मम हो सकता है, इसकी झांकी कवि ने प्रस्तुत की है। ट्रेन में अपनी प्रफुल्ल उँगलियों की आँखों से देखता, सिक्का गिननेवाला भिखारी सचमुच अपनी साँसों के झनझनाते तार ही गिन रहा होता है। (पृ. 44, वही) 'दो अंधेरे' के पति-पत्नी अंधे हैं। पति के गले में ढोलक बँधा था जिसे बजा बजाकर वह गा रहा था जिसमें पत्नी साथ दे रही थी। उनके पास लाठी नहीं थी। मगर गले में बंधे ढोलक पर उनकी डेढ़ बरस की बच्ची बैठी थी। इस दारुण दृश्य में यह बहुत सुखद है कि बच्ची की दो अदद आँखें है। "कल बड़ी होगी उनकी बिटिया/थामेगी उँगलियाँ दोनों की/वह दो अँधेरों के बीच एक सूर्योदय थी।" (पृ. 46, वही) अंधेरे के बीच सूर्योदय और अंधे की उँगलियों में हज़ार आँखें देखने की उम्मीद एवं आशावादी दृष्टि एकांत की अपनी खूबी है। यह उनकी स्वस्थ जीवन दृष्टि का परिचायक है।

'सिला बीनती लड़कियाँ', 'करेले बेचने आई बच्चियाँ', 'पसहर झाडनेवाली स्त्रियाँ', 'वह फूल बेचती है' और 'आम बेचती स्त्रियाँ' स्त्री जीवन की करुणा को उभारती कविताएँ हैं। ये स्त्री विमर्श के अन्तर्गत मानी जा सकती हैं। कटाई के बाद खेतों में छूटी हुई धान की बालियाँ बीनती लडकियाँ एक जून की बटकी भर भात के लिए कठोर श्रम करती हैं - "धान-कटाई के बाद/खाली खेतों में/वे रंगीन चिड़ियों की तरह उतरती हैं/सिला बीनने झुण्ड की झुण्ड/और एक खेत से दूसरे खेत में/उड़ती फिरती है।" (पृ.

16, अन्न हैं मेरे शब्द) चाहे दूबराज हो, विष्णुभोग या नागकेसर वे रंग और खुशबू से उन्हें पहचान लेती हैं। जैसे जलपांखी के चोंच मारकर उड जाने के बाद बहुत देर तक पानी में उसका संगीत भरा रहता है वैसे ही इन लडकियों के लौट जाने के बाद भी खाली खेतों में उनका होना बना रहता है। उनका होना स्थायी उपस्थिति है। यह रोज का दृश्य है जो खेतों में दीखता है। करेले बेचने आई बच्चियाँ बडी मुश्किल से जंगली करेले तोडकर लायी हैं। मोल भाव के बाद तीन रुपये में ये बिक जाती हैं। तीन रुपयों को तीनों आपस में बांट लेती हैं। करेले को ढूँढने और तोडकर लाने में उन्हें आधा दिन लगा है और आधे दिन का उनका पारिश्रमिक है यह एक रुपया। कवि का यह आत्मालाप है कि यह उसके आधे दिन के वेतन से कितना कम है। उनका श्रम कवि के आधे दिन के श्रम से कहीं ज्यादा पड़ता है। "करेले बिक जाते हैं/मगर उनकी कडुआहट लौट जाती है वापस/उन्हीं बच्चियों के साथ/उनके जीवन में।" (पृ. 30, धरती अधखिला फूल है)

पसहर झाडनेवाली स्त्रियाँ सुदूर घरों से भूख की पगडंडियों पर चलकर आती हैं। घुटने घुटने पानी में खडे वे एक हाथ से आँचल फैलाकर दूसरे हाथ से पसहर के पके दाने आँचल में झडाती हैं। वे दाने झडते हैं उदास और खाली आँगन में पाहुन बनने के लिए। ढेंकी के सन्नाटे में संगीत बनने के लिए। और "वे झड़ते हैं बर्तनों का खालीपन भरने के लिए/वे झड़ते हैं उबलते अदहन में खदबदाने के लिए/वे झड़ते हैं पुरइन के ताज़ा पत्तों पर परोसे जाने के लिए/वे झड़ते हैं रक्त और ऊर्जा और फास्फोरस बनने के लिए।" (पृ. 42, मिट्टी से कहूँगा धन्यवाद) 'वह फूल बेचती' कविता की स्त्री सुदूर अरण्य से रोज पहाड के ऊपर के मंदिर तक पहुँचती है। कोई उसका घर नहीं जानता। "उसकी आँखों में/मोतियाबिंद का धुंधलका है/और उसकी झुर्रियों में/दुर्दिनों की अनंत कथाएँ/फिर भी उम्मीद का एक झोंका उड़ाता है/उसके माथ पर झुकी सफ़ेद लट।" (पृ. 40, बीज से फूल तक) उसके फूल और वह स्वयं इंतज़ार करते हैं "जैसे वह कोई और नहीं/हम सब की माँ हो" (पृ. 40, वही)

'आम बेचती स्त्रियाँ' कविता की स्त्रियाँ गाँव के स्टेशन में जहाँ केवल पैसेंजर रुकती थी आम बेचती हैं। छोटी छोटी टोकनियों में बारह बारह पके देशी आम लिये वे इस बोगी से उस बोगी तक दौडती हैं। ये शहर के बाज़ार में दुर्लभ पंचदारा कंची, बारहमसी, हनुमान पसंद जैसे आम हैं जिनके नाम व स्वाद से नागरिक अनभिज्ञ हैं। दो मिनट रुकती ट्रेन चलने लगती तो कुछ शरारती धूर्त मुसाफिर आम लेकर पैसे देने का उपक्रम करते जानबूझकर देर करते। स्त्रियाँ गिड़गिड़ाती हुई-सी ट्रेन के साथ साथ भागतीं और अंत में हार कर कहती कि बाबू कम से कम टोकनी ही फेंक दो खिड़की से बाहर। ऐसे में फिंकी हुई टोकनी को सीने से लगाए वे खड़ी रहतीं और मुसाफिरों को शाप देतीं। इसपर कवि की प्रतिक्रिया गौरतलब है : "तुम अपनी मस्ती में इतराते चले जाते हो/उन गरीब स्त्रियों के पैसे दिये बगैर/और यह जाने बिना/कि दुआएँ चाहे हो जाती हों बेअसर/इस दुनिया में/मगर उस शाप से मुक्त होना आसान नहीं/जो तुम्हें दिया

जा चुका है।" (पृ. 56, धरती अधखिला फूल है)

अपनी जनपक्षधरता की दृष्टि से ये कविताएँ प्रगतिशीलता की परिधि को छूती हैं। स्वयं कवि के अनुसार "एक सच्ची कविता की पहचान उसकी जनपक्षधरता से होनी चाहिए। यह कि उसमें हमारा मनुष्य है या नहीं। उसके जीवन के सुख-दुख, सौंदर्य और संघर्ष की प्रामाणिक, सजीव और कलात्मक अभिव्यक्ति ही एक सच्ची कविता का प्रतिमान बन सकती है।" (पृ. 43, कविता का आत्मपक्ष)। 'नमक बेचनेवाले', 'वेलडर' और 'सोनझर' कविताएँ भी श्रमिक वर्ग की मेहनत और पीड़ा को उभारती हैं। दूर गाँव से आकर शहर की सडकों पर नमक बेचनेवालों को देखकर कवि का वक्तव्य हैं : "ऐसे समय में/जब लगातार कम होता जा रहा है नमक/हमारे रक्त का/हमारे आँसुओं और पसीने का नमक/वे आते हैं नमक बेचने/चिल्लाते हुए नमक.... नमक।" (पृ. 31, धरती अधखिला फूल है) अपनी आवाज़ और हृदय के शहद को बचाते हुए, अपने दुःख तकलीफों को नमक के खेतों में गलाते हुए, एल्युमीनियम के डिब्बों में पानी में डूबा भात सिर्फ नमक के साथ खाते हुए वे नमक बेच रहे हैं। नमक बेचते हुए यह दुनिया उन्हें नमक की तरह लगती है। उन्हें अपनी आवाज़ और हृदय का शहद बचाना ही है।

'सोनझर' एकांतजी की एक विशिष्ट कविता है जिसमें कवि ने आधुनिक सभ्यता के फेर में नष्ट होती एक जाति का जीवन प्रस्तुत किया है। जैसे प्रेमशंकर रघुवंशी की 'कविता नारक्याजी के साथ', 'गोबर्या' और 'लोहा पीटनेवालों के डेरे' हैं वैसे ही विलुप्त होती एक जाति का चित्रण कवि ने इस कविता में किया है। जहाँ कहीं सुनार की दूकान दीखती है सोनझर अपुने पूरे कुटुम्ब के साथ वहीं डेरा डालते हैं। सराफा बाजार में गंदे नाले या संकरी गली के भीतर गंदगी और बदबू की परवाह किये बिना वे बैठे रहते हैं। नाली के कचरे, मिट्टी और रेत को झरिया में छानकर और घंटों साफ करके वे सोने-चाँदी का एक एक कण इकट्ठा करते हैं। यह काम उनकी रोजी रोटी का एकमात्र साधन है। वे किसी से कुछ नहीं माँगते। किसी से कुछ नहीं बोलते। उन्हें भीख माँगते किसी ने नहीं देखा। वे अपनी मेहनत और पारम्परिक पेशे पर भरोसा करते हैं। उनका जीवन इतना करुणापूर्ण है कि "ये सोनझर हैं मगर इनकी बहनें/नकली कर्णफूल पहनकर मुस्कुराती हैं/और पीतल के गहने पहनकर रोती हुई/विदा होती हैं इनकी बेटियाँ।" (पृ. 48, धरती अधखिला फूल है)

एकांत की कविताएँ गाँव और घर की ओर वापसी की कविताएँ हैं। घर उनकी कविता की एक जीवंत उपस्थिति है। "घर एक ऐसी जगह है जहाँ एक रचनाकार की रागात्मकता, प्रतिबद्धता और उसके कर्तव्य की सच्ची पड़ताल की जा सकती है। घर के प्रति हमारा प्रेम ही विस्तृत होकर समाज के प्रति प्रेम में परिणत होता है।" (पृ. 52, कविता का आत्मपक्ष) 'घर' 'वापसी', 'अब मैं घर लौटूँगा', 'घर का पत्र पढ़ते हुए', 'मेरा घर', 'खाली घर', 'नये घर की बारिश' जैसी कविताएँ कवि ने घर पर ही लिखी हैं। घर कवि का अतीत है, वर्तमान और भविष्य भी। आजीविका की खोज में शहर में

बसकर भी कवि अपने पुराने घर को बनाये और बचाए रखना चाहता है। घर के छूटने का दुख और उसे पाने की जिद एकांत की कविता का मूल स्वर है। घर पुराना और जर्जर हो गया तो क्या हुआ, कवि का संकल्प है "ओ घर/मैं तुझे गिरने नहीं दूँगा।" (पृ. 45, अन्न हैं मेरे शब्द) 'वापसी' कविता में कई सालों के बाद एक धुंधुआती सांझ कवि का घर पहुँचना एक पुरानी कहानी में लौटना जैसा है। यह लौटना ऐसा है जैसे धार में बहता फूल घाट पर लगा हो। घर लौटकर और आपादमस्तक स्मृतियों में भीग कर भी कवि को लगता है ; "यह किस घर में लौट आया हूँ मैं। कहाँ खो दिया मैंने अपना घर।" (पृ. 57, मिट्टी से कहूँगा धन्यवाद) घर को खोकर भी कवि बार-बार घर लौटना चाहता है। नये सिरे से उसे बसाना चाहता है। घर लौटकर वह गुरखों के अधूरे पडे मकान की दीवारों पर नई ईंटें धरना चाहता है। परती जमीन में नए बीज बोना चाहता है। वह नाँगर को जगाएगा और जंग लगे औज़ारों को नई धार देगा। परमुटकियों के घोंसले बारिश में बह जाने के पूर्व वह घर लौटेगा अवश्य - "इससे पहले/कि मेरी अधूरी पड़ी कविताओं के शब्द/मेरे इंतज़ार में थककर/पंछी बनकर उड जाएँ।" (पृ. 63, मिट्टी से कहूँगा धन्यवाद) प्रकृति से बिछुडने पर कवि की कविताएँ अधूरी पडी हैं जिन्हें पूर्ण करने के लिए उसे गाँव और घर की ओर अवश्य लौटना होगा। कवि ने कहा भी है : "यों धरती जितनी बाहर होती है उतनी ही वह हमारे भीतर भी होती है। किसी और भूमि पर किसी और भूमि के सुवास से हमारी साँसें महकती रहती हैं।" (पूर्व कथन, धरती अधखिला फूल है)

'खाली घर' कविता में खाली घर के दुःख का बयान है। दुःख में पेड़ खाली घर का साथ देते हैं। पेड़ों के काँधे पर सिर रखकर खाली घर सोता है। पेड़ों और परिंदों के साथ बरसों-बरस रहते रहते घर धीरे-धीरे पेड़ बनने लगता है। बरसों बाद कवि जब घर लौटेगा तब वहाँ घर न होगा, पेड़ होगा। कवि परिंदा बनकर ही सही अपना घर अवश्य बसायेगा : "बहुत संभव है कि मैं भी/मैं न रहूँ/यानी कि आदमी/परिंदा होऊँ।" (पृ. 37, बीज से फूल तक) 'घर का पत्र पढते हुए' कविता में पत्र पढते हुए "दूर से माँ की आवाज़ आ रही है। जैसे गहरी शांत नदी के प्रवाह का स्वर हो।" (पृ. 64, वही) 'मेरा घर' कविता में कवि ने अपना घर प्रकृति की गोद में माना है : "मेरा घर तारों के रास्ते में पड़ता था। फूलों के रास्ते में पड़ता था मेरा घर।" (पृ. 76, वही) एक दिन घर से निकला कवि रास्ता भटक जाता है। असंख्य रास्तों में भटकते कवि अपने घर का रास्ता खो देता है। नई भूमण्डलीकृत सभ्यता में गाँव गाँव नहीं रहता, घर घर नहीं रहता। प्रकृति की गोद मनुष्य से छीनी जा चुकी है। वह दुबारा अपने घर को पा नहीं सकता। 'नए घर में बारिश' का कवि कई बरस पहले अपना पुराना घर और माँ को छोड आया था। बारिश का आकाश जल से भरा था और कवि की जल भरी आँखों में पुराना घर और माँ धुंधला सा दिखाई देते हैं। कई बरस की पुस्तक नए घर की बारिश में भीग गई थी और उसकी स्याही हर तरफ फैल गई थी। नए घर की बारिश में पुराने घर की

लालटेन बुझ गई थी। “अंधेरे में कुछ सूझता नहीं था/मैं दृष्टिहीन-सा कुछ टटोलता आगे बढता था/और पुकारता था नए घर में - माँ। और आवाज आती थी माँ की/सुदूर पुराने घर से-बेटा।” (पृ. 81, धरती अधखिला फूल है)

‘पिता की समाधि’ कविता में पिता के प्रति कवि की श्रद्धा साकार होती है। गाँव के घर में पिता की समाधि है। कई वर्ष बाद घर लौटा कवि समाधि पर झडे हुए पते साफ करता है, उसे जल से धोता है, आसपास की जगह बुहारता है। दिया जलाता है, फूल चढ़ाता है। पिता जैसे उससे पूछते ‘बडे दिनों में आए बेटा। कहाँ भटकते रहे इतने दिन?’ कुछ दिन गाँव में बिताकर कवि लौटता है। जाने से पहले दो घड़ी धूप में समाधि के पास बैठता है बिदा माँगता हुआ। ‘पिता उदास हो जाते। कहते-अच्छा’। समाधि को छोड़कर लौटता है जैसे घर-गाँव में पिताजी को छोडकर आया है। “नगर के घर में/कम्प्यूटर है, फ्रिज है, वाशिंग मशीन है/गाँव के घर में पिता की समाधि है।” (पृ. 116, धरती अधखिला फूल है)

घर की वापसी में पारिवारिकता की भावना है। बार बार लौटते हुए घर में माँ है, बाप हैं, भाई और बहन है। घर की कितनी ही स्मृतियाँ अब भी ताजा है। अपने वर्तमान से कवि अतीत की ओर लौटता है तो उसे अपने बचपन की याद आती है : “नारायणपुर के/मैदान में तेज बारिश हो रही थी/एक बच्चा भीगता, रोता दौडता था/नारायणपुर के घर की तरफ/बादलों की गर्जना से भयभीत/पीटता था घर का दरवाज़ा/और बहन दरवाज़ा खोलती थी/दो चोटी में रिबन के लाल फूल वाली बहन।” (पृ. 85, धरती अधखिला फूल है) कई वर्ष बाद कवि जब घर लौटता है तो उसके सामने भानजी दरवाज़ा खोलती है और कहती हैं ‘माँ मामा आ गए’। वह उसे गोदी में लेता है और अधबूढ़े भाई की गोदी में वही रिबन के लाल फूलवाली बहन कितनी छोटी और युवा लगती है।

भ्रातृ प्रेम एकांत की कविता की बडी खूबी है। ‘भाई’ कविता में कवि का छोटा भाई बिना खाए, रात घर आया है। लेकिन ‘खाकर आया हूँ’ कहकर वह चादर से मुँह ढाँपकर सो जाता है। मगर रोटी की भूख छिपती ही नहीं। भाई थाली परोसकर सोए हुए छोटे को जगाता है। (पृ. 80, धरती अधखिला फूल है) ‘बीज से फूल तक’ संग्रह का मध्य खण्ड ‘निर्जन में फूल’ दुर्घटना में काल कवलित अपने छोटे भाई के प्रति कवि की अश्रुभीनी पुष्पांजलि है। तेरह कविताओं की लडी की प्रथम कविता ‘भाई की चिट्ठी’ में ही अपने खुशमिज़ाज, हँसोड़ और मस्त भाई के प्रति ममता उमड़ पडती है : “हर पंक्ति जैसे फूलों की क्यारी है/जिसमें छुपे काँटों को वह नहीं जानता/वह नहीं जानता कि दो शब्दों के बीच/भयंकर साँपों की फुँफकार है/ और डोल रही है वहाँ यम की परछाई।” (पृ. 101, बीज से फूल तक) भाई के माथे पर पिछले जन्मदिन पर जो टीका लगाया था वह बारिश में धुल गया है। अब भाई का चेहरा शांत है : “एक महाकाव्य शांत है। अब उसके पन्नों में/कोई फड़फड़ाहट नहीं।” (पृ. 103, वही) एक तस्वीर है जिस में तीन

जन हैं। तीनों भाई मुस्कुराते हुए कैमरे की तरफ देखते हुए। लेकिन अब दो भाई तस्वीर से बाहर हैं। तीसरा अब सिर्फ तस्वीर में है : "और तीसरा है कि मुस्कुराए जा रहा है/लगातार तस्वीर में/देखता हुआ दोनों भाइयों की तरफ/जैसे कहता हुआ कि देखा, कैसा चकमा दिया।" (पृ. 110, वही) अंतिम शब्दों में वात्सल्य और पीड़ा उमड़ पडती है। कवि गंगा के प्रवाह में भाई के फूल विसर्जित करता है, साथ ही हृदय के अतल जल में भी। कवि को लगता है : "थरथराता है उम्मीद का जल/कि तुम लौटकर आओगे/अगर लौटना मुश्किल हो तो आवाज़ देना/आवाज़ देना भी हो मुश्किल/तो हाथ हिलाना अनंत की खिड़की से।" (पृ. 119, वही) भाई के जीते जी ही नहीं, मृत्युपरांत भी बडा भाई छोटे का सहारा बनना चाहता है। भ्रातृत्व का यह अनूठा चरित है।

पारिवारिकता के तहत एकांत श्रीवास्तव प्रेम के भी कवि हैं। समकालीन कविता प्रेम की स्वच्छंद अभिव्यक्ति के प्रति उपेक्षा ही बरतती आई है। जीवन की जटिलताओं के बीच प्रणय की अनुभूति बेहूदी महसूस होती रही है। इसके विपरीत एकांत ने अपनी कविता में प्रेम की स्वच्छंद खुली अभिव्यक्ति की है। उनका प्रेम इतना स्वच्छंद है कि उस पर नवरोमान का आरोप लगाया गया है।

'अन्तर्देशीय' कविता प्रेम की स्वच्छंद भावना की ईमानदार अभिव्यक्ति है। प्रिया का अन्तर्देशीय जो कवि को प्राप्त होता है वह धूप में नहाया एक नीला आकाश है। कवि के अंधेरों में झिलमिलाते तारे तैरने लगते हैं। कवि का यह प्रश्न है : "क्या करूँ इन परिन्दों का/तुम्हारे अन्तर्देशीय से निकलकर/जो उड़ने लगे हैं मेरे चारों तरफ।" (पृ. 60, अन्न हैं मेरे शब्द) प्रेम की स्वप्नीली स्मृतियों, कामनाओं और पीडा का इससे जबर्दस्त चित्रण विरले ही है। आज का युवक प्रेम का भूखा है, साथ ही जीविका के उचित साधन का भी। साधनहीन प्रेमी को कोई प्रेमिका चाहती नहीं - "जब मैं झुकता हूँ/प्रेमिका के चेहरे पर/चुम्बन नहीं, नौकरी माँगते हैं उसके होंठ।" (पृ. 68, वही) एक दिन प्रेमी को प्रेमिका की चिट्ठियाँ मिलेंगी जिनमें उनका मंगल परिणय चिन्हित होगा और होगा उसमें सब कुछ भूल जाने का अनुरोध। प्रेमी को नसीब होगा सड़क और धूल ही। (एक बेरोजगार प्रेमी का आत्मालाप, पृ. 68, 69 वही) ऐसे विफल प्रेम की अभिव्यक्ति कवि ने 'बीज थीं हमारी इच्छाएँ' कविता में की है : "समुद्र के ऊपर/तट के लिए फड़फड़ाता/पक्षी था हमारा प्रेम/जो हर बार थक्कर/समुद्र में गिर जाता था।" (पृ. 66, मिट्टी से कहूँगा धन्यवाद)

'मैं प्रेम करता हूँ (एक), मैं प्रेम करता हूँ (दो)' कविताओं में कवि ने प्रेम की उमंग, उल्लास और प्रणयानुभूति का विस्तार प्रकट किया है। एक स्त्री गुनगुना रही है। सारी प्रकृति मंत्रमुग्ध खडी है। जीवन में नववसंत का अनुभव। कवि उस स्त्री के करीब जाता है तो विमुग्ध रह जाता है कि "यह तो वही/जिससे मैं प्रेम करता हूँ।" (पृ. 90, वही) प्रणयानुभूति के जागरण पर कवि के सामने प्रकृति एक नया ही रूप ग्रहण करती है। आकाश कुछ और नीला हो जाता है, सूर्य कुछ और चमकदार। धरती कुछ और

सुंदर, जंगल परिंदों और फूलों से भर जाते हैं। प्रेमिका की रूपछवि में पिछली बारिशों के अनबरसे मेघ घुमड रहे हैं। उसकी गुलाबी उँगलियों में कौंध रही बिजली से प्रेमी की रातें नहा गई हैं। कवि इतना प्रणय विभोर और मुग्ध हो जाता है कि "उसके घने काले केशों की छाँह में/कितने उद्विग्न द्वीप मेरे स्वप्न के/सोए हुए हैं/वह करवट बदलती है/और लुढ़क जाती हैं ऋतुओं की शीशियाँ/हवाओं में फूट पड़ते हैं/खुशबुओं के झरने। मौसम-अब कोई भी हो - मेरे लिए/वसंत है। (पृ. 92, वही)

प्रेम आदिम अनुभूति है। प्रेम का स्वप्न मानों करोड़ों वर्ष पुराना है। समय के वाद्य में प्रणय की करोड़ बरस पुरानी धुन बजती ही रहती है। प्रणय में कामनाएँ प्रबल हैं। प्रणय के आनंद को समूचा ही प्राप्त करने की ललक प्रेमी में रहती है। 'पूरे चाँद की रात' प्रणयानुभूति की आवेगमय अभिव्यक्ति है - "देह एक समुद्र है/मन का दूसरा। .....एक स्त्री चाहती है पूरा प्यार/पूरे चाँद की रात में।" (पृ. 79, बीज से फूल तक) प्रेम अनश्वर है। "प्रेम समुद्र है, आकाश है, नक्षत्र है/और हवा/अक्षयवट है प्रेम जो कभी नष्ट नहीं होता/..... प्रेम नहीं, इस पृथ्वी पर, नष्ट होते हैं हम।" (पृ. 80, वही) कवि का हृदय विनष्ट प्रेम की अनुभूति में कसकता रहता है। वह अनंत काल तक प्रतीक्षा करता रहेगा। "और वह जो एक गूँज होगी तुम्हारे नाम की/उठती रहेगी घाटियों से निरंतर/एक आहट करीब आती रहेगी/जिसे केवल मैं सुन सकूँगा।" (पृ. 82, वही) कवि को लगता है : "तुम मेरे बहुत करीब होगी और बहुत दूर/मैं तुम्हें छूना चाहूँगा/और मेरी उँगलियाँ आग में जल जाएँगी/मैं तुम्हें चूमना चाहूँगा/और मेरे होंठ प्यास से सूख जाएँगे/मैं तुम्हें देखना चाहूँगा/और मेरी आँखें नशे में मुँद जाएँगी।" (पृ. 82, वही) प्रेम की विफलता पर प्रेमी एकदम दुखी है। वह हँसता है तो आँखें धोखा दे जाती हैं। गाता है तो मन। केवल शब्द ही लगातार हो रही इन दुर्घटनाओं के गवाह हैं। "दोस्तों से हर बात छुपा ले जाता हूँ/कि सब कुछ ठीक-ठाक है/और हँसता हूँ/मगर आँखें धोखा दे जाती हैं।" (पृ. 96, वही) प्रणय की पीडा की अनुभूति प्रसाद के 'आँसू' की अनुभूति है। यहाँ भी घनीभूत पीडा आँसू बनकर उमड पडते हैं - "दुख जब तक दृश्य में था/था बर्फ की तरह/पिघला तो उमड़ा आँसू बनकर/गिरा तो जल की तरह मिट्टी में/रिस गया भीतर बीज तक/बीज से फूल तक।" (पृ. 97, वही) प्रेम विकास और उपलब्धि की अनंत संभावनाओं से युक्त बीज है। वह बीज से पौधा और फूल बनता है और फूल से फल। प्रेम ही मानव जीवन को सुंदर और महत् संभावनाओं से उर्वर बनाये हुए हैं।

प्रेम की जमीन पर मानवता का फूल उगता है। दिन व दिन राख हो रही इस दुनियाँ में केवल मनुष्य की महक, मानवता की महक ही हमें बचाये-जिलाये रख सकती है। मनुष्य की महक से धरती गमकती है। धरती की महक मनुष्य की महक से बडी है। मगर धरती स्वयं मनुष्य की महक, आवाज़ और स्वप्न से बनी है। यह महक मानवता की है। आज जय के पाँवों में पराजय की धूल लिपटी है। भौतिक समृद्धि एवं विलासिता के संसार में मानवता अलभ्य होती जा रही है। मनुष्य के स्वार्थ से केमिकल्स की गंध

से ऋतुओं की महक घिर गयी है। कच्चे घरों की खपरैलों से उठता धुआँ जो सहज मानवीय जीवन का प्रतीक है, बारूद के धुएँ से घिर गया है। नींद दुस्वप्नों से घिर गयी है। मानवता की आवाज ही छिन चुकी है - "इन गीतों का अब क्या करूँ/जब छिन चुकी है मेरी आवाज़/क्या करूँ इस आकाश का/डूब गया है जिसका चाँद/उस नदी का-सूख गया है जिसका/जल-क्या करूँ।" (पृ. 94, 95 वही) इस मानवताहीन दुनियाँ में कवि मनुष्यता का पारिजात रोपना चाहता है। मानवता के विरुद्ध जो कार्रवाइयाँ होती हैं उनका कवि जमकर विरोध करना चाहता है। 'शब्दों में नहीं है' कविता इसका ज्वलंत प्रमाण है। कवि के शब्दों में उसकी आत्मा की झिलमिलाहट अवश्य होनी है। मनुष्य के प्यार के रंग, अंतस के झंझावात, दुख की परछाइयाँ और कमीज़ की कॉलर पर जमी धूल शब्दों में अवश्य आनी है। मानवता से प्रेरित कवि की वाणी है, शब्दों में 'अगर नहीं हैं/हत्यारों के पाँवों की आहटें/आतताइयों की साजिशें/जला दी गई बस्तियों का दर्द/और मारे गए लोगों की चीत्कारें/तो वे झूठे हैं।" (पृ. 65, मिट्टी से कहूँगा धन्यवाद्)

एकांत के विभिन्न संग्रहों में रंग, समुद्र और फल पर कविताएँ मिलती हैं। ये अनूठी कविताएँ हैं। कविता रंग पर हो, समुद्र या फल पर उसमें एक गहरी मानवीय उपस्थिति अवश्य रहती है। लाल रंग पान से रचे दोस्त के होंठों की मुस्कुराहट का है। यह रंग खूब रोई बहन की आँखों का है और "दरअसल यह उस आकाश गंगा का रंग है/जिसे धारण करती है माँ अपनी माँग में/जिसके डर से हज़ारों कोस/दूर खड़ा रहता है काल/और माँ रहती है सदा सुहागिन।" (पृ. 70, अन्न है मेरे शब्द) सफेद स्त्री की दुग्ध धारा का रंग है, यह काँस और दूधमोंगरा के फूलों का रंग है। यह वैधव्य का रंग है "जब स्त्रियों के पास। बचता नहीं कोई दूसरा रंग/वे इसी रंग के सहारे काट देती हैं/अपना सारा जीवन।" (पृ. 73, वही) काला रंग दिया-बाती के बाद का रंग है जिसे हम अपने दिन भर की थकान सौंपकर जारा सी नींद उधार लेते हैं। यह रंग प्रिया के बालों का मुलायम समुद्र है जो संगीत और सुगंध से भरा है। "कितनी चीखें, हत्यायें और रक्त लिए/आ धमकता है यह रंग/सूरज के डूबते ही/और एक दिये के सामने/पराजित रहता है रात भर" (पृ. 74, वही) हरा साइबेरिया की घास, अफ्रीका के जंगल, सतपुडा-विन्ध्य के पहाड ही क्या दुनियाँ भर की वनस्पति का एक नाम है। इस रंग का होना इस विश्वास का होना है कि जब तक यह है दुनियाँ हरी-भरी है।

'बीज से फूल तक' संग्रह में समुद्र पर सात कविताएँ हैं। समुद्र हमें अपनी तरफ खींचता है और पृथ्वी अपनी तरफ। समुद्र हमें अपने स्वप्न और संघर्ष में, हर्ष और विषाद में शामिल करता है। जैसे पृथ्वी का गुरुत्वाकर्षण हमें अपनी ओर खींचता है वैसे जीवन का झिलमिल स्वप्न भी हमें गति देता है। 'समुद्र तट पर सूर्योदय' में कवि ने कैसी विलक्षण छवि प्रस्तुत की है "श्याम जल में झड़ते हैं सिंदूरी फूल/क्षितिज की झुकी हुई टहनी से/....लुहार की भट्टी में तपता तवा/कि जिस पर सेंकी जाएँगी जैसे दर्जनों रोटियाँ/हमारी भूख और दुर्दिनों के विरुद्ध।" (पृ. 71, वही) 'दोपहर का समुद्र' कविता

में कवि ने समुद्र का अनुपम और अभूतपूर्व चित्र प्रस्तुत किया है। समुद्र को कवि ने पानी का महाकाव्य कहा है - "जल का उद्विग्न वाद्य है दोपहर का समुद्र/जिसमें जागती हैं धरती की अनंत और/आदिम धुनें/पानी का महाकाव्य/पानी की लकीरों पर लिखा हुआ/पानी का लोकगीत/पानी के कंठ से उठता हुआ।" (पृ. 73, वही) धरती और मनुष्य के जन्म की आदिम कथा कहता हुआ एक बहुत बूढ़ा फकीर है दोपहर का समुद्र। 'रात का समुद्र' में प्रस्तुत चित्र देखिए : "रात का समुद्र/एक उद्विग्न और अपूर्ण कथा का हाहाकार है/हम तट से जिसका सामने करते हैं/जो हमारी नींद में चला आता है दुःस्वप्न बनकर।" (पृ. 75, वही)

'फल बाज़ार से पाँच कविताएँ' में नासपाती, अंगूर, अनार, तरबूज और लीची पर कविताएँ हैं। ये कविताएँ फलों के संबन्ध में नहीं, समाज के साधनहीन वर्ग के प्रति हैं जिन्हें ये फल मय्यसर नहीं होते। भारत के आर्थिक विकास और सामाजिक न्याय की खिल्ली उड़ाती ये कविताएँ हृदय में करुणा उकेरती है। 'अनार' कविता पढिए : "इस फल से उसका परिचय/वर्णमाला के प्रथम अक्षर से हुआ था/देखना बहुत बाद में हुआ/खाना कभी नहीं।" (पृ. 61, धरती अधखिला फूल है) 'लीची' कविता भी समान भावभूमि को उजागर करती है : "गरीब बच्चों की बीमारी में भी यह फल/उपलब्ध नहीं था/उन्होंने इसका नाम तक नहीं सुना था/बहुत बाद में उन्होंने इस फल को/तस्वीर में देखा/तस्वीर में देखने से/ज्ञान चाहे बढता हो/सूखे शरीर में रक्त नहीं बढता था।" (पृ. 61, 62, वही)

भारतीय मध्यवर्ग, श्रमिक वर्ग और किसान की वर्तमान दुर्दशा का कारण सरकार की नई अर्थनीति है। आर्थिक उदारीकरण के परिणाम स्वरूप देश पर मुक्त बाजार का प्रभुत्व कायम हुआ। भारत सरकार ने तटकर और व्यापार संबन्धी आम समझौते पर जो हस्ताक्षर किया उससे देश को व्यापक क्षति पहुँची। कुटीर उद्योग मिट गये। छोटे छोटे कारखाने बंद हो गये। हमारे हरे भरे खेत अदृश्य हो गये। नदियाँ सूख गयीं। हमारे हाथ ही काट दिये गये। हमने अपना देश ही खो दिया। अपनी 'हस्ताक्षर' कविता में एकांत ने देश की दारुण स्थिति प्रस्तुत की है : "सिर्फ एक हस्ताक्षर किया जाता है/और छिन जाती हैं हमारी आँखें/कट जाते हैं हमारे हाथ/XX सिर्फ एक हस्ताक्षर किया जाता है/और खो देते हैं हम/अपना देश।" (पृ. 83, मिट्टी से कहूँगा धन्यवाद) अपनी 'बाज़ार' कविता में एकांत ने बाजार के प्रभुत्व को दिखाया है। बाज़ार में थोड़े से लोग विक्रेता हैं और बाकी सब क्रेता। जो क्रेता नहीं हैं यानी जिनकी जेबें खाली हैं उनकी बाज़ार में कोई जगह नहीं है। वे बाज़ार के वृत्त से बाहर हैं। बाज़ार की यह खूबी है कि "चढ़ गई है कीमतें चीज़ों की आकाश में/गिर गया है आदमी का बाज़ार-भाव।" (पृ. 38, बीज से फूल तक) बाजार के वृत्त से बाहर के गरीब लोग राशन की दूकानों के सामने कतार में खडे हो जाते हैं। लोग अपनी कतार में खडे खडे बूढे हो जाते हैं। एक दिन उनके बच्चे भी कतार में खडे नज़र आते हैं। उनकी झोलियों में कभी कभार ही

अनाज गिरता है। ये वे लोग है जो अन्न को जानते हैं और उसीकी खोज में भटकते हैं। कवि का व्यंग्य है : "यह एक देश था/और ये उसके नागरिक थे/जो क़तार में खड़े थे/ इन्हें अन्न का अधिकार नहीं था/वोट डालने का अधिकार था।" (पृ. 74, धरती अधखिला फूल है)

स्त्री विमर्श के अन्तर्गत एकांत की वे कविताएँ है जो उन्होंने श्रमिक वर्ग की स्त्रियों पर लिखीं। ये स्त्रियाँ गाँव की हैं, अशिक्षित हैं, लेकिन मेहनती हैं और आत्मनिर्भर भी। अपने दुर्दिन पर वे किसी को कोसती नहीं। उदास बैठी नहीं रहतीं। कठिन मेहनत से अपनी रोज़ी रोटी कमाती हैं। समाज में वे तिरस्कृत हैं। लेकिन उनकी मेहनत से ही समाज चलता है। एकांत की कविता 'लड़की और आम' में स्त्री विमर्श को नया स्वर और आयाम मिला है। अत्यंत सरल सी लगनेवाली यह कविता स्त्री के होने और बने रहने के उसके अधिकार को रेखांकित करती है। लड़की का जन्म हुआ तो आम का पौधा रोपा गया। आम का पौधा बड़ा हुआ। लड़की बड़ी हुई। आम में बौर आए। लड़की रजस्वला हुई। आम में फल आए। लड़की में बसंत। लोगों के मुँह में पानी आया। फल बाज़ार में बिके और चखे गये। लड़की अपने बाज़ार में बिकी जहाँ चखे जाने का कानून चलता था। "फल, फल थे/उन्हें बिकना ही था/किसी न किसी बाजार में/ लड़की मगर लड़की थी। हाड़ माँस की और जीवित। उसकी इच्छाएँ थीं। कि उसे स्कूल जाना था। कि उसकी डोली उठनी थी xx लड़की आम नहीं थी।" (पृ. 89-90, बीज से फूल तक) जिस उम्र में लड़की को स्कूल जाना है उस उम्र में वह चखी जाती है बाजार में। अब उसकी डोली भी नहीं उठने की। कविता समाज के सामने गहरा प्रश्नचिह्न लगाती है। वह समूची व्यवस्था पर चोट करती है। कविता एक सार्थक वक्तव्य का काम देती है।

एकांत श्रीवास्तव ने अपनी कविता में कविता, कविता की जरूरत, शब्द और शब्दों के धर्म पर कई जगह विचार किया है। जहाँ आदमी का दर्द है, स्वप्न है, आँसू हैं, हँसी है, विद्रोह है, मेहनत का पसीना है वहाँ कविता की जरूरत महसूस होती है। जिस समय जाल पानी में फेंका जा चुका होगा, जिस समय बीज खेतों में बोये जा चुके होंगे उसी समय कविता की जरूरत होगी। "घने जंगलों के बीच/भूखे लोगों के पड़ाव में/ खौलता हुआ अदहन/जिस समय माँगेगा अन्न/उसी समय/उसी समय पैदा होगी/कविता की जरूरत।" (पृ. 87, अन्न हैं मेरे शब्द)

शब्द के धर्म और चरित्र पर एकांत ने गहराई से विचार किया है। कविता के शब्द आग है जिसकी आँच में धरती सिंक रही होती है और जिसकी रोशनी में हम गा रहे होते। शब्द हमारे पत्थर हैं, शब्द हमारे औजार की धार हैं। हर दुख में शब्द हमारे दोस्त हैं - "शब्द रुंधे हुए कंठ में/चढ़ते हुए गीत हैं/बसंत की खुशबू से भरे/ चिड़ियों के सपने हैं शब्द।" (पृ. 99, अन्न है मेरे शब्द) शब्द हमेशा पकते हैं, पकते जा रहे हैं। बच्चे की भिंची हुई मुट्ठी के पत्थर में, चिडिया के कंठ में, जंगल और

पहाड़ में शब्द पक रहे हैं। शब्द का पकना मनुष्यता के हित में और सत्ता के खिलाफ है। शब्द का पकना सत्ता के लिए खतरनाक है : "इस वक्त/जब एक खरगोश भी/अपने कान/खड़े नहीं कर सकता/एक चिड़िया भी गा नहीं सकती/ कितनी खतरनाक बात है/कि शब्द पक रहे हैं।" (पृ. 100-101, वही) जब भी आदमी लड़खड़ाता है गिरने से पहले शब्द दोस्तों की तरह लपककर उसे थाम लेते हैं। कवि के शब्दों में आतताइयों की साजिशें छिपी हैं जिससे वे आतताई कवि के शब्दों को हमेशा ढूँढते हैं। शब्द पुराने तारों की तरह अपनी ज्योति बचाकर रखते हैं। पुराने फलों की तरह अपनी मिठास बचाकर रखते हैं। "अन्न हैं मेरे शब्द/पृथ्वी की उर्वरता के आदिम साक्ष्य/जन्म लेना चाहते है बार-बार/संसार को बचाये रखने की/ पहली और आखिरी इच्छा बनकर।" (पृ. 102, अन्न है मेरे शब्द)

जहाँ कोई नहीं रहता, वहाँ शब्द रहते हैं। गझिन खामोसी में शब्द रहते हैं। बसंत के छूट जाने के बाद पतझड़ के पत्तों के बीच विदा में हाथ हिलाते हुए शब्द रहते हैं। दुख के कछारों को पार कर आनेवाली हँसी में, आँसू में और पसीने के सूख जाने से बनती नमक में शब्द रहते हैं - "हमारे निर्णयों को स्थगित होने से बचाते हुए/हमारे लहू में लपट की तरह उठते हुए/शब्द रहते हैं। दुर्दिनों में हमारे साथ।" (पृ. 93, बीज से पूल तक)

संक्षेप में एकांत श्रीवास्तव की कविता लोकजीवन एवं जनपदीय सभ्यता का दस्तावेज है। दूसरी ओर उसमें नयी सभ्यता की विकृतियाँ भी हैं। जनतंत्र का विरूप होता हुआ चेहरा है। जनता पर सत्ता का बढ़ता हुआ आतंक है। बाजारी सभ्यता का आक्रामक रवैया है। बेरोजगार होते जन समुदाय का दैन्य एवं क्षोभ है। डूब की त्रासदी है। आदिवासी जीवन की करुणा एवं प्रतिरोध के स्वर हैं। सचमुच एकांत श्रीवास्तव की कविता वर्तमान भारतीय जीवन का सही दृश्यालेख है।

देह की लोकतांत्रिकता

समकालीन हिन्दी कविता का स्त्री विमर्श स्त्री लेखन के दायरे में सीमित रहा। उसके केन्द्र में घर, परिवार और दफ्तर रहे। घर की उपेक्षित लडकी, परिवार की तिरस्कृत एवं पीड़ित पत्नी और दफ्तर में पुरुष के शोषण की शिकार नारी स्त्री विमर्श के चिर परिचित चेहरे रहे। अपनी शक्ति, साहस एवं विद्रोह चेतना के बावजूद स्त्री अपनी परंपरा पोषित छवि के पिंजरे में बंदी रही। पवन करण ने इस नारी बिंब को तोडा। नारी के एक नवीन बिंब की प्रतिष्ठा करते हुए उन्होंने स्त्री विमर्श को नई संवेदना एवं नए आयाम दिये।

'स्त्री मेरे भीतर' (2004) संग्रह ने पवन करण को अद्‌भुत लोकप्रियता दिलायी। हिन्दी के प्रायः सभी अखबारों एवं पत्रिकाओं में इसकी चर्चा हुई; इसपर समीक्षाएँ छपीं। 'स्त्री मेरे भीतर' के पूर्व पवन करण का 'इस तरह मैं' काव्य संग्रह निकला था। 'स्त्री मेरे भीतर' के परवर्ती संग्रह है : अस्पताल के बाहर टेलीफोन (2009), 'कहना नहीं आता' (2012) और 'कोट के बाजू पर बटन' (2013) ये स्त्री केन्द्रित संग्रह नहीं हैं। इनमें कवि के सामाजिक सरोकार और यथार्थ चेतना की प्रबल अभिव्यक्ति है। लेकिन पवन करण के भीतर की स्त्री का सम्मोहन सभी संग्रहों पर छाया हुआ है। इसका यह परिणाम निकला कि अपनी समाजोन्मुखता एवं लोकचेतना के बावजूद पवन करण स्त्री, प्रेम एवं यौन के कवि के रूप में ही चर्चित हुए।

पवन करण के स्त्री विमर्श की मूल संवेदना प्रेम है। यह प्रेम अंतरंग एवं आत्मीय की अपेक्षा दैहिक एवं वासनामूलक ही अधिक है। भोगलिप्सा से प्रेरित प्रेम की प्रस्तुति द्वारा पवन करण ने भूमंडलीकृत, बाजारीकृत भारतीय समाज की यौन विकृतियों को बेनकाब किया। उत्सव धर्मी प्रेम के परिदृश्य में स्त्री जीवन के दर्दनाक चित्र उभर आये हैं। देह एवं मन की पीडा-यंत्रणाओं से गुज़रते हुए भी पवन करण की स्त्री अपने स्वत्व, स्वायत्तता एवं अस्मिता की तलाश करती है।

पवन करण के भीतर एक स्त्री बैठी है। उनकी कविता स्त्री में तब्दील होते और मन एवं आत्मा के स्तर पर अपने को स्त्री में तब्दील करते कवि की कविता है। मनोविज्ञान के अनुसार हर पुरुष के भीतर एक स्त्री विद्यमान है और स्त्री के भीतर एक

पुरुष। व्यक्ति के अवचेतन के संस्कार अत्यंत प्रबल तथा उसके व्यक्तित्व के रूपायन में अहम है। पुरुष के अवचेतन में विद्यमान स्त्री उसके व्यक्तित्व में कोमलता, प्रेम की तरलता, करुणा एवं वात्सल्य का संचार करती है। पवन करण के अवचेतन की स्त्री के अनेक चेहरे हैं। एक स्त्री है जो दीवार से पीठ टिकाये उदास खडी है। वह भीतर ही बुदबुदाती है, रोती है भीतर ही और भीतर ही अपनी खामोशी बिछाकर चुपचाप लेट जाती है। वह किसी ज़रा सी बात पर द्रवित हो उठती है, किसी बात पर सुबकने लगती है और किसी बात पर हिचकियाँ भरते हुए विलाप करने लगती है। यह स्त्री पत्नी एवं माँ है। स्त्री का एक दूसरा चेहरा है जो सामूहिक बलात्कार के बाद की स्त्री का है। वह अकेले में अपनी देह के बारे में सोचती है और खुद के प्रति गुस्सा और घृणा से भर उठती है। स्त्री का तीसरा चेहरा एक विधवा का है जिसकी आँखों से हमेशा के लिए पुरुष का चेहरा खदेड दिया जाता है, मगर एक चेहराविहीन पुरुष लगातार उसके अंधेरे में उतरकर उसे बराबर लूटता है। एक अन्य स्त्री है जो कवि के भीतर खीजती रहती है जैसे वह खूँटे पर बंधी हो। वह अपने सपनों को सडा हुआ देखती है और सलाखों को अपने दाँतों से काटने की कोशिश करती है। यह घर की चहारदीवारी में बंद परतंत्र नारी है। एक और स्त्री है जो कवि के भीतर खाली हाथ रहती है जैसे दुनियाँ की सारी स्त्रियाँ खाली हाथ हों। उसे इस तरह रहता देख लगता है जैसे : "उसने अपने बदन पर जो कपड़े पहन रखे हैं। वे कपड़े भी न हों उसके, उसने जो चप्पलें पहन रखी हैं। अपने पैरों में, वे भी न हो उसके नाप की (पृ. 80, स्त्री मेरे भीतर) कवि के भीतर की स्त्री जो मुँह सिए चुपचाप बैठी है किसी भी दृश्य के लिए कवि को जिम्मेवार मान लेती है और "किसी घटना के लिए वह थूकना चाहती है मेरे मुँह पर। किसी अन्याय के लिए चढ़ा देना चाहती है मुझे वह फाँसी" (पृ. 80, स्त्री मेरे भीतर) यह मौन विद्रोह उस पितृसत्तात्मक समाज के प्रति है जो स्त्री पर बहुत सारे बंधन लादे बैठा है, जो उसे पैरों तले कुचल रहा है और उसे भोग की वस्तु और पुरुष की निजी संपत्ति मानकर स्वत्वहीन, मन आत्मा विहीन पदार्थ में बदल देता है।

पवन करण के स्त्री विमर्श को उजागर करनेवाली कविता है 'मैं स्त्री होना चाहता हूँ : दो कविताएँ'। एक पुरुष होते हुए भीतर की स्त्री की वजह से कितना भी अधिक स्त्री होकर कवि खुद को स्त्रियों के आगे दिखा दे, इस सबसे कवि स्त्री नहीं होने का, वह पुरुष ही रहेगा। यही वजह है कि "मैं पुरुष होते हुए स्त्री नहीं होना चाहता। पुरुष से अलग अपनी गन्ध अपने स्वभाव। अपनी आदतें अपने ढंग लिए जैसे होती है कोई स्त्री। ठीक मैं उस जैसी स्त्री होना चाहता हूँ" (पृ. 111, कहना नहीं आता) कवि अपने पुरुष होने की तरफ कभी न लौटने के लिए स्त्री होना चाहता है "मैं बस स्त्री होकर देखने के लिए। स्त्री नहीं होना चाहता मैं हमेशा के लिए। स्त्री की देह दिमाग दिल और दुनिया होना चाहता हूँ।" (पृ. 110, कहना नहीं आता) कवि की कविताएं इसका साक्ष्य प्रस्तुत करती हैं कि उसने दिल और दिमाग से अपने को स्त्री में बदल दिया है। कवि ने अपने

को स्त्री में बदल दिया हो, मगर उस स्त्री के भीतर भी तो एक पुरुष रहता है। पवन करण की कविता में स्त्री के साथ यह पुरुष भी बोलता है। इस पारस्परिकता का यह नतीजा है कि पवन करण की कविता स्त्री विमर्श की कविता होने के साथ पुरुष विमर्श भी रचती है। हिन्दी कविता में यह अभूतपूर्व अनुभव है।

पवन करण का स्त्री विमर्श पितृसत्तात्मक समाज की पुरुष वर्चस्ववाली व्यवस्था का विरोधी है। दैहिक कामनाओं पर कठोर नियंत्रण एवं निषेध के विरुद्ध यौनाचार में उन्मुक्ति एवं खुलेपन का वह कायल है। अतः कवि की प्रेम संवेदना में प्रेम की अपेक्षा स्त्री-पुरुष की पसंद या चाह ही प्रबल है। 'मैं उससे अब भी प्रेम नहीं करता' कविता की पंक्तियाँ हैं : "मैं उसे प्रेम नहीं करता था। मैं उसे अ़ब भी प्रेम नहीं करता। मैं उसे पसंद करता था। मैं उसे पाना चाहता था। दरअसल मैं उसकी देह को पाना चाहता था। मैं उसकी देह को अपना घाव चाटते। कुत्ते की तरह चाटना चाहता था। मैं उसकी देह को गंडेरी की तरह चाहता था चूसना। मैं उसे अपने मुँह में भरकर। शक्कर के दानों की तरह चबाना चाहता था।" (पृ. 34, स्त्री मेरे भीतर) 'उसे कहना ही पड़े तो' कविता में प्रेमिका का प्रेमाचार प्रेमी के शब्दों में "वह आती है और मेरी बाँहों के तारों में। पतंग की तरह बिंघ जाती है। और फिर झूलती ही रहती है हवा में। किसी खूँटी की तरह गड़कर रह जाती है मुझ में। और नहीं लेती देर तक उखडने का नाम।" और प्रेमी है कि उसकी इच्छा के तीर से मरना चाहता है : "पुरुष होने और मन में तमाम आकांक्षाएँ और आक्रामकताएँ रखने के बाद भी। मैं उसकी इच्छा के तीर से मरना चाहता हूँ।" (पृ. 65, स्त्री मेरे भीतर) देह के प्रति मोह एवं उन्मुक्त यौनाचार की लालसा प्रेम की संवेदना को कुंठित कर देती है। कविता में संवेदनात्मक अन्तक्रिया का अभाव एकदम खलने लगता है।

उत्तर पूँजीकृत समाज की उपभोगी बाजारी वृत्ति ने स्त्री-पुरुष संबन्धों में, विशेषतः यौनिकता के क्षेत्र में नाजुक स्थितियों को बढावा दिया है। विवाहेतर यौन संबन्ध तेजी से बढ़ रहे हैं। अविवाहित स्त्रियाँ शादी शुदा पुरुषों के साथ देह का मजा लूटती हैं। महानगरों की एलिट पार्टियों में स्त्री पुरुष का जोडा बदलना चालू है। समाज इस नजारे से खूब परिचित है। लेकिन उसे अनदेखा अनसुना कर जाता है। एकदम चुप्पी साध लेता है। पवन करण ने समाज की इस चुप्पी को तोडा है और खूब हौसले के साथ तोडा है।

यौन शुचिता एवं कुँआरापन भारतीय नारी का धर्म एवं गौरव माना जाता है। यौन शुचिता की परिकल्पना के मूल में पुरुष का स्वार्थ है कि उसकी पत्नी क्वारी और अनछुई हो। पवन करण की स्त्री ने इस संकल्पना को तोडा है। मिसाल के तौर पर 'तुम जैसी चाहते हो वैसी नहीं हूँ मैं' कविता है। कविता एक नवोढ़ा का आत्मालाप है। उसका स्पष्ट स्वीकार है : "कोरी नहीं हूँ मैं, नाहीं एकदम अनछुई। मुझे इससे पहले पुरुष के हाथों ने छुआ है। और ठीक ठीक छुआ है एक रसीले पुरुष ने खामोशी के साथ। कुछ बार मेरे अन्तःपुर में किया है बड़े गौरव से प्रवेश।" (पृ. 53, स्त्री मेरे

भीतर) रसीले पुरुष के अन्तःपुर प्रवेश पर उसे न तो ग्लानि है, न अपराधबोध। उल्टे इसे वह अपना हक मानती है और पुरुष की उस भोली उम्मीद की हँसी उडाती है कि : "मुझे सभी पुरुष एक से लगते। सभी का स्वर एक सा देता सुनाई। कि हमें उनसे पहले किसी पुरुष के हाथों ने तो क्या। खुद हमारे हाथों ने भी न छुआ हो।" (पृ. 54, वही)

'उस भले आदमी के पास मैं अपना समय छोड आई हूँ' कविता भी एक नयी दुल्हिन का आत्मालाप है। उस भले आदमी के प्रणय की तन्मयता, सहज उल्लास एवं आह्लाद की स्मृति कविता की वाचक प्रणयिनी के शब्दों में : "....उसी ने उस दौरान। मेरे पैरों में कुलाँचें भर दी, मेरे हाथों में भर दी उडानें। मेरी आँखों में घोल दिया एक स्वप्न। और मेरी मुट्ठियों में हौसला भर दिया लाकर, मैं उस मानुष की। बाट जोहती आँखों में स्मृतियों की धार छोड आई हूँ।" (पृ. 94, कोट के बाजू पर बटन) 'पहले भी स्त्री देह में चुभ चुका' वह भला आदमी प्रणयिनी को पाने के बाद उससे कहता है : "....मैं तो मान भी नहीं सकता था। किसी स्त्री का स्वाद ऐसा भी हो सकता है। एक साथ कोई स्त्री इतनी मिर्च, गुड़ और अमचूर भी। हो सकती है...." (पृ. 95, वही) प्रेमी के शब्द उसके रतिवेग को और तीव्र कर देते हैं और वह "देगची में साग सी। और भी जोरों से खदकने लगती। उड़ने लगती उसके विस्तार में बाष्प सी..." (पृ. 95, वही) उससे बिछुडने पर भी प्रणयिनी को लगता है "....मैं चल रही हूँ तो अकेले नहीं। वह भी मेरे भीतर, मेरे साथ चल रहा है। किसी बात पर मैं अकेले ही नहीं हँस रही हूँ। वह भी हँस रहा है मेरे साथ, या मैं हँस रही हूँ उसी की हँसी।" (पृ. 95, वही) शादी के बाद "जिस आज को मेरा समय कहा जा रहा है यह समय मेरा नहीं है। उसके बिना समय का यह हिस्सा मेरा हो भी कैसे सकता है।" (पृ. 96, वही) प्रणयिनी की यह मनोग्रंथि वर्तमान समाज में दांपत्य की कुंठाओं एवं विसंगतियों के मूल की ओर संकेत करती है।

उखड़ते हुए दांपत्य की अत्यंत विलक्षण एवं विडंबनात्मक स्थिति को उजागर करने वाली कविता है 'मैं जानती हूँ वह मुझसे क्या जानना चाहता है : चार कविताएँ।' एक पति है जो अपनी पत्नी को दूसरे पुरुष के संग सहवास के लिए भेजता है। अब वही पति अपनी पत्नी से उस पुरुष के साथ पहली बार के बारे में जानना चाहता है। कविता की वाचक पत्नी के अनुसार "वह मुझसे पूछना चाहता है, कैसा है वह। उसका स्वाद कैसा है, क्या उसके शरीर से। ठीक मेरे शरीर जैसी गन्ध आती है। वह गन्ध जिसे अपनी नाभि में छुपाए। कुलाँचें मारते फिरती हो तुम चपल। क्या तुमने चखकर देखा उसे क्या वह। मेरे ही जैसा खट्टा-मीठा एक साथ दोनों है।" (पृ. 108, कोट के बाजू पर बटन) पति यह भी जानना चाहता है कि वह पुरुष उसके बराबर या उससे अधिक उस समय उसे पसंद आया और उस समय उसने पति को अपने जेहन से भुला दिया। पति की यह उत्कंठा है "क्या वह उस समय तुम्हारे आगे। मेरे बराबर आक्रामक और उदार है। क्या वह मेरी तरह खुद को छोड़ देता है। तुम्हारे बीच निसंकोच और खुद के भीतर।

सोख लेता है तुम्हें तरल" (पृ. 108, 109 वही) वर्तमान समाज में दांपत्य के टूटने का एक कारण यह है कि पति के रूप में स्त्री को अपनी पसंद का पुरुष नहीं मिलता।" एक स्त्री के लिए उसके पति की शक्ल। उसकी पसन्द का पुरुष नहीं पुरुष होना होता है बस।" ऐसी हालत में स्त्री के लिए हर नया यौन संबन्ध 'एक पुरुष के साथ अपने हिस्से का जीवन' जीना होता है। ऐसी उन्मुक्तता का परिणाम बडा त्रासद एवं पीडादायक होता है। वह स्त्री के भीतर आलोक नहीं अंधकार फैला देता है। तभी तो कविता की वाचक का यह आत्मालाप है : "....मेरे भीतर हमेशा। अँधेरा ही रहेगा दोस्त तुम्हें मेरे भीतर रहने के लिए। अँधेरे में चलने की आदत डालनी पड़ेगी। हरदम करना होगा इसका गाढ़ापन बर्दाश्त।" (पृ. 113, वही) गाढ़ा होता हुआ यह अंधकार स्त्री पुरुष के मन-आत्मा को और आखिर दांपत्य को ही निगल लेता है।

'दरअसल उसे समझना खुद को समझना है' कविता में पवन करण ने दांपत्य के भीतर यह अहम सवाल उठाया है : "एक स्त्री आखिर कैसा पुरुष चाहती है। वह एक ही पुरुष में पति और प्रेमी दोनों चाहती है। या वह पति और प्रेमी दो अलग-अलग पुरुष चाहती है।" (पॉ. 89, स्त्री मेरे भीतर) करीब चार दशक पूर्व महान लेखक जैनेन्द्रकुमार ने धर्मयुग के एक लेख में यह सवाल उठाया था कि रचना की प्रेरणा पत्नी होती है कि प्रेयसी। पवन करण ने इस मसले को दूसरे ढंग से उठाया है। पर-पुरुष के साथ सहवास करते हुए पत्नी रंगे हाथों पकडी जाती है। पति परेशान है कि घर में सब कुछ अच्छा होते हुए भी पत्नी ने क्यों ऐसा किया। पत्नी का यह आत्मस्वीकार है : "मैं नहीं जानती मैं ने यह सब क्यों किया। ना ही तो मैं तुमसे ईर्ष्या करती हूँ। ना ही तुम मुझे ना पसन्द हो। यह भी सच है कि सबसे पहले मैं तुम्हें ही प्यार करती हूँ। सबसे पहले मैं तुम्हारे ही प्रति जिम्मेदार हूँ।" (पृ. 90, वही) पर-पुरुष को समर्पित होकर भी वह मानती है कि उसपर पहला हक तो पति का ही है। पति-पत्नी एक दूसरे को चाहते हुए भी, एक दूसरे के प्रति समर्पित रहते हुए भी उनके मन का एक कोना रिक्त ही रहता है जिसकी पूर्ति में एक प्रेमी के संग की कामना रहती है। पुरुष के पक्ष में इसका समर्थन 'वह अब मुझसे भी डरने लगी है' कविता करती है। पराई स्त्री से प्रेम की वजह से अपनी बेटी की नज़रों से गिर जानेवाला पिता सोचता है : "मुझे लगता है इस प्रेम की वजह से जो मुझे न मिलता। तो शायद मैं कभी पूरा न हो पाता। कभी अपना होना न जान पाता। कभी खुद को न समझ पाता।" (पृ. 21, कोट के बाजू पर बटन)

निर्भयता एवं साहस पवन करण की स्त्री की पहचान है। उसे सामाजिक मर्यादा एवं मान-सम्मान की चिंता नहीं। वह अपने बंधनों को तोडती है। पुरुष की ओट एवं संरक्षण से बाहर आकर वह अपने स्वत्व की घोषणा करती है। अपने नये तेवर में पवन करण की स्त्री पाठकों को चौंका देती है। 'फोटो सेशन' कविता की प्रेमिका अपना नग्न फोटो सेशन कराना चाहती है। उसकी मंशा है कि उसका प्रेमी उसकी इच्छा को अंजाम तक पहुँचाने में उसकी मदद करे। उसका यह तर्क है कि प्रेमी द्वारा दिखाये गये नग्न स्त्री-

चित्रों की लडकियों से वह 'अधिकतर नहीं तो कमतर भी नहीं।' उसे गर्व है कि "मेरे कन्धे सुगठ और मादक हैं। मेरे वक्ष की फड़फड़ाहट के क्या कहने। वे तो मुझे ही उड़ाये फिरते हैं। और नितम्बों की थरथराहट भी मुझे। लगातार कँपकँपाती रहती है..." (पृ. 44, कोट के बाजू पर बटन) ऐसे में उसके नग्न फोटो सेशन में क्या दिक्कत है। उसे इस बात से भी कोई फ़र्क़ नहीं पड़ता कि "मेरे नग्न चित्र आँख-दर-आँख टँक जाएँगे। कोई उन्हें चूमेगा कोई उन्हें ख़ुद को सहलाते हुए। उन पर हाथ फेरेगा, देखेगा भर-भरकर मन। अपनी किताब कॉपियों या बिस्तर के नीचे। रखेगा छुपाकर कोई अपने सपने में खींच ही लेगा मुझे।" (पृ. 44, वही) अपने रिश्ते-नाते, दोस्त-यार, घर-मुहल्ला और शहर-बाजार की उसे परवाह नहीं। उन सब के लिए वह अपनी इच्छा मारने को तैयार नहीं। वह नग्न फोटो सेशन कराना ही इसलिए चाहती है कि अपने प्रेमी की ओट से, पुरुष के संरक्षण एवं नियंत्रण से बाहर आकर उनके आगे खड़ी होना चाहती है - "नहीं चाहिए मुझे तुम्हारी वह ओट। जिसके पीछे मैं खुद को सुरक्षित मानती आई हूँ। मैं उस ओट से बाहर आकर। तुम्हारे आगे खड़ी होना चाहती हूँ।" (पृ. 45, वही) आगे की पंक्तियों में कविता अपने मूल मंतव्य तक पहुँचती है : "मुझ पर बहुत भार है इस देह का। मैं खुद को हल्का महसूस करना चाहती हूँ।" (पृ. 45, वही) पितृसत्तात्मक समाज में पुरुष वर्चस्व के अधीन स्त्री के वस्तूकरण के प्रति यह खुला विद्रोह है। पुरुष समाज ने स्त्री को देह मात्र समझ रखा है। उसकी देह पर पुरुष का अधिकार है। स्त्री को घर की चहारदीवारी में बंद रखकर, घर के बाहर उसे बुरका पहना कर वह अपनी 'वस्तु' पर अपना स्वामित्व जमाता है। इसके विरुद्ध स्त्री का मन ही नहीं देह भी तिलमिला उठती है। एक बार अपने को नग्न कर वह अपने को हल्का महसूस करना चाहती है। हिन्दी कविता में एक नई स्त्री का जन्म हुआ है जिसका उद्घोष 'फोटो सेशन' शीर्षक कविता है।

स्त्री के वस्तूकरण के प्रति विद्रोह पवन करण की अन्य कविताओं में भी प्रकट हुआ है। 'देह धरे को दण्ड है' की स्त्री का यह आत्मविमर्श है : "वह उसे कभी औरत सी नहीं दिखी। जब भी उसने उसके बारे में सोचा। उसके बारे में औरत की तरह नहीं। एक देह की तरह सोचा जबकि। अपनी देह में रहती वह भी औरत है।" (पृ. 77, कहना नहीं आता) उसे स्वयं अपने में हरदम ऐब ही नजर आता है। वह उसमें हमेशा खोट ही ढूँढती है। उसका जिक्र चलने पर वह अपना मुँह ऐसा बना लेती है जैसे उसके जिक्र मात्र से दुर्गंध उठ रही हो। नतीजा कि "वह उस देह से भारी नफरत करती है। वह उस पर थूकना चाहती है। आग में झोंक देना चाहती है उसे।" (पृ. 77, वही) यह अशिक्षित एवं परावलंबी नारी आगे बढ़कर शिक्षित, स्वाधीन एवं स्वावलंबी बनती है। वह अपने ऊपर नहीं समाज पर थूकना चाहती है। उसका विद्रोह इतना मुखर एवं प्रखर बन जाता है कि वह खुले आम अपने को नंगा कर यह बताना चाहती है कि स्त्री मात्र देह नही, उसका भी मन है, स्वत्व एवं अस्मिता है।

स्त्री का विद्रोह इतना बढ़ जाता है कि प्रेम एवं यौनाचार में वे एकदम उच्छृंखल बन जाती हैं। कुँआरियाँ शादी शुदा पुरुषों से प्रेम का संबन्ध जोड़ती हैं। पुरुष के अनुभव और जब चाहे पांखी के समान उड जाने की सुविधा ऐसे संबन्धों में रहती है। 'एक घर में और एक बाहर' वाली स्थिति में पुरुष खूब मजा लूटता है। लोग यह टिप्पणी करते हैं कि आजकल की लडकियों को "ऐसे खेले-खाये आदमी पसंद आते हैं।" (अस्पताल के बाहर टेलीफोन) प्रेमी के साथ खूबसूरत जोडा बनकर उसकी पूरी ईमानदारी, भरोसा और मजबूती का हकदार होकर भी 'मुझ नातवाँ के बारे में : पाँच प्रेम कविताएँ' की नायिका अंत में आह भरती है : "काश तुम शादी-शुदा नहीं होते" (अस्पताल के बाहर टेलीफोन) नायिका का मान, नायक नायिका का संवाद और चुहलबाजी रीतिकालीन श्रृंगार की झलक देती है। 'अपने विवाह की तैयारी करती प्रमिका' कविता की प्रेमिका शादी के लिए सोने की चैन, झुमकियाँ और अलग-अलग रंग और डिजाइन की साडियाँ खरीद लायी है। सब कुछ पक्का होने पर भी प्रेमी से वह अपने प्रेम की कसम खाती है, बचकानी बातें करती है और उसके होनेवाली शादी के लिए प्रेमी को ही दोषी ठहराती है : "तुम विवाहित हो सिर्फ़ इस वजह से मुझे किसी और की होने दे रहे हो।" (पृ. 90, कोट के बाजू पर बटन)

पुरुष वर्चस्व के साथ मुक्त बाजार की चमक दमक और उपभोगी वृत्ति ने स्त्री देह के प्रति पुरुष की लालसा को खूब बढाया है। पवन करण की कविता में पुरुषों की एक दुनियाँ मिलती है जिसमें वे पराई औरतों के साथ उन्मुक्त यौन संबन्ध रचते हैं। 'क्या मैं तुम्हें बदला हुआ नहीं लगा' कविता एक पति का आत्मालाप है। पत्नी के मायके चले जाने पर वह पराई औरत से संबन्ध जोड लेता है। पत्नी भरी हुई घर लौटती है। लेकिन ऐसे मौके पर पत्नी पर झपट पडनेवाला पति इस बार 'खाली' था। कारण वाचक के शब्दों में "मैं बदल चुका था, मेरी दुनिया बदल चुकी थी। उस बार मेरी दुनिया से बाहर जा चुकी थीं तुम। मेरे वे हाथ जो तुम्हें अपनी छुअन से। उड़ाये-उड़ाये फिरते थे वे अपना जादू। और किसी के 'परो' में भर चुके थे।" (पृ. 29, कोट के बाजू पर बटन) 'हम पति अनाकर्षक पत्नियों के' कविता के पुरुष कुंठाग्रस्त हैं कि उन्हें खूबसूरत पत्नियाँ नहीं मिलीं। "हम इसी कुंठा के कारण जहाँ भी मौका पाते हैं दूसरों की। खूबसूरत पत्नियों को आँखें फाड़-फाड़कर देखने लग जाते हैं। दूसरों की पत्नियों को देखते ही हमारे मसूढ़े। छोड़ने लगते हैं लार, नसों में दौड़ने लगता है रक्त।" (पृ. 43, स्त्री मेरे भीतर) हम आँखें बचा बचाकर उन्हें देखते ही रहते हैं और उनमें अपने लिए संभावनाएँ तलाशने लगते हैं। कई दिनों तक हम अपनी अतृप्त इच्छाओं में उन्हें टहलाते ही रहते हैं। इच्छाओं की तितलियों के पीछे भागते पुरुष होटलों के कमरों, दफ्तर के बाथ रूमों और मित्रों के फ्लैटों में शादी शुदा स्त्रियों पर बुरी तरह टूट पड़ते हैं ('दरअसल उसे समझना खुद को समझना है', स्त्री मेरे भीतर)

'टायपिस्ट' और 'स्तन' कविताओं में पवन करण ने पुरुष की कामुकता का

असली चित्र प्रस्तुत किया है। यह कामुक दृष्टि स्त्री विरोधी है। सभ्य समाज की रीति-नीति एवं आचरण के विपरीत है। दफ्तर का हर पुरुष खूबसूरत टायपिस्ट को पा लेने की दुर्लभ इच्छा रखता है। हर कोई पासवालों की नजरें बचा बचाकर उसके संतुलित अंगों की उत्तेजना को अपने अंगों में महसूस करता है। "उसे इस बात का कतई पता नहीं। हम उसके साथ कितनी ही बार। कल्पनाओं और सपनों के चिर-युवा बिस्तर पर कर चुके हैं सहवास।" (पृ. 47, स्त्री मेरे भीतर) हर स्त्री को कामुक दृष्टि से देखना और उसके साथ हमबिस्तर होने की कल्पना करना यौन विकृति है। स्त्रियों से छेडछाड और बलात्कार का मूल कारण यह यौन विकृति है। 'स्तन' संगीता रंजन को समर्पित कविता है जिसे छाती के कैंसर की वजह से अपना एक स्तन गँवाना पड़ा। कविता का वाचक प्रिया के स्तनों के बीच अपना सिर धंसा लेता और जब भरा हुआ होता उनमें अपना मुँह छिपा लेता। अन्तरंग क्षणों में उन दोनों को हाथ में लेकर वह कहता : "ये दोनों तुम्हारे पास अमानत हैं मेरी। मेरी खुशियाँ, इन्हें संभालकर रखना।" (पृ. 68, स्त्री मेरे भीतर) उस की बातें सुनकर प्रिया बौरा जाती। अपने स्तनों को आइने में देखती तो वह झूम उठती। वह कई दफे सोचती कि इन दोनों को एक साथ उसके मुँह में भर दे और आँखें मूँद ले। घर से बाहर लोगों के बीच भी कनखियों से स्तनों को देखकर "वह शरारती पूछ भी लेता सब ठीक तो है। वह कहती, हाँ, जी हाँ। घर पहुँचकर जाँच लेना" (पृ. 69, वही) कैंसर से एक स्तन काट दिये जाने पर प्रेमी बचे हुए के बारे में कुछ नहीं कहता। "उस खो चुके के बारे में भले ही। एक दूसरे से न कहते हों वह कुछ। मगर वह, विवश, जानती है। उसकी देह से उस एक के हट जाने से। कितना कुछ हट गया उनके बीच से" (पृ. 69, वही) अंतिम पंक्तियों में दोनों की पीड़ा, टूटन एवं ऐंठन का आभास तो मिलता है। लेकिन हमें कवि पर कोफ्त होता है कि अन्तर्वस्तु की दृष्टि से महत्वपूर्ण एवं महान संभावनावाली कविता को उसने बिहारी के श्रृंगार की अनुहार बना दिया।

पवन करण ने 'स्त्री-सुबोधिनी' में स्त्री के अनुशासन-आचरण पर विधि-निषेध का विधान करनेवाले दकियानूसी समाज पर व्यंग्य किया है। अपने इकलौते लडके के लिए बहू ढूँढते माता पिता चाहते हैं कि वह दुनियाँ की सबसे अच्छी बहू हो, मगर उसे अपने अच्छी होने का पता न हो। उसे बोलना आता हो, लेकिन 'न' शब्द को वह पहचानती ही न हो। 'हाँ' उसकी जुबान पर हमेशा बना रहे। उसे सिर्फ हमारे घर के लोगों की आवाज ही सुनाई दे। उसे घर के बाहर देखने की इच्छा न हो। "जिसके पास डिग्रियाँ तो खूब हों। लेकिन वह पढ़ी-लिखी न हो जरा भी। दस्तखत करने के नाम पर वह आगे कर देती हो। अपने हाथ का स्याही लगा अँगूठा" (पृ. 95, स्त्री मेरे भीतर) उसकी सब से बडी योग्यता यह हो "जिसे रोना बिलकुल न आता हो। चीखना तो वह जानती ही न हो। और उसकी पीठ ऐसी हो कि उस पर उभरते ही न हों नीले निशान। उसके गालों पर छपती ही न हों अंगुलियाँ। और वह पिटते समय बिलखती नहीं, हँसती हो" (पृ. 96, वही) 'गूँगी, लँगडी' और अँगूठाछाप बहू पाकर भी दूल्हे के माता-पिता चाहते हैं कि "उसका

पिता। नाक रगड़ता निहोरे करता हमारा घर आए। और हम उस पर करते हुए एहसान। बहू के रूप में उसकी बेटी को अपने बेटे के लिए रख लें" (पृ. 96, वही) रख लें की व्यंजना में स्त्री-स्वत्व का भारी निषेध है। बहू के प्रति यह दृष्टि एवं रवैया स्त्री अस्मिता के प्रति खुली चुनौती है। विडंबना यह कि उच्च शिक्षा प्राप्त, नौकरी पेशा, आत्मनिर्भर लड़कियाँ भी अपनी स्वत्व-रक्षा के प्रति सजग नहीं दीखतीं। स्त्री विमर्श के संदर्भ में कविता का यह महत्वपूर्ण संकेत है।

पवन करण की कविता में स्त्री विमर्श के साथ पुरुष विमर्श भी अनुस्यूत है। 'पुरुष' कविता कवि के पुरुष विमर्श की अनोखी मिसाल है। कविता के वाचक पुरुष की शिराओं में पिता बनने की वह आवश्यक उपलब्धता नहीं है। वह किसी और का बच्चा गोद लेना चाहता है। लेकिन उसकी पत्नी उसके बच्चे की माँ बनना चाहती है। वह तर्क भी प्रस्तुत करती है कि लोगों के यहाँ क्या देरी से बच्चे नहीं होते, हमारी उम्र अभी निकल क्या गई है कि बच्चा न हो। उसका यह सहज विश्वास है कि पति हर तरह से समर्थ है "तुम्हारे बारे में मुझसे बेहतर कौन जानता होगा। उस मामले में तुमसे ज्यादा शैतान कोई नहीं होगा" (पृ. 101, स्त्री मेरे भीतर) पत्नी को समझाते समझाते वह हार जाता है। कभी उसके मन में यह विचार उठता है "क्या ऐसा नहीं हो सकता कि मेरी अनुपस्थिति में। कोई आए और उससे कर जाए जबर्दस्ती। और वह चुपचाप रह जाए सहकर। नहीं बताए किसी को, मुझे भी नहीं। और फिर जो परिणाम निकले वह मेरा कहलाए" (पृ. 101, वही) उसके मन में कई विकल्प उठते हैं। पत्नी का कोई पुराना प्रेमी हो तो इस समय काम आ सकता है। किसी समर्थ पुरुष को साझीदार बनाया जाय जिस से मक्खन भी मिल जाएगा और मटकी भी नहीं फूटेगी। एक विकल्प यह भी कि वह स्वयं किसी को पत्नी के पास भेज दे और दरवाजे पर लाठी लेकर खडा हो जाए। कैसे भी हो "मैं भी तो यही चाहता हूँ कि मेरी पत्नी की कोख से। एक बच्चा ले जन्म जो कहलाए मेरा। जिसे मेरी पत्नी मेरा बच्चा कहे। और अपनी पत्नी के आगे मैं उसे अपना" (पृ. 103, वही) कविता के वाचक पुरुष के संकल्प-विकल्प एवं निर्णय में पत्नी की दखलअंदाजी नहीं है। हर विकल्प पत्नी के लिए त्रासद एवं पीडादायक है। स्त्री के आत्मसम्मान पर इससे बदत्तर हमला हो क्या सकता है। कविता पुरुष वर्चस्ववादी समाज एवं सभ्यता की विकृति की तल्ख अभिव्यक्ति है।

वर्तमान समाज की कामुकता, यौनिकता एवं वासना विकृति से दूर पवन करण ने स्त्री पुरुष प्रेम का एक नया संवेदन संसार भी रचा है। इस संदर्भ में उनकी 'प्यार में डूबी हुई माँ', 'पिता की आंख में पराई औरत' और 'एक खूबसूरत बेटी का पिता' बहुचर्चित हैं। 'प्यार में डूबी हुई माँ' की विधवा माँ की किशोर पुत्री अपने को दुनिया की सबसे खुशनसीब लड़की समझती है कि उसकी माँ इन दिनों अपने पुरुष मित्र के प्यार में हुई है। वह इन दिनों उन्हें आपस में एक दूसरी को चुपके-चुपके प्रेम करते हुए देखती है। उसकी माँ दुनियाँ की सबसे खूबसूरत औरत है। वह दूध, शहद, चन्दन, फूल और पवित्रता

के मिश्रण से बनी जन्नत है जिसे छोडकर पिता चल बसे। लड़की पिता की स्मृति के बहाने माँ की कामुक चंचलता एवं देह के वेग का चित्र प्रस्तुत करती है "माँ की देह के वेग उसकी कामुक चंचलता। और संसर्ग-संयम के बारे में। तुमसे बेहतर कौन जानता होगा। क्यों तुम्हें जीते जी कभी नहीं लगा कि तुम्हारे बाद। कितना कठिन होगा इस नदी को बाँध पाना" (पृ. 91, स्त्री मेरे भीतर) पिता के निधन पर माँ की जिन्दगी से सारे रंग चटख और मिठास बहिष्कृत हुए। फिर एक दिन माँ की अंधेरी दुनियाँ में प्रेम की रोशनी की एक तीली जली। अविलंब ही वह सूरज की तरह फैल गया। प्रेम करती हुई माँ को देखकर लड़की बौरा जाती है : "प्रेम करती हुई माँ इन दिनों। बिल्कुल मुझ जैसी लगने लगती है। जैसे मेरी स्कूल की कोई सहेली। शरारती चंचल और हँसमुख।" (पृ. 92, स्त्री मेरे भीतर) प्रेम करती हुई भी माँ अपने प्रेम को बेटी से छिपाते बचाते रहती है। वह बेटी के सामने ऐसा अभिनय करती है जैसे अपने प्रेम के बारे में उसे कुछ पता ही नहीं है।

प्यार में डूबी हुई माँ समाज के प्रेम संबन्धी बदलते दृष्टिकोण को उजागर करती है। विधवा माँ का ही नहीं शादी शुदा संतानवाली स्त्रियों का पराये पुरुषों से प्रणय का यह जमाना है। इसे गोपन रखा जाता है। ऐसे समाज में एक लड़की अपनी माँ के नये प्रेम पर उल्लसित होकर उसे जग जाहिर करे, यह बडा साहस माँगता है। तिस पर माँ का रूप, उसकी देह का वेग और संसर्ग संयम का पुत्री द्वारा संकेत नैतिकता का उल्लंघन तथा कवि की ही वासना का स्फुरण कहा गया। 'लेकिन कितना कठिन होगा इस नदी को बांध पाना' का जिक्र उक्त संकेत को सार्थक करता है और माँ के जीवन में एक पुरुष के संग और उसके प्रेम की अनिवार्यता को सिद्ध करता है। दृष्टि का खुलापन और अभिव्यक्ति के साहस के कारण यह कविता हिन्दी में विलक्षण मानी जाती है।

'प्यार में डूबी हुई माँ' के साथ 'पिता की आँख में पराई औरत' कविता का अध्ययन काफी दिलचस्प होगा। पराई औरत के प्रति पिता के प्रगाढ प्रणय को युवा पुत्री यों संवेदित करती है : "अपने संवेदी पिता की नीली आँखों के विस्तार में। सतरंगे पंखों वाली एक औरत को बहुत ऊँचा उड़ते उसने देख लिया है" (अस्पताल के बाहर टेलीफोन) साधारण कद काठीवाली माँ को छोड़कर पिता पराई औरत के संग हो गए हैं। उसके साथ पिता की जोडी जमती है। उस औरत को पाते ही पिता की दबी हुई इच्छा जलधार की तरह भीतर से निकल पडी। लेकिन उसकी पत्नी और पुत्री इस संबन्ध को सहज ही ग्रहण नहीं कर पातीं। पिता पर बिफरती हुई माँ ने उस औरत को रखैल कहा तो पिता एकदम फूट पडे। उनके मुँह से निकल पड़ा : "काश तुमने किसी पुरुष से प्रेम किया होता। तब जान पाती कि पुरुष क्या होता है...." (अस्पताल के बाहर टेलीफोन) पुत्री के मन में आता है कि पापा से कह दे कि यह सब आपको अच्छा नहीं लगता। अब मैं बडी हो गई हूँ और यह सब करने की अब मेरी उम्र है। लेकिन अपने भीतर युवक सी बेचैनी लिये सज धजकर घर से बाहर भागते पिता को देखकर पुत्री खुद को समझाती है : "नहीं यार, मेरे बड़े हो जाने का मतलब। ये नहीं कि चुक गये हैं पिता शायद उनका जीवन

शुरू हुआ यहीं से" (वही) पराई औरत के प्रति पिता के प्रेम को पुत्री के नजरिये से बाहर एक युवती के नज़रिये से बूझती-चीन्हती यह कविता कवि की संवेदना की नयी उपलब्धि है।

सर्वथा नूतन दृष्टि एवं मौलिक संवेदन की बदौलत पवन करण की बहु चर्चित कविता है 'एक खूबसूरत बेटी का पिता'। दुनियाँ भर भी खूबसूरत बेटियों के पिताओं से अलग यह पिता मन से चाहता है कि उसकी बेटी प्रेम करे, लेकिन प्रेम के डगर पर अपने आपको संभालकर रखे। जिंदगी के सबसे विस्फोटक पन्द्रहवें साल में चलती अपनी बेटी को वह आगाह करना चाहता है : "दरअसल मैं अपनी बेटी से कहना चाहता हूँ। वह प्रेम करे तो थोड़ा रुककर। प्रेम करने की सही उम्र नहीं यह" (पृ. 19, स्त्री मेरे भीतर) प्रेम का हरा रंग जब आँखों में बिखर जाता है तो मन बौरा जाता है। मन पर एक पागलपन सवार हो जाता है। पिता चाहता है : "वह इस पागलपन को। अपने पर पूरी तरह से न होने दे हावी। लेकिन प्रेम के लिए जरूरी इस पागलपन को। वह नकारे भी नहीं पूरी तरह से" (पृ. 20, वही) पिता मानता है कि प्रेम के बारे में इतना गणित करना प्रेम न करने जैसा है। एक खूबसूरत बेटी का पिता होने से वह आशंकित उतना नहीं जितना उल्लसित है। उसका स्वयं का विश्वास एवं सांत्वना है कि अगर प्रेम के डगर पर बेटी से कोई गलती होती है तो हो जाए "उसके पीछे उसे उबारने के लिए मैं खड़ा हूँ तत्पर।"

अपनी बेटी के रूप यौवन और प्रेम पर लिखना कवि से बडा साहस माँगता है। निराला की सरोज स्मृति की "माँ की कुल शिक्षा मैं ने दी, पुष्प-सेज तेरी स्वयं रची" के बाद पवन करण ने ही अभिव्यक्ति का यह खतरा उठाया है। उसकी सफलता ही कविता की विशिष्टता है।

पवन करण की कविता देहराग की कविता है। वह तीव्रता से बदलते सरोकारों के परिदृश्य में उत्तर पूँजी कृत समाज के स्त्री पुरुष संबन्धों को परिभाषित करती है। कविता दैहिक प्रेम को एक नये परिप्रेक्ष्य में प्रस्तुत करती है जिसका अपना मनोविज्ञान एवं नैतिकता है और है अपनी सफाई भी। इसे देह की लोकतांत्रिकता कहना उचित होगा। अभिव्यक्ति का खतरा उठाकर पवन करण ने एक नया स्त्री विमर्श रचा जिससे पुरुष विमर्श भी अनुस्यूत है। पवन करण की कविता आत्मालाप एवं संलाप की कविता है जो अपनी प्रकृति में प्रबंधात्मक है। नाटकीयता इसका गुण है। संक्षिप्तता की अपेक्षा विस्तार और सघनता की अपेक्षा सरलता की ओर उन्मुख कविता में शिल्प के प्रति मोह नहीं है। गद्यात्मकता उस की प्रवृत्ति एवं पहचान है। कवि के शब्दों में "शिल्प के चमत्कार को पा जाना शायद मेरी कुव्वत में नहीं, कविता में सपाटबयानी ही शायद मेरी मौलिकता है (स्त्री मेरे भीतर की समीक्षा, उमाशंकर चौधरी, इंडिया टुडे) संवेदनात्मक अन्तर्क्रिया के अभाव में कविता में रचनात्मक संघर्ष अपेक्षाकृत क्षीण है। बहिरंतर के संघर्ष से कवि विरले की गुजरते हैं। पहले पाठ में पवन करण की कविताएँ हमें आर्कर्षित और चमत्कृत करती हैं। लेकिन पुनर्पाठ के आनंद से हम वंचित रह जाते हैं।

उदासी से उजाले की ओर

नीलेश रघुवंशी स्त्रीकाल की नई पीढ़ी का प्रमुख हस्ताक्षर है। स्त्री-विमर्श से जुड़कर भी उनका काव्य फलक व्यापक है। उनकी कविता में कल्पना और यथार्थ के बीच तनाव बना रहता है। इच्छा के संसार को विवेक एवं समझदारी की चुप्पी से काबू में रखनेवाले उनके काव्य में सामाजिक यथार्थ के परत दर परत उघड़ते दिखाई देते हैं। 'घर निकासी' (1997) 'पानी का स्वाद' (2004) और 'अंतिम पंक्ति में' (2008) नीलेश रघुवंशी के काव्य संग्रह हैं।

नीलेश वर्तमान समाज में कविता की महत्वपूर्ण भूमिका को रेखांकित करती हैं। कविता दुनियाँ को जीने लायक बनाती है। खून-खराबे से भरी दुनिया को वह बदल देती है। 'इंटरव्यू में सवाल' कविता की पंक्तियाँ हैं : "कविता से ही बची है यह दुनिया जीने लायक" और "खून-खराबे से भरी इस दुनिया को बदल देना चाहती हूँ कविता से" (पृ. 75, अंतिम पंक्ति में) 'एक स्वप्न' शीर्षक कविता में भी कवि के दायित्व की ओर संकेत हैं : "इस बदरंग और ऊबड़-खाबड़ दुनिया को बदल देना। एक खेत में और उसमें मनुष्यता को बो देना। एक स्वप्न है जाती हूँ जिसमें बार-बार" (पृ. 68, अंतिम पंक्ति में) आज की कविता यथार्थ से गुंफित है। "कविता जनरल बोगी में यात्रा कर रहे यात्री की तरह है... जिस समाज में रहने को पाँव धरने की जगह नहीं है, उसी समाज में वह जगह बनाती बडी ठसक से अपनी यात्रा में है - उसके एकदम पास है जीवन, आत्मालोचना, आत्मसंघर्ष" नीलेश रघुवंशी का ब्लौग।

आत्मालोचना एवं आत्मसंघर्ष के बल पर कवि जीवन की उदासी को उजाले में बदल देना चाहती है। उसे नया स्वाद देना चाहती है। 'उदासी' कविता की पंक्तियाँ हैं : "एक ही बात दोहराती हूँ बार-बार। मैं उदास, बहुत उदास हूँ। बार-बार दोहराने से बेहतर है। बदल देना चाहिए उदासी को उजाले में.... पुराने पड़ गए कपड़ों की तरह उदासी को बेचकर। नए चमचमाते बर्तन खरीद लेने चाहिए।" (पृ. 19, पानी का स्वाद) उदासी और उसको जीतने की इच्छा कवि में एक तनाव पैदा करती है। यह तनाव भीतर और बाहर के संघर्ष में बदलता है। यह कल्पना एवं वस्तु जगत के बीच का संघर्ष है। अपने हिस्से का ही नहीं, सबके हिस्से का सोचकर कवि न इस पार रह पाती है, न उस

पार जा पाती है। कवि की इच्छा है : "मैं तो बाहर के संग रहना चाहती हूँ। चाहती हूँ बाहर में ही बन जाए छोटा-सा भीतर। लौटूँ जब थककर तो लेटूँ उसमें पल दो पल। मैं भीतर और बाहर के बीच रहना चाहती हूँ। इसीलिए न पूरी तरह भीतर रह पाती हूँ न बाहर" (पृ. 12, अंतिम पंक्ति में) नीलेश की संपूर्ण काव्य यात्रा इस तरह भीतर और बाहर के बीच के तनाव एवं संघर्ष की फलश्रुति है।

भीतर बाहर की इस यात्रा में कवि के सामने अपना घर परिवार प्रकट होता है। घर के भीतर माँ-बाप हैं, भाई-बहन हैं, नानी-दादी हैं, जीजी हैं। घर कभी उदासी बुनता है तो कभी ममता एवं वात्सल्य से रस स्निग्ध हो उठता है। अपने प्रथम काव्य संग्रह की पहली ही कविता में कवि को घर की याद आती है : "इस मकान की पहली बरसात। याद आ गई घर की।" (पृ. 11, घर निकासी) घर में माँ है जो छोटे भाई-बहनों को बरसात में न निकलने की हिदायत देती हुई जल्दी जल्दी बाहर से कपडे समेटती है। यही माँ थाल में सात पूडियाँ, सात पुए और नौ चूडियाँ सजाकर पेड की परिक्रमा करते हुए हम आठ बहन और एक भाई की खुशहाली और लंबी आयु की दुआँ माँगती है। (पृ. 13, घर निकासी) यही माँ घर निकासी की रस्म अदा करती हुई कुएँ की मुंडेर पर पाँव रखती है और पुत्र का आश्वासन पाकर माँ के साथ कुआँ भी राहत की साँस लेता है। (पृ. 26-27, घर निकासी) यही माँ नौ बच्चे और पति के रहते मोतियाबिंद के ऑपरेशन के लिए निशुल्क अस्पताल में अकेली भेज दी जाती है। यह वही माँ है जो कभी भी अकेले हाट-बाजार नहीं गई। नानी के यहाँ भी मामा के संग या किसी बच्चे को लेकर गई। यहाँ पारिवारिक संबन्धों का विघटन प्रस्तुत है। माँ की आँख का ऑपरेशन और बेटियों को इसकी खबर तक नहीं। वे अपनी गृहस्थी में डूबी हैं। जीवन भर भरा पूरा परिवार सहेजती माँ के पास जर्जर बुढ़ापे में हाथ थामने के लिए कोई नहीं है। बेटी की आत्मग्लानि है : "ऑपरेशन के बाद माँ की आँख का जाला तो हट गया। लेकिन हमारी आँख का जाला। क्या होगा उसका। क्या वह पीढ़ी दर पीढ़ी गहराता जाएगा" (पृ. 81, अंतिम पंक्ति में) मूल्य विघटन एवं मानवीय संबन्धों के खोखले होते जाने का यह जबर्दस्त संकेत है।

नीलेश ने पिता की असंख्य छवियाँ प्रस्तुत की हैं। 'टेलीफोन पर पिता की आवाज़' कविता में पिता की बिजली सी कडकती आवाज का सहमी-सहमी आवाज में बदल जाना दिखाकर जीवन की विपन्नता, दैन्य और करुणा को मूर्तिमान किया है। परिवार को पालने पोसने के लिए पिता एड़ी चोटी का पसीना एक करते हैं जिसका साक्ष्य माँ के हाथ पहुँचता नीला खरखराता नोट है "आता है जिस दिन एक नीला खरखराता नोट। माँ की आँखों में तैरती है। पिता की फटी बनियान पसीने से तरबतर। सहलाती है नोट को। सहलाती हो जैसे पिता की पीठ" (पृ. 38, घर निकासी) भट्ठी में तपतपाते पिता या पिता में तपतपाती भट्ठी का चित्र देखिए "कोयले के ढेर में दबी होती है आग। जो आते ही पिता के हाथों, लगती है सुलगने। कितना हरा-भरा और लाल हो जाता है कोयला,

धौंकते हैं जब पंखा पिता। उनके मज़बूत हाथों और झुकी कमर के साथ सुलगती है भट्ठी। हर सुबह भट्ठी जलाते पिता" (पृ. 50, पानी का स्वाद) यही पिता बुढापे में अच्छे नहीं लगते "हर किसी के आगे हाथ जोड़ देना। अरे साहब, अरे साहब कहकर बातें करना। जिससे अच्छे से बात करना चाहिए, झिड़कना उसे खामोखाँ। बेमतलब के आदमी से घंटों बातें करना" पिता की यह विवशता है जिसपर बेटी को रहम आती है और दोष वह पिता को नहीं, बुढापे को देती है "अच्छा नहीं लगता बुढ़ापा पिता पर" (पृ. 31, पानी का स्वाद)

नीलेश की कविता में बहन और भाई की प्यारी, आत्मीय छवियाँ हैं। छोटी बहन की शादी के लिए मिन्नत और मनौती करती बहन है। छोटी सी डिबिया में रखे सिंदूर से उसकी प्रार्थना है कि आकर बहन की माँग भरे "सिंदूर आओ। तेरह बरस से सूने पड़े घर में। बजवाओ शहनाई। चमकाओ सूने पड़े कलश" (पृ. 16, घर-निकासी) अपनी इस छोटी बहन के लिए वह नौकरी का परिचय पत्र झूठमूठ बनाती है। जो बहन के पास नहीं है, लेकिन आवेदन में चाहिए वही सब कुछ खूबसूरती से गढ़ती है "हज़ारों हज़ार बेरोज़गारों की भीड़ को मैं अपने पास भी नहीं फटकने देती। मैं तो सबसे आगे बहन को खड़ा करती हूँ और धकियाती हूँ दूसरों को" (पृ. 84, अंतिम पंक्ति में)

आठ बहनों का इकलौता भाई जिसकी कलाई पर आठ राखियाँ बंधी हैं बहनों के साथ ढाबे में काम करता है। बनियान और पैंट पहने भाई बहुत सुंदर लगता है। बहन भाई के माथे से टपकता पसीना पोंछ देना चाहती है। भाई की वह छवि देखिए : "त्यौहार पर नये कपड़े पहन। खड़ा होता है जब भाई तंदूर के सामने। रोटी की महक और उसके नये कपड़ों की गंध। जाने कितनी बार गई मेरे अंदर।" (पृ. 103, घर-निकासी)

नीलेश की कविता में घर से ढाबा जुडा हुआ है। घर में ढाबे की और ढाबे में घर की स्मृतियाँ बनी रहती हैं। "ढाबे में बसे थे हम सब। हम सबमें बसा था ढाबा" (पृ. 101, घर-निकासी) बहनों के दिन ढाबे और स्कूल के बीच गुज़र जाते थे। वे स्कूल की सारी पढाई-लिखाई ढाबे में ही करती थीं। स्कूल में रह रह कर भी याद आती थी कि ढाबे पर पिता अकेले होंगे। मन ढाबे की ओर दौडता था और पिता के साथ काम बँटाने को जी चाहता। देर रात तक ढाबे पर बैठनेवाली लडकियों के नंबर इम्तहान में अच्छे खुलते। लडकियों के हाथ मेहँदी लगाने के दिन उनके हाथ हमेशा राख से सने बर्तन रहते। "मेहँदी का रंग और बर्तनों की कालिख दोनों रहे एकमेक। सुबह से रात ढाबा ही रहा होली का रंग।" (पृ. 103, वही) उन्हें पता है कि भाई के जवान होने पर वह बहनों की तरह ढाबे को भी विदा करेगा। "लेकिन पिता ढाबे को विदाई की तरह नहीं। देहरी छोड़ने की तरह देखते हैं" (पृ. 30, अंतिम पंक्ति में)

नीलेश में घर परिवार के प्रति प्रबल रागात्मक संपृक्ति है। आत्मीयता, रागात्मकता और मानवीय मूल्यों के प्रति गहरा लगाव अन्य स्त्रीवादी कवियों से नीलेश को अलग करता है। इस मूल्यपरक दृष्टि के रहते घर का टूटना उसे बडा दर्दनाक लगता है। पति

पत्नी के बीच तनाव और मन मुटाव के कारण घर टूट जाता है। वह भरभराकर नहीं टूटता, झनझनाहट भी नहीं होती। टूटने का कोई आवाज़-अहसास नहीं। घर के टूटने के कारण घर के भीतर ही दबे पड़े हैं। सब जानते हैं कि घर कैसे टूटा। "घर में पहले से कोई दरार नहीं। कोई छेद, धब्बा नहीं कोई। बस अचानक टूटना शुरू हुआ घर। टूटते-टूटते, टूट ही गया। सारा का सारा घर।" (पृ. 20, पानी का स्वाद) इसमें वर्तमान समाज में हो रहे पारिवारिक विघटन की ओर संकेत है।

नीलेश की कविता में मातृत्व की आत्मीय छवियाँ है। वात्सल्य की अजस्र धारा है। स्त्री माँ बनने को तरसती है। नवीनतम आविष्कारों के बावजूद भी उसकी प्रतीक्षा खत्म होने का नाम नहीं ले रही। उसने अपने स्वप्नों के बच्चे की प्रतीक्षा में बड़ी तैयारियाँ की हैं : "क्यों नहीं आते तुम परिंदों की तरह मेरी छत पर। सजाकर रख छोड़ा है मैंने घर। छत इतनी साफ़ और सुन्दर। गमले में लगे पौधे" (पृ. 80, घर निकासी) 'दाँत' शीर्षक कविता में बच्चे को लेकर माँ की सुन्दर कल्पनाओं का अनूठा चित्र है। बच्चे के दुधिया दाँत एक एक कर गिर रहे हैं। माँ इस उधेडबुन में है कि ये दाँत जायेंगे कहाँ। इसे छत पर फेंकूँ या गडा दूँ जमीन में। "छत से फेंकूँगा चुरायेगा आसमान। बनायेगा तारे। बनकर तारे चिढ़ायेंगे दूर से.... गड़ाऊँगा ज़मीन में बन जायेंगे पेड़। खायेगा मिट्ठू मुझसे पहले फल रसीले। मुट्ठी में दबाये दाँत दौड़ता है बच्चा। पीछे-पीछे दौड़ती है माँ।" (पृ. 31, घर निकासी) माँ अपने सोने से चमचमाते और चाँदी से उजले प्यारे बच्चे के लिए नाम तलाश रही है। सुंदर सा, प्यारा सा, खुशबू में नहाया हुआ, किलकता-मुस्कुराता हुआ एकदम नया नाम चाहिए उसे। बिजली की तरह चमकता, कभी कभी बादलों-सा गरजता नाम चाहिए। बच्चे के छुअन का आनंद माँ के शब्दों में "जब छूते हो तुम मुझे, अपने नन्हे हाथों से। मेरे भीतर रचता-बसता है, एक अलग संसार। जो कहने में नहीं, अनकहे में मज़ा देता है" (पृ. 77, पानी का स्वाद)

'पहली रुलाई तक की डायरी' नीलेश की अनूठी कविता है जो गर्भधान से लेकर शिशु जन्म तक माँ की दैहिक पीड़ा और आत्महर्ष को प्रस्तुत करती है। अजन्मे शिशु के प्रति वात्सल्य और चुहल रचना को रसस्निग्ध बनाती है। शिशु के प्रति माँ का क्रीडाभाव मनमोहक है। केदारनाथ सिंह ने सच ही फरमाया है "पहली रुलाई तक की डायरी इसी जैविक स्त्री-बोध का क्रमिक दस्तावेज़ है, जो शायद हिंदी में पहली बार इतनी प्रामाणिकता के साथ दर्ज हुआ है।" (पानी का स्वाद, प्लैप से) गर्भधान के साथ स्त्री अपने को एकदम बदला हुआ अनुभव करती है। उसे जो अब तक सब से अच्छा लगता था वही कडवा लगता है और जो गंध सबसे प्यारी थी वही गंध जी को कसैला करती है। कवि के शब्दों में "मैं तो जैसे, मैं हूँ ही नहीं, सब कुछ एकदम से बदल गया" (पृ. 83, पानी का स्वाद) स्त्री के जैविक परिवर्तन को यों दर्ज किया है "एकदम से शक्ल ही बदलती जा रही है मेरी। बहुत शर्म आती है, कहीं भी आने-जाने में। मोटी अम्मा बनाकर रख दिया तुमने तो" (पृ. 87, वही) पहले तो पेट का शिशु धीरे से फडकता था, फिर एकदम

ज़ोर से हिलने लगा और अब तो वह जोर की कुलाँट मार रहा है जैसे उसने नाचना शुरू कर दिया। अजन्मे शिशु के प्रति माँ की चुहल देखिए "तुम बंदर बने हुए हो। तुमने तो मेरे पेट को खेल का मैदान बना रखा है।" (पृ. 95, वही) 'जन्म देना एक यातना से गुजरना है' लिखनेवाली कवि ने वात्सल्य, चुहल और क्रीडा वृत्ति से यातना को सर्जनात्मक उल्लास में बदल दिया है।

नीलेश की कविता में प्रेम की अनेक छवियाँ और स्वप्न भरे हैं। अपनी कविताओं में नीलेश एक नये ढंग का रोमान रचती है। इस रोमान का आधार कल्पना की रंगीनी नहीं, दैनंदिन जीवन के अनुभवों की टकराहट है। 'उसका होना' कविता सुंदर नमूना है। प्रिया के लिए प्रिय का साथ होना पूरी पृथ्वी का साथ होना है। आकाश का साथ होना है। समुद्र का साथ होना है। प्रेम की उन्मुक्तता, खुलापन, रंगीन इच्छाएँ और कल्पनाएँ यहाँ व्यंजित हैं। कविता के अंत तक आते आते यह प्रेम जीवन के यथार्थ धरातल पर उतर आता है। "उसका होना। मकान का घर हो जाना। चौके के उदास बर्तनों का। चूल्हे पर चढ़ जाना। उसका होना। बरसना पानी का" (पृ. 66, घर निकासी) कभी कभी कवि ऐसा प्रेम भी चाहने लगती है "मुझे प्रेम चाहिए। घनघोर बारिश-सा। कड़कती धूप में घनी छाँव-सा। ठिठुरती ठंड में अलाव-सा प्रेम चाहिए मुझे।" (पृ. 78, घर निकासी) लेकिन यह प्रेम बाद में उसे अधूरा लगता है। इस आसमानी प्रेम में वह अजीब संवादहीनता महसूस करती है। यह प्रेम किसी खेल की तरह है जिसमें हम अपनी अपनी गोटियाँ चलाते हैं और जीत की खुशी तथा हार का दुःख अनुभव करते हैं। ऐसे प्रेम से मनुष्य को बचना चाहिए। "हो सके तो। जीवन को अछूता छोड़ दें ऐसे प्रेम से।" (पृ. 82, घर निकासी) कवि जो प्रेम चाहती है वह जीवन के दैनंदिन यथार्थ से उपजता प्रेम है।

'पानी का स्वाद' की कविताओं में प्रेम का रोमान गहराता गया है। प्रेम की अधिकांश कविताओं में विरह की तीव्रता है। 'पेंसिल' कविता में कवि को यह दुविधा होती है कि वह किस रास्ते पर जा रही है "किस रास्ते पर जा रही हूँ....। जीवन में प्रेम या प्रेम में जीवन? जीवन को खोजा प्रेम में, धीरे-धीरे जीवन से ही दूर होता गया प्रेम.... एक नोकदार पेंसिल से लिखा मैंने - प्यार।" (पृ. 24, पानी का स्वाद) प्रेम में चुभन है, पीड़ा है। कवि प्यार के अत्यंत निजी क्षण चाहती है। "बर्फ का एक गोला सरसराता है भीतर। समेटते हैं हाथ मुझे अपने में। झुकता है कोई मेरे ऊपर, अटकती है साँस। सरसराती हवा, पिघलती हुई बर्फ। डायरी नहीं चाहिए मुझे, चाहिए पहाड़ और बर्फ। और। बादलों की तरह झुका प्यार" (पृ. 23, पानी का स्वाद) प्रेम की कविताओं में एक प्रगाढ़ युग्म भाव है जिसके रहते आड के नीचे झाँकते सटे हुए केलों में अपने 'फलने फलने' का गहरा अहसास होता है "आड़ के नीचे झाँकते केले कितने सटे हुए। फलने-फलने को जैसे हम-तुम" (पृ. 21, पानी का स्वाद)

गहन सामाजिक संपृक्ति एवं सरोकार के रहते 'अंतिम पंक्ति में' में प्रेम कविताएँ

कम हैं। जो तीन चार कविताएँ मिलती हैं उनमें प्रेम के रोमानी एवं यथार्थ संपृक्त दोनों रूप मिलते हैं। 'देखना है रात को' कविता का प्रेमी केवल सपने में आता है। महादेवी के गीतों के तर्ज पर कवि चाहती है "तुम धुआँ बनकर आना। सच में आना तुम मेरे सपनों में पीपल का पेड़ बनकर। तुम आओ तो सही कैसे भी आओ,। अब तो तुम्हारा सपनों में आना भी एक सपना है। कंधे हैं तुम्हारे सपने। जिन पर सिर टिका देखना है रात को" (पृ. 65, अंतिम पंक्ति में) 'रोमिंग' कविता में रोमिंग पर होने के कारण बिछुडे हुए पति-पत्नी मोबाइल पर जरूरी बातें ही कर पाते हैं। अपने सपनों और इच्छाओं को खुलकर प्रकट नहीं कर पाते। दोनों के बीच एक अजीब सन्नाटा छा जाता है जिसे मोबाइल पर आता विज्ञापन तोडता है। पत्नी मन मसोस कर रह जाती है। उसका मन कह उठता है "मैं तो तुम्हारे जाने पर पहले की तरह याद करना चाहती हूँ। याद करना चाहती हूँ कौन-सा रंग पहना होगा तुमने। तुम्हारे आने पर एक दूसरे की यादों का करना चाहती हूँ मिलान। लेकिन ये मोबाइल न हमें दूर रहने देता है, न बिल्कुल पास" (पृ. 25, अंतिम पंक्ति में) 'दौडते दौडते प्यार' में निम्न मध्यवर्गीय मेहनतकश जन के प्रेम को यथार्थ की प्रखरता में प्रस्तुत किया गया है। यह प्यार थका हारा सांसारिक प्यार है। प्रेमी सारा दिन दौड-धूप करता रहता है। दिन व दिन उसकी भागमभाग बढ़ती ही जाती है। उसकी थकी आँखों में प्रेमियों की दोपहरें कसमसाती हैं। प्रेमिका प्यार करते करते प्रेमी की दौड में शामिल हो जाती है। अब दोनों दौड़ रहे हैं। दोनों बैठे भी नहीं हैं और किसी के साथ खड़े भी नहीं हैं। बस दौडते जा रहे हैं "दौड़ते-दौड़ते हमारी ही इच्छाओं को मार डाला। हाय री दौड़ तूने दौड़ते दौड़ते भी हमें प्यार न करने दिया। मैं दौड़ से चिढ़ती हूँ लेकिन उससे प्यार करती हूँ। थका हारा सांसारिक प्यार हमारा" (पृ. 28, अंतिम पंक्ति में)

नीलेश के स्त्री विमर्श में नारी अस्मिता का स्वर प्रबल है। गहन सामाजिक संपृक्ति नीलेश की स्त्री अस्मिता की पहचान है। कहीं कहीं उनकी स्त्री अस्मिता लोकसंवेदना से जुड़ती है और लोकजीवन के यथार्थ को प्रस्तुत करती है। पानी से अलग होती मछली के समान अपना जीवन खत्म कर नारी कितने ही लोगों के जीवन को सींचती है। अब वह समुद्र और मछलियों सा जीवन बिताना चाहती है "बहुत जी चुकी अपना जीवन। अब समुद्र और मछलियों-सा जीवन जिऊँगी" (पृ. 17, पानी का स्वाद) स्त्री के ऊपर लगे-लगाये समस्त बंधनों को तोड़कर कविता लिखनेवाली लड़की अपनी ही अस्मिता की घोषणा करती है "ओ मारीबा। तुम्हारी ही तरह। मैं भी बनूँगी कवि। मशीन पर सिलते हुए कपडे सिलूँगी कविता। बुनते हुए स्वेटर बुनूँगी शब्द।" (पृ. 24-25, घर निकासी) स्त्री शाक्तीकरण का स्वर कविता में मुखर है "पहली बार ही जाना। दुनियाँ में आना है तो। भीगे खरगोरा की तरह नहीं। दहाड़ते हुए शेर की तरह आना होगा" (पृ. 50, घर निकासी)

'हंडा' कविता का हंडा स्त्री-विमर्श का सशक्त प्रतीक है। हंडा जिसमें कभी अनाज

भरा रहता, कभी पानी पहले स्वप्नों से भरा था। दहेज में हंडा लानेवाली युवती के बचपन के सारे स्वप्न हंडे में सोये पडे हैं। आज वह युवती नहीं रही, उसके तारों से भरे दिन नहीं रहे और उमंग भरे सपने बचे नहीं रहे। लेकिन हंडा अब भी जीवित है। उसमें ससुराल और मायके का जीवन स्पंदित है। वह हंडा सारे घर में इसी उधेडबुन में लुढकता फिरता है कि उसके मासूम सपने जीवित रहें "बची है उसमें अभी। जीने की गंध। बची है स्त्री की पुकार। दर्ज़ है उसमें। किस तरह सहेजती रही वह घर।" (पृ. 36, घर निकासी) घर भर को संभालते हुए घुट घुट कर मरते हुए भी अपने सपनों को बचाने की स्त्री की चाह उसकी अस्मिता को मुखर करती है।

परिवार के दम घुटते वातावरण में स्त्री के स्वप्न कैसे यथार्थ से भिडते हैं उसका जीवंत चित्र 'डायरी' प्रस्तुत करती है। खूबसूरत डायरी हाथ आती है तो स्त्री संकल्प करती है "लिखेंगे कविताएँ जो नक्शे में बनी लकीरों को करेंगी पार" लेकिन उसके गृहस्थ जीवन की बनी बनायी लकीरें जैसी की तैसी बनी रहती हैं "कुछ दिन बाद डायरी में हैं तारीखें। कामकाज, हिसाब-किताब, लेना-देना। फड़फड़ाते हैं पन्ने डायरी के। खोजते हुए अपने में अनलिखी कविताएँ!" (पृ. 14, पानी का स्वाद) सचमुच स्त्री का जीवन अनलिखी कविताओं की ही कोरी डायरी है।

उपभोगवादी सभ्यता के फेर में पडे देश में विश्वसुंदरियों का नया नस्ल पनप रहा है। स्त्री अपने चेहरे को सुंदर और त्वचा को मुलायम करने के लिए फेशियल करती है। शरीर को सुगठित करने के लिए व्यायाम करती है और मालिश कराती है। सौंदर्य प्रतियोगिता संपन्न वर्ग की नारी का एक शगल है। सुंदरियाँ रैम्प पर 'कैट वाक' करती हैं। उनकी आँखों में विषकन्या की मुस्कुराहट खिल उठती है। नये अर्थतंत्र ने धन और यश का जो लोभ फैला रखा है उसमें ये कन्याएँ फँसती जा रही हैं। इस पर कवि का व्यंग्य है "जहाँ जितनी ज़्यादा मुद्रा वहाँ उतना ही नीला कंठ। निकलता है जब हुजूम रैम्प पर कन्याओं का। कंधों पर सवार उनके अर्थतंत्र बजाता है बाँसुरी...." (पृ. 91, अंतिम पंक्ति में)

भारतीय समाज रूढ़िवादी है। पुरुषसत्तात्मक समाज में स्त्री की पवित्रता उसकी यौन शुचिता से आँकी जाती है। स्त्री परिवार के लिए मर मिटती है। पति पर वह अपना सर्वस्व अर्पण कर चुकी होती है। लेकिन कोई पागल मुस्टंड उस पर बलात्कार करे तो मन से पवित्र होते हुए भी वह कलंकित मानी जाती है। वह घर से निकाल दी जाती है। बिना छप्पर के उसे जीना पडता है। ('बिना छप्पर के', पृ. 55, पानी का स्वाद) भारतीय समाज में बेटी भी उपेक्षा का पात्र है। बेटी पढ-लिखकर नौकरी करने लगे तो उसके पैसे घरवाले छूते तक नहीं। यहाँ तक कि माँ बेटी की कमाई का खाती-पीती भी नहीं "कमाती हूँ अपना खुद का, मतलब नहीं उन्हें इससे। कुछ लेना तो दूर, माँ खाती-पीती भी नहीं अब मेरा। बेटी का खाएँगे तो जाएँगे नरक में" (पृ. 59, पानी का स्वाद) कवि चाहती है कि इस दुनिया को तोड-मरोड कर एक नई दुनिया बनानी चाहिए जिसमें बेटी इतनी

पराई न हो।

समाज में स्त्री का जीवन जानवर और घास पत्ती से भी गया बीता है। 'हर दिन' कविता में कवि स्त्री की उबाऊ एवं उपेक्षित जिन्दगी का जिक्र करते हुए कहती है कि गाय, गिरगिट, साँप, बारिश और घास की अपनी एक जिन्दगी है। लेकिन नारी की जिन्दगी है कि "मैं हर दिन क्या करती हूँ खाती हूँ और सोती हूँ। ठीक से सोती भी नहीं हूँ। रोज़ एक नई चीज़ की जुगत में नींद को भगाती रात को कोसती हूँ" (पृ. 44, अंतिम पंक्ति में) इस जिन्दगी से वह मुक्ति चाहती है। लेकिन मुक्ति उसे नसीब नहीं होती। उसकी आँखों में जकडन है तो मुक्त होने की आकांक्षा से उपजी खुशी भी है। 'स्त्री और पंछी' नीलेश की स्त्री विमर्श की शशक्त कविता है। स्त्री और पंछी को आमने सामने खडे करते हुए स्त्री की नियति को बदत्तर दिखाया गया है "स्त्री पंछी को अपनी हथेली में लिए खड़ी है। लेकिन। पक्षी की आँखों में जकड़न नहीं। न मुक्त होने की आकांक्षा से उपजी खुशी। ये सब तो स्त्री की आँखों में है" (पृ. 71, अंतिम पंक्ति में) पंछी उड़ने से पहले एकटक स्त्री को निहार रहा है मानों कुछ कहना चाह रहा है। लेकिन वह अबोला और अनचीन्हा रह जाता है।

नीलेश की कविता में स्त्री जागरण का संदेश भी है। आज नारी विज्ञापन की चीज़ में बदल गयी है। विशिष्ट अतिथियों के स्वागत समारोह में वह प्रदर्शन की वस्तु है। कवि सुंदरियों को सलाह देती है कि वे स्वागत समारोह में तश्तरी, शाल और श्रीफल लेकर आना छोड़ दें। मंच पर अभिनंदन पत्र बाँचना छोड दें। अपनी उपस्थिति को मोहक और दर्शनीय बनने न दिया करें। अगर सुंदरियाँ यह सब कर देखेंगी तो उनकी दुनियाँ ही बदल जाएगी। लेकिन नारी मुक्ति के नाम पर देश के यथार्थ से आँख मूँदना भी उचित नहीं है। समृद्ध संसार में जैसी स्त्री मुक्ति है वैसी मुक्ति भारत में संभव नहीं है "ओ कामगर स्त्री। देखती हो कभी आसमान, कभी ज़मीन। निपटाओ बखूबी अपने सारे कामकाज। होने दो मुक्त अभी समृद्ध संसार की औरतों को। फिलहाल संभव नहीं मुक्ति सबकी।" (पृ. 42, पानी का स्वाद) कविता में स्त्री मुक्ति की अतिरेकवादी दृष्टि की आलोचना है तो उसकी एकांगिता पर व्यंग्य भी।

नीलेश की कविता के सामाजिक सरोकार प्रबल हैं। उनकी कविता की जमीन किसानी जीवन और निम्न मध्यवर्गीय जिंदगी है। कवि ने किसानी जीवन को निकट से देखा है और उसका अनुभव-साक्ष्य प्रस्तुत किया है। 'विज्ञापन में किसान' कविता में बाजारी सभ्यता की विज्ञापनबाजी के दौर किसान जीवन की विडंबना चित्रित है। लहलहाते खेत आसमान छूते हैं। फसलें खिलखिलाती है। लिपे पुते घर के भीतर से दही मथने और गेहूँ फटकने का सुरीला शोर सुनाई देता है। हाथ में मोबाइल लिए ट्रक्टर पर किसान मंडी जा रहा है। ट्राली अनाज के बोरों से लदी है। मंडी में अनाज के सही दाम मिलेंगे, इसकी कल्पना मात्र से घर भर की बाछें खिल खिल जाती हैं। कविता की अंतिम पंक्ति इस खुशहाली और समृद्धि का पोल खोल देती है "कितना खुशहाल जीवन,

विज्ञापन में किसान का!" (पृ. 63, पानी का स्वाद) 'देहाती और कंप्यूटर' किसान जीवन का एक समांतर दृश्य प्रस्तुत करता है। मंडी में, चाय की दुकान में, रेलवे स्टेशन और बस स्टैंड पर लगाये फोटो पोस्टर और होर्डिंग्स में, गणतंत्र दिवस की झाँकी में भी कंधे पर कंप्यूटर धरे देहाती गाल सटाए एक दूसरे की कमर में हाथ डाले दिखाई देते हैं। कवि का व्यंग्य इस दृश्य की विडंबना को उभारता है "ये तेरे लिए थोड़े न है ये तो फोटू के लिए है। दुनियां तेरे लिए थोड़ी न बदल रही है प्यारे। हाथ बढ़ाया जब देहाती ने कंप्यूटर की ओर। माऊस ने हिलाई अपनी पूँछ मुस्कुराते हुए बोला कान में देहाती के। कृपया दूरी बनाए रखे..." (पृ. 54, अंतिम पंक्ति में)

कभी सूखे में, कभी बाढ़ में किसान की फसल नष्ट होती है। विज्ञान की प्रगति किसान का साथ नहीं देती। भारत में खेतीबाड़ी किस्मत की बात हो गयी है। वह अनुभव के अंदाज पर चलती है जिसमें बूढे और अधेड अपने संग नौजवानों को भी ठेलते हैं। लुटा पिटा अगली फसल की आँस में मंडी से गाँव लौटते किसान को देखकर कवि कह उठता है "ये हमारे समय का किसान है न कि किसान का समय है ये" (पृ. 58, अंतिम पंक्ति में) देश में दशकों से गूँजते 'जय जवान जय किसान' के नारे के बावजूद भारत में किसान का समय कभी नहीं रहा। वे भूखों मरते हैं या आत्महत्या की शरण लेते हैं। 'समाचर में शहर' कविता में गंजबासौदा शहर की अनाज मंडी के माध्यम से किसान की दुर्दशा प्रस्तुत है "किसानों को बाइट देनी नहीं आती अभी। और गेहूँ तो बोलते ही नहीं हैं। हम्माल दूर कहीं बीड़ी धौंकते पीठ सीधी कर रहे होंगे। सोचो। अगर बोलने दिया जाता किसान को तो क्या बोलता वह" (पृ. 48-49, अंतिम पंक्ति में) किसान की बदहाली और विपन्नता का कारण सत्ता एवं व्यवस्था है जिसके खिलाफ किसान चूँ तक नहीं करता।

किसान जीवन के साथ नीलेश ने श्रमिक जीवन के भी चित्र प्रस्तुत किये हैं। उनके जीवन में गरीबी है, दुख-दैन्य है। श्रमिक मकान बनाते हैं। वे नींव डालते हैं, गारा मिट्‌टी उठाते हैं और छत बिछाते हैं। जब घर बन चुका तो अपनी अकिंचन गृहस्थी लिए वे चले जाते हैं। कवि का मन कचोट उठता है "कलेजे पर पत्थर रखकर, कर रही हूँ प्रवेश नए घर में। कितना अच्छा होता, न देखा होता, बनते हुए घर को।" (पृ. 65, पानी का स्वाद) 'सपनों का उच्चारण' कविता में भी घर बनानेवाले और कुएँ खोदनेवाले मज़दूरों का दैन्य प्रस्तुत है। दिन रात हाड़-तोड़ मेहनत करने पर भी उन्हें कल की जुगाड का कोई भरोसा नहीं है "वो जो घर बनाते हैं उसके स्वप्न भी नहीं आते उन्हें। जिस कुएँ को खोदते हैं उसका जल भी नहीं तैरता नींद में" (पृ. 23, अंतिम पंक्ति में) लेकिन ऐसे गरीब बेसहारों की जीवन दृष्टि कितनी स्वस्थ है "गाड़ी घोड़े के सपने हम नहीं देखते बाबूजी। पेट भरने के बाद अनाज का एक दाना भी रखना पाप है हमारे लिए।" (वही)

'दिहाड़ी मज़दूर' में चौराहे पर बैठे दुबले-पतले हाड-मांस के दिहाड़ी मजदूरों का करुण दृश्य है। ग्राहकों को आकृष्ट करने के लिए वे अपने शरीर के संग बचा-खुचा बल

प्रकट कर रहे हैं। एक औरत को दिन भर का काम मिला और वह चलने को हुई तो पीछे पीछे दौडा बच्चा उसके पैरों से लिपट गया। ग्राहक के द्वारा दुत्कारे जाने पर "गुस्से और क्रोध में तमतमाई औरत ने जड़ दिया कसकर तमाचा। बिलबिला गया दुबला-पतला हड्डे-हड्डे दिखता बच्चा" (पृ. 57, अंतिम पंक्ति में) 'बित्ता भर जगह', 'गरम कपड़े', 'बच्चा संभालनेवाली लड़की', 'हाय दैया', 'खुट जाएँ' जैसी कविताएँ भी श्रमिक मज़दूर वर्ग के यंत्रणा भरे जीवन का साक्ष्य प्रस्तुत करती हैं।

भारत के मध्यवर्ग की दशा अत्यंत दारुण है। गरीबी और बेरोज़गारी के कारण मध्यवर्ग समाज में पिछडता जा रहा है। बहिरंतर के द्वंद्व से ग्रस्त वह मन से भी जर्जर हो गया है। मध्यवर्ग से आनेवाली नीलेश ने अनेक कविताओं में अपने वर्ग के जीवन का अनुभव-साक्ष्य प्रस्तुत किया है। बिना टिकट यात्रा करती लड़की सहयात्रियों के व्यंग्य-परिहास को सहते हुए सोचती है "पच्चीस रुपये का टिकट लो। इस महँगाई और बेरोज़गारी के दिनों में। अखरता है कितना। इन पच्चीस रुपयों में ले जा सकती है फल पिता के लिए। खरीद सकती है। एक ज़रूरी किताब। अपनी छोटी बहन के लिए।" (पृ. 22, घर-निकासी) 'अभाव' कविता की लड़की एकदम अभावग्रस्त है। तंगहाली के सपनों के सिवा उसके पास कुछ भी नहीं है। उसका मन अपनी साधन-हीनता पर कचोट उठता है "काश ख़रीद पाती मैं तुम्हारे लिए। सिंदूर और साड़ी। पिता के लिए नया कुर्ता। भाई के लिए मफ़लर। जवान होती बहन के लिए कुछ सपने। XX खाली जेबों में हाथ डाले। हर रोज़ जाती हूँ बाज़ार। और घंटों करती रहती हूँ विंडो-शॉपिंग।" (पृ. 18, घर-निकासी) अभावजन्य बेचैनी और आत्मदया का यह भाव अत्यंत कारुणिक है। 'मालिश करने वाली' कविता की मालिश करती मध्यवर्गीय परिवार की लड़की है जिसे जिस तिस को मालिश करते हुए उबकाई सी आती है। लेकिन उसे वह भीतर ही भीतर निगल जाती है, क्योंकि "कठपुतली है मालिश करने वाली के हाथ । जुड़ी है जिनकी डोर उसके पेट से" और "सुगठित शरीर पड़ने नहीं देते अब उसके पेट में गाँठ" (पृ. 42, अंतिम पंक्ति में)

हमारे समय के बच्चे माँ-बाप को सहारा देने के लिए और स्वयं अपने पेट की आग बुझाने के लिए काम पर जाने को विवश हैं। पढ़ाई और खेलकूद की उम्र में वे काम पर जाते हैं। नीलेश की 'गैराज' कविता के लड़के छोटी उम्र में ही गैराज में काम में लगे हैं। हाथ में पाना लिए और पंचर सुधारते, गाडी के पुराने पुरज़े अलग करते ये लडके आँसुओं को भीतर तक पी जाते हैं। ये सरकार की बाल कल्याण योजनाओं के प्रति व्यंग्य करते लगते हैं। 'मीटिंग' कविता इस व्यंग्य को और पैना करती है। चाय के खाली कप लेने मीटिंग के कमरे में आये लडके के चेहरे पर खुली आँख के सपने सा कुछ है जो उसे न भीतर रहने देता है और बाहर जाने से उसे रोकता है। कानून की खिल्ली उडाते हुए कवि व्यंग्य करती है "बाल मज़दूरी कैसे मिटाएँ। मीटिंग का मुद्दा नहीं है आज।" (पृ. 46, पानी का स्वाद)

शासक सत्ता और स्वयंसेवी संगठनों के अछूतोद्धार और अस्पृश्यता निवारण कार्यक्रम के बावजूद देश में निम्न जाति और वर्ण के लोग आज भी तिरस्कृत और लांछित हैं। अब भी वे समाज की मुख्य धारा से कटे हुए हैं। शादी-ब्याह और भोज के अवसर पर भी उनको अलग पंक्ति में बिठाया जाता है। नीलेश की कविता 'पंगत' इसका दृश्य चित्र प्रस्तुत करती है। मृत्यु के महाभोज में आमंत्रित होकर भी निम्न वर्ग के लोग खेत के एक कोने में सबसे थोडा खिसक कर बैठे हैं। खुद के दोने, खुद की पत्तल और हाथ में लोटा लिये वे बैठे हैं। उनके बैठते ही दूर बैठे खानेवाले अपने में सिमटते हैं। कोने की पांत को कैसे भोजन परोसा जा रहा है, देखिए "कोने की पाँत को परसैया परोस रहे हैं दूर-दूर से। फटे-चिथड़ों में सिमटे हुए बैठे हैं वे मृत्यु के महाभोज में। पत्तल में उनकी परोसी जा रही है खोबा भर भर कर नुक्ती। सेव थोड़ा कम सबके एवज़ में। इकट्ठे पंद्रह-बीस पूरी आलू की सब्जी और रायता इस तरह कि। दोने से ज़्यादा गिरता है ज़मीन पर" (पृ. 50, अंतिम पंक्ति में) बाकी सब पांतों में परसैया बार बार जा रहे हैं ताकि किसी चीज़ की कमी न पड़ जाए। लेकिन अलग पंक्तिवालों की ओर पलटकर देखते भी नहीं। यह खंडित महाभोज मृत्यु का हो या जन्म का सदियों से चल रहा है। दूसरों ने खाया और मूंछों पर ताव देकर डकारते हुए उठ खड़े हुए। इन्होंने खाया, खुद की पत्तलें समेटीं और दूर से ही हाथ जोड़कर चल दिए। थोड़ा सिकुड़कर, थोड़ा सिमटकर दूर जाकर डकार ली मानों सबके सामने वे डकार भी नहीं ले सकते। छुआछूत की अमानवीय प्रथा पर कवि का व्यंग्य है "जल से भरे लोटे ने कहा मुँह फुलाकर। अपने संग-संग तुमने उनने हमें भी अछूत बनाया" (पृ. 51, वही)

'अंतिम पंक्ति में' कविता में भी अस्पृश्यता और छुआछूत की ओर संकेत है। स्कूल की बेंच पर अंतिम पंक्ति के अंतिम कोने में वह बैठा है। क्यों बैठा है वह अंतिम पंक्ति में? अंतिम कोने पर दुबक कर बैठ जाना क्या उसके स्वभाव में है? "अब क्या वो हमेशा बैठेगा अंतिम पंक्ति में। या पूर्वनिर्धारित होता है स्कूल में। कि किसको बिठाना है अंतिम पंक्ति में" (पृ. 104, अंतिम पंक्ति में) हमेशा अंतिम पंक्ति में बैठने के लिए अभिशप्त अछूत बालकों की ओर यहाँ संकेत है। कवि यह कामना भी प्रकट करती है कि जैसे बिजली के तार पर बहुत सारी चिडियाँ ऐसे बैठी हैं कि कोई भी अंतिम नहीं, वर्ग वर्ण और जाति से परे सबको समान अवसर मिले।

नीलेश की कुछ कविताएँ ऐसी हैं जिनमें कविता की प्रगीतात्मक संरचना से आगे बढकर आख्यान का शिल्प अपनाया गया है। ये कविताएं 'अंतिम पंक्ति में' संग्रह में मिलती हैं। 'पागल समय', 'बूढ़ा और प्लेटफार्म', 'पन्हाना', 'जीवन परिचय', 'मल्लाह का शोकगीत' और 'लोग कहते हैं' मुख्य आख्यानक कविताएँ हैं। 'पागल समय' की कुबडी, बिन्नी, बूढ़ी औरत और तीन पागलों के द्वारा जीवन का व्यापक दृश्य पट प्रस्तुत किया गया है। जिसे पागल करार दिया जाता है वह विवेक और संवेदना से रहित नहीं है। समाज की मूल्यहीनता, सडन, अन्याय और अत्याचार संवेदनशील व्यक्ति को पागल

बना देते हैं। जो पागल नहीं होते वे भी अपने को विक्षिप्त सा अनुभव करते हैं। कवि का यह व्यंग्य सटीक एवं मर्मभेदी है "कितना पागल समय है ये। घूम रहे हैं जिसमें सब बौराए बौराए" (पृ. 37, अंतिम पंक्ति में)

'मल्लाह का शोकगीत' में सुनामी से पीड़ित मल्लाहों की दशा का आख्यान है। त्यागराजन और कोचू बाबा के बयान में सुनामी की भीषणता प्रकट है। सुनामी माँ को ले गई, पत्नी, बेटे और बहन को ले गई। पोते शांतन को ले गई। असंख्य परिवारों के साथ यही घटना घटी। उन्होंने समुद्र को अपना अन्ना (पिता) माना था। लेकिन समुद्र ने उनके साथ छल किया। छल और तट एक दूसरे के पर्याय हो गये। शायद लाखों करोड़ों मछलियों को मारने के कारण ही उनकी किस्मत बिगड गई। मल्लाहों के जीवन की विवशता देखिए "हाय हमने भी जीवन-भर लाखों-करोड़ों को मारा। पानी जिनका जीवन था उसे उन्हीं से अलगाया। मल्लाहों की किस्मत। मछली को मारें तो मन से मरें न मारें तो पेट से मरें" (पृ. 98, अंतिम पंक्ति में) छली समुद्र को मल्लाहिन यह कहकर माफ कर देती है कि हम सुख दुःख की गठरी बनाकर समुद्र में डुबकी लगायें। "गा रही हैं मल्लाहिन रो रहा है समुद्र बूढ़े मल्लाह के संग" (पृ. 98, वही) समुद्र और मनुष्य का संबन्ध चिरंतन है। वह अविच्छिन्न ही बना रहेगा।

'लोग कहते हैं' कविता समकालीन शहरी एवं देहाती जीवन के यथार्थ का आइना है। विदिशा पर डाक्यूमेंट्री बनाते चैनलवालों के सामने मासूम लोगों की प्रतिक्रियाओं के द्वारा जीवन के अभाव, गरीबी और विपन्नता को उघाड़ा गया है "कोई बेतवा के पानी को लेकर रो रहा है तो कोई उद्योगधंधों को। कोई पानी बिजली सड़क और अतिक्रमण पर कर रहा है हाय-हाय। मजूर मजूरी के लिए रो रहे हैं पढ़े-लिखे नौकरी के लिए" (पृ. 99, अंतिम पंक्ति में) जीर्ण-शीर्ण बस स्टैंड, टूटी-फूटी बसें, रुग्ण पशु, ठसाठस भरी दुकानें, संकरी गलियाँ, सटी सटी कोने में दुबक कर चलती महिलाएँ कैमरे के सामने खुल जाते हैं। फिर उदयगिरि की गुफाओं पर कैमरे की भरपूर कलाबाजियाँ और विदिशा जिले में पर्यटन की अपार संभावना पर बहस। फिर बासौदा की गल्ला मंडी पर कैमरा खुलती है "बोल रहे हैं किसान कँपकँपाती आवाज़ में। अरे भैया हम किसानों की तो भौतई आफत है। हर कोई लूटबे ही ठाड़ो है। बनिया व्यापारी हम्माल हम तो सबसे परेशान हैं और जा धूरा से भी" (पृ. 102, अंतिम पंक्ति में) किसान को पीने का पानी नहीं है और सरकार शौचालय की बात करती है। जमींदार, व्यापारी, सरकार सब किसान की छाती पर मूँग दालते हैं। किसान की कोई नहीं सुनता। वे जितना ज़्यादा बोलते हैं व्यवस्था उतना ही ज़्यादा उसे अनसुना कर जाती है। कविता का अंत अत्यंत प्रभावी है जो सत्ता पर चोट करती है और उसे नींद से जगने को उकसाती है

"लोगों ने अपनी कह सुनाई अब आप भी तो कुछ कहिए जनाब
पानी पानी बिजली बिजली
सड़क सड़क रोज़गार रोज़गार

मंडी में किसान लूट लूट लूट
यही है तस्वीर हर जिले की" (पृ. 103, अंतिम पंक्ति में)

समकाल के स्त्री कवियों में नीलेश रघुवंशी ने ही भारतीय किसान की दुर्दशा, श्रमिक वर्ग का शोषण-दमन और मध्यवर्ग की विपन्नता को कविता का केन्द्र बिन्दु बनाया। स्त्री विमर्श से जुड़कर भी उनकी कविता के सामाजिक सरोकार प्रबल हैं। उसमें अवसाद और निराशा के होते हुए भी आशा और आस्था के स्वर ही मुखर हैं। सचमुच उनकी कविता उदासी से उजाले की ओर की यात्रा है।

संस्कृति के शून्य काल में

बीसवीं सदी के आखिरी दशक की युवा कविता में प्रतिरोध की मुद्रा और तेवर है। देश और समाज के अराजक दौर में कवि मन का असंतोष, आक्रोश और विस्फोट युवा कविता की खास पहचान है। कवि की निजता से बृहत्तर जीवन की ओर बढ़ती कविता समाज, राजनीति, सभ्यता-संस्कृति एवं कला-साहित्य के तिलिस्म को तोडती है। जीवन के हर क्षेत्र में फैले छल और धूर्तता का पर्दाफाश करती है। यह कविता जीवन की जडता को तोडती है और मानव मुक्ति का अहसास कराती है। संवेदना, भाषा एवं अभिव्यक्ति में सहजता और खुलापन इसकी खासियत है। निशान्त में इस युवा कविता का विस्तार है। उनके काव्य संग्रह है : 'जवान होते हुए लडके का कबूलनामा' (2009) और 'जी हाँ, लिख रहा हूँ...' (2012)।

निशान्त की कविता के केन्द्र में 'मैं' है। इसी 'मैं' से वह व्यापक जीवन की ओर बढ़ता है। समाज, संस्कृति, राजनीति और साहित्य के आलोचनाशील के मूल में कवि का यह 'मैं' है। इस 'मैं' को प्रकट करता एक बिंब निशान्त ने अपनी कविता में रचा है। वह स्वयं अपना सलीब ढोते कवि का है। "अब यह देह ऐसी। जैसे अपने ही कन्धे पर लदा। अपना सलीब इसे मैं ढोए जा रहा हूँ। मैं जीसस हूँ।" (पृ. 40, जवान होते हुए लड़के का कबूलनामा) और "...'हम' अपने कन्धे पर अपना-अपना सलीब उठाए। तेज-तेज चलते पूरी पृथ्वी को अपने पंजों तले रौंद देने की आदिम इच्छा लिये" (पृ. 48, जी हाँ, लिख रहा हूँ...)

निशान्त की कविता में कवि का आत्मकथ्य है। कई उलझनें और तनाव मन में तह पर तह होते गये तो कवि ने अपने चारों ओर एक सुरक्षा कवच बनाया। "मैं बनाने लगा। कछुआ जैसा मजबूत सुरक्षा कवच धीरे-धीरे। अपने चारों ओर। और फिर दुबक गया उसके अन्दर" (पृ. 155, जवान होते हुए लड़के का कबूलनामा) कवि अपने 'मैं' को लेकर सशंकित रहता है। कभी कभी वह अपने को पहचान नहीं पाता। उसे लगता है कि उसके एक नहीं कई चेहरे हैं। हमेशा उसका एक मुखौटा बना ही रहता है। उसकी स्थिति इतनी दर्दनाक और हास्यास्पद है कि "मेरी आँखें वह नहीं देख पातीं जिसे मैं देखना चाहता था। जुबान वह नहीं बोलती जिसे मैं चाहता था बोलना" (पृ. 22, जी हाँ,

लिख रहा हूँ...) कवि हमेशा अपनी आत्मा और शरीर को पवित्र रखना चाहता है। लेकिन उसके शरीर से बदबू आती रहती है। वह शरीर से स्वस्थ है। लेकिन कभी कभी मन उदास रहता है। वह न ठीक से सो पाता है, न ठीक से खा पाता है।

जीवन में अकेलेपन की यंत्रणा असह्य हो जाने पर मरने की इच्छा तीव्र हो उठती है। कवि की दशा देखिए : "अजीब विडम्बना थी। मैं भूल जाना चाहता था शरीर को आत्मा को दिमाग को। नोच डालता शरीर के एक-एक रोएँ को फूलों की तरह। फिर भी नींद मुझसे कोसों दूर खड़ी रहती" (पृ. 24, जी हाँ, लिख रहा हूँ...) स्थिति इतनी बदत्तर हो जाती है कि कवि अपने 'मैं' को लेकर बहुत आतंकित हो जाता है। अपने घर-परिवार, कस्बे और जिले को भी लेकर वह आतंकित है। एक कमरे से एक घर की तलाश में कवि अपने को निचोड डालता है। उसे जीवन में विस्थापित होने का गहरा दर्द होता है। स्वयं अपने से सशंकित और आतंकित रहते हुए कवि अपने बारे में एक मुकम्मल राय बना नहीं पाता।

कवि को सोचने की गलत और अच्छी बीमारी लग चुकी है। वह जितना सोचता जीवन उतना ही जटिल होता जाता। चौदह साल की उम्र में ही वह दुःख, यंत्रणा, संवेदनशीलता, मनुष्यता, नैतिकता जैसे शब्द पी गये थे। अब अट्ठाईस में चलता कवि पन्द्रह साल से दुनिया देख रहा है। पन्द्रह साल से कविता कर रहा है। कविता की बदौलत ही कवि को घर छोडना पडा। "पन्द्रह साल से लिख रहा हूँ सफेद पन्ने पर काली स्याही से। एक बार बड़े भाई साहब ने डाँट दिया था। पन्ने काले करने पर। एक मास्टर को समझ में नहीं आई थी मेरी बात। सौभाग्य से बड़े भाई साहब जूट मिल में मजदूर थे। मास्टर हिन्दी का स्वनामधन्य कवि। बस फिर क्या था। मैं निकम्मे का बस्ता टाँगे अपने कन्धे पर। चला आया था।" (पृ. 38, जी हाँ, लिख रहा हूँ...) पहले पढ़ने के लिए एक गरीब शहर में पडा रहा। बाद में दिल्ली चला आया देश के सबसे उत्तर आधुनिक विश्वविद्यालय में पढ़ने। गरीब, बेरोजगार और कमजोर कवि कविता की देहरी पर खडा, घर के मालिकों से एक कविता सुनने का अनुरोध कर रहा है : "उसकी बर्तनी की गलतियाँ ढूँढकर। और उच्चारण की शुद्धता पर दिलवाकर ध्यान। आप चाहें तो उसे डरा सकते हैं। क्योंकि कवि सिर्फ़ और सिर्फ़ 'कवि' है। नहीं है उसके पास 'कुछ'। उसके पास सिर्फ़ 'मैं' सिर्फ 'मैं' हैं" (पृ. 43, जी हाँ, लिख रहा हूँ...) निशान्त के कवि की निजता और आत्मबद्धता के साथ उसकी बेरोजगारी और तंगहाली का यह सही बयान है।

बुखार से पीडित 'मैं' शरणार्थी के समान एक कमरे में पडा है। आत्मा तक को बुखार लग चुका है। मरने से पहले 'मैं' रोना चाहता है। मृत्यु का डर लोगों को कभी सनकी बना देता है, कभी पागल और कभी घोर आस्थावान भी। पिता और प्रेमिका को याद करते हुए 'मैं' भाई की प्रतीक्षा में पडा है। भाई वह "जो एक घर से चला था। इस

कमरे में पहुँचने के लिए। कमरे को एक घर में तब्दील हो जाने की। आठ साल पुरानी ख्वाहिश लिये" (पृ. 44, जवान होते हुए लड़के का कबूलनामा) कमरे को घर में तब्दील होते देखने की इच्छा निशान्त की कविता की मूलवर्ती प्रेरणा है। अपने 'मैं' के साथ मरने की ख्वाहिश लिये जीने की तैयारी करता कवि निशान्त की कविता में बार बार प्रकट होता है।

कवि को इसका कोफ़त है कि अशोक वाजपेयी के कहने पर अपना बचपन का नाम मिठाईलाल छोड दिया। पचीस साल की पहचान का वह मीठा नाम था। उसमें बचपन और लडकपन की कितनी ही स्मृतियाँ बसी हैं। अब मुहल्ले में कोई निशान्त को नहीं पहचानता। सब बूढे बच्चे और जवान मिठाईलाल को ही जानते हैं। "कितना अनोखा। और फट से जवान पर चढ जानेवाला नाम था मिठाईलाल। कर दी मैंने। अपने नाम की एक हत्या दिल्ली में जाकर" (पृ. 166-167, जवान होते हुए लड़के का कबूलनामा)

'मैं में हम-हम में मैं' कविता में कवि आत्मबद्धता के घेरे से बाहर निकलते हुए भी अपने 'मैं' से पूर्णतः मुक्त नहीं है। हम और मैं का मिला-जुला संश्लिष्ट रूप देखिए "'हम' ही नहीं है 'सबकुछ'। 'सबकुछ' में एक बूँद है 'हम'। हम में ही 'कुछ' है। कुछ में ही 'मैं' हूँ - 'हम' है" (पृ. 42, जी हाँ, लिख रहा हूँ...) गाँव-देहात, कस्बे और महानगर से होते हुए राजधानी आनेवाले युवा 'मैं' से 'हम' बन जाते हैं। लेकिन उनमें एक 'मैं' भी बना रहता है। हिन्दी के विस्थापन के इस युग में हिन्दी क्षेत्र से आनेवाले 'हम' ऊँची महत्वाकांक्षाएँ लेकर आते हैं। "हम 'प्री', 'मेन्स', 'पी.सी.एस', 'यू.पी.एस.सी' से होते हुए। जे.आर.एफ, नेट, एम.फिल, पी-एच.डी. से निकलकर। नामवर सिंह और अशोक वाजपेयी से होकर। राखी सावंत पर ही आकर रुकते। और कहते - "यार मजा तो अशोक वाजपेयी बनने में है। या नामवर सिंह या फिर राखी सावंत।" (पृ. 47, जी हाँ, लिख रहा हूँ...) कवि के हाथ में कविता का अमृत कलश है। लेकिन वह जिन्दा रहने की अपेक्षा मर जाना चाहता है : "जब जाना कि जिन्दा रहने के लिए। जिन्दा रहने से ज़्यादा जरूरी था मर जाना। तब से लगातार खोज रहा हूँ विष का घड़ा। हाथ में ही अमृत का कलश लिये" (पृ. 39, जी हाँ, लिख रहा हूँ...)

कवि ने अपने 'मैं' के सन्दर्भ में अपने घर तथा माँ बाप को भी याद किया है। घर अब केवल कवि की स्मृति में है "घर बहुत पीछे छूट गया है बचपन की एक स्मृति में" (पृ. 21, जवान होते हुए लड़के का कबूलनामा) घर के बहाने कोलकाता के कमरे से बाहर निकलते कवि के शब्दों में "घर तो यहाँ था नहीं। वह तो मैंने दस साल पहले छोड़ दिया था। बस्ती जनपद के लालगंज गाँव में" (पृ. 24, वही) कवि का गरीब घर था। माँ गाँव में रहती थी। पिता किसी कारखाने की चिमनी थे। कवि

पिता को बहुत चाहता था। माँ से उसका पटता नहीं था "पिता ही सबसे ज़्यादा प्रिय थे मुझे। माँ में हमेशा एक पुरुष दिखता था मुझे। माँ के बहाने कभी-कभी मैं अब भी घृणा कर लेता हूँ अपने आप से" (पृ. 23, जी हाँ, लिखता हूँ...) 'सिर्फ़ पिता' शीर्षक कविता में कवि ने अपने पिता के अजेय व्यक्तित्व को आश्चर्य मिश्रित कौतूहल और आदर के साथ प्रस्तुत किया है। स्वभाव से सरल, निडर, कार्यकुशल और दबंग पति तथा प्रेम एवं वात्सल्य के मूर्त रूप में पिता का व्यक्तित्व अत्यंत प्रभावशाली बन पडा है। 'पिता : कुछ कविताएँ' में भी पिता के अनेक स्मृति चित्र प्रस्तुत हैं। बढी हुई दाढी और पसीने की गंध से गंधाती देह से गंजी खोलते पिता, पुत्र को सीने से चिपटे सोनेवाले पिता, पुत्र से झगडते पिता, माँ की ओर एकटक देखते पिता जिनकी आँखों से माँ पहले झेंप जाती थी लेकिन अब उन आँखों में कुछ खोजते हुए पूछती है "का भईल?? का चाही? कुछ के तकलफी बा??", पहली दफा फूट फूट कर रोते पिता, अपने लड़कों को दुनिया की भीड में ठीक से चलने और आगे बढने की हिदायतें देते पिता, अपने पुत्र से यह सुनकर कि आप ज़्यादा बकबक करते हैं हमेशा के लिए खामोश हो जानेवाले पिता - ये पिता के मार्मिक स्मृति चित्र हैं।

'फोन और माँ : कुछ कविताएँ' में माँ की स्मृति है। छोटू के फोन आने पर माँ खुश हो जाती। धीरे-धीरे माँ फोन की चौकीदार हो जाती है। जब दो दिन फोन नहीं आता तो माँ कहती-फोन गडबड है। "माँ की नज़रों में। फोन के सही होने का सबूत होता। रोज़ दिन में एक बार परदेश से। भैया का आनेवाला फोन" (पृ. 79, जवान होते हुए लड़के का कबूलनामा) माँ निरक्षर थी, लेकिन बहुत समझदार। उसकी दृष्टि तलस्पर्शी थी। मुहल्ले के दूसरे लोग सिलकुटने को अपने घर के पास तक भटकने नहीं देते जबकि माँ है जो उसे रसोई के पास बुला लेती है। सिल कूट चुकने पर माँ उसे पाँच रुपये पकडा देती है। चाय पिलाती है, उसकी कहानियाँ सुनती है। पुत्र के नाराज हो जाने पर कि "तुम कहाँ फँस गयी माँ। इस बुड्ढे पगले की बातों में...." माँ उसे समझाती है "वह पागल नहीं। हमारे समय का इतिहास है 'इतिहास'। जीवन्त इतिहास....। उसे पगला नहीं कहते बेटे। ....नहीं कहते।" (पृ. 39, जवान होते हुए लड़के का कबूलनामा) यह माँ घर की जीवंत उपस्थिति है। संस्कृति की धरोहर है।

माँ बाप के साथ भाई भी निशान्त की कविता में प्रकट होते हैं। पहले बडे भाई हैं जो पन्ना काला करने पर कवि को डाँटते हैं। और तीन भाई हैं जो गुजरात में कमा रहे थे और गुजारा करने की नीयत से कवि को भी बुला रहे थे। 'फिलहाल साँप कविता' का छोटा भाई जो लालटेन जलाकर अपनी डायरी के लिखे हुए हर्फ पढ रहा है वह कवि का ही छोटा भाई हो। उसके अनुसार बडे भाई का पढने के लिए

इतनी दूर जाना बेवकूफी लगता है। आखिर इतना पढकर भाई साहब क्या करते हैं? कविताएँ लिखते हैं, स्थानीय अखबारों में कुछ समीक्षाएँ वगैरह भी। "वैसे फ्रीलांसर हैं। अखबार ही नहीं, अपनी जिन्दगी के भी" (पृ. 79, जी हाँ, लिख रहा हूँ...) दोनों भाइयों की जीवन दृष्टि एवं चारित्रिक खूबी को कवि ने बडी कुशलता से प्रस्तुत किया है।

निशान्त की कविता में प्रेम की अनेक रंग-छवियाँ मिलती हैं। कवि का प्रेम कहीं दिल की पुकार है तो कहीं देह की तडप। प्रेम कितना ही पवित्र हो उसे देह से परे रखना कवि के लिए संभव नहीं दीखता। सचमुच निशान्त का प्रेम दिल और देह की कामनाओं की आँख मिचौनी है। 'प्रेम में : कुछ कविताएँ' श्रृंखला की पहली ही कविता कवि के प्रेम का स्वरूप प्रकट करती है : "एक घूसर रंग। धमनियों में उतरता चला जाता है। भीतर एक चोर बैठा रहता है। आस्माँ पर। चाँद उतर आता है।" (पृ. 53, जवान होते हुए लड़के का कबूलनामा) मन के आसमान पर खिलनेवाले प्रेम के बीच भी कहीं दैहिक कामना का चोर बैठा रहता है। इसी दैहिक कामना को कवि ने 'आदिम इच्छा' कहा है। प्रेमिका की गिरफ्त में अपने को पूरी तरह पा जाने के लिए प्रेमी हरहराते हुए उसकी तरफ दौड़ता है। दिसम्बर की कडकडाती ठंड में भी उसका ख्याल आग की तरह आता है। लेकिन 'वह बहुत ही ठंडी लडकी है'। यही ठंडी लडकी कभी एक तिलिस्म की तरह खुल जाती है "एक तिलिस्म की तरह। वह खुलती है मेरे सामने। और अलीबाबा की तरह। मैं सामने लगता हूँ उसके अन्दर।" (पृ. 56, वही) यह प्रेम असफल हो जाता है। परिवार का मान, अब्बा की नाक और अम्मा का आँचल दो प्रेमियों के जीवन से बडा माना गया तो दोनों मुक्त हो गये। इस निर्णय के पीछे 'मैं' से ज़्यादा 'हम' का भविष्य रहा।

'जानती हो, मेरे अन्दर एक जानवर रहता है' कविता वासना का विस्फोट है। देह के उन्माद में प्रेमी जानवर बन जाता है "अच्छा, उस रात। किस तरह बदला लिया था तुमसे। एक बनैले जानवर की तरह। तुम्हें चीर-फाड़ कर खा जाना चाहता था। खाना भी नहीं। सिर्फ़ चीर-फाड़ कर तुम्हारे लहू को चाटना। या तुम्हें धीरे-धीरे मरता हुआ देखना" (पृ. 70, जवान होते हुए लड़के का कबूलनामा) किसी रूपवती को देखकर वह एक लालची कुत्ते की तरह लार टपकाता है। लेकिन एक दिन प्रेमी अपने अन्दर जीते जागते उस कुत्ते का कत्ल कर देता है 'क्योंकि वह कुत्ता था और कुछ नहीं'। अब प्रेमी कुत्तों से नफ़रत करता है। लेकिन इसके बाद वह अपने अन्दर कई कई जानवरों को देखने लगता है जैसे माँ बचपन में उसके अन्दर खरगोश देखती थी, बहन गिलहरी और पिता शेर। उसकी तीसरी प्रेमिका ने उसके अन्दर गिरगिट देखा था। वह उसे गिरगिट की तरह प्रेम करने लगा। लेकिन कवि के अन्दर से वह गिरगिट गायब हो गया जो उसे प्रेमिका की आँखों में नज़र आया। प्रेमी बिना

सोचे समझे वहाँ से भाग आया। प्रेमिका आज भी वहीं बैठी प्रेमी का इन्तज़ार कर रही हो।

प्रेम में यौन की तीव्र इच्छा लिए प्रेमी तड़पता रहता है। "कहाँ फेंक दूँ इस देह को। जंगल में। समुद्र में। ज़मीन में। जहाँ से न निकले इससे लपटें। न झुलसे मेरा प्रेम" और "मैं बार-बार मरता हूँ। इस देह के साथ। बताओ, कहाँ फेंक आऊँ इसे।" (पृ. 131, जवान होते हुए लड़के का कबूलनामा) यह प्रेमी के सामने एक यक्ष प्रश्न बना रहता है। लेकिन प्रेमिका जिसके अन्दर एक कस्बे की आदिम आत्मा बसती है 'शादी से पहले कुछ नहीं का एक पुराना घिसा-पिटा रिकॉर्ड' बजाती रहती है। उसके अन्दर एक शुद्ध शाकाहारी आत्मा बसती है। प्रेमी ने कई बार अपनी पवित्रता की सफाई दी। लेकिन ऐन मौके पर प्रेमिका अपनी आँखें बन्द कर लेती है और उसके 'हाँ' में भी 'न' छिपा रहता है। अंत में हार कर प्रेमी शादी तक प्रतीक्षा करना चाहता है। लेकिन उसके सामने यह प्रश्न बना रहता है "तब तक। कहाँ छिपाकर रखूँ यह देह। जहाँ से वापस न आ सके यह। फिर से एक यक्ष प्रश्न के साथ" (पृ. 134, वही)

प्रेमी नहीं चाहता कि प्रेमिका से एक जानवर का जैसा व्यवहार करे। लेकिन इसी उम्र में यह संभव है। प्यार की पहली सीढ़ी होती है दोस्ती और शादी अंतिम। इस प्यार में पाप पाप नहीं है, पाप ही पुण्य है। "इस उम्र में। इस समय में। इस चाहत में। कुछ भी सम्पूर्ण नहीं है" (पृ. 135, वही) देह इतना प्रबल है कि वह बार बार बुलाती ही रहती है जिससे कवि देह से मुक्त होना चाहता है "मुक्त कर दो मुझे। इस देह से। बार-बार मुझे बुलाती है यह देह। नींद में सपने में कक्षा में और। अब तो कविता में भी" (पृ. 136, वही) राजधानी में यह देह दिपदिपाती है, लपलपाती है और दुत्कार देती है। वहाँ सिर्फ़ देह होती है और कुछ नहीं। "देह... देह... देह...। चारों तरफ गूँजता है यह शब्द। थोड़ा-सा झुकता हूँ...। अचकचा कर टूट जाती है नींद।" (पृ. 136, वही)

'वह रो रही थी' कविता में भी यह दैहिक प्रेम है जिसका अनुभव एक 'बीस साल की परी' को पहले पहल होता है। उसने जंगल में पहली बार प्रेम को महसूसा था जो उसके शरीर से होते हुए आत्मा तक में एक चीरा लगाते हुए गुजर गया था। उससे ताजा खून टपक रहा था। उसकी आँखों में बैठी एक बच्ची को रोते देखकर प्रेमी डर गया। प्रेम की पवित्र व्याख्या करने के चक्कर में एक पवित्र पाप के बोझ तले उसकी आत्मा दब गयी। उसने पहली बार जाना कि आत्मा के भी नुकीले दाँत होते हैं "एक पल में बदल जाती है दुनिया। एक ज़िन्दा विवेकवान आदमी। एक पल में बन जाता है जानवर। फिर मनुष्य। फिर जानवर" (पृ. 152, जवान होते हुए लड़के का कबूलनामा)

'यह बारूदी पन्ना' में प्रेमिका प्रेमी को पत्र लिखने के लिए तडपती रह जाती है। उसे थोडी सी जगह नहीं मिलती जहाँ इत्मीनान से बैठकर लिख सके। घर में तो "एक ही बोरे में आलू की तरह। भरे रहते हैं हम सब" (पृ. 139, वही) माँ-बाप लिखना-पढना जानते नहीं। लेकिन छोटी बहन और भाई से पत्र का यह बारूदी पन्ना कैसे बचायेगी। घर में काम इतना बढ गया है कि प्रेमी को एक पत्र लिखने का समय भी निकाल नहीं पाती। इस बोरे से निकलकर प्रेमी पढने चला गया और प्रेमिका पढ नहीं पा रही है। "बस जिन्दा हूँ, मरी हुई सी" (पृ. 141, वही) फोन पर पचीस रुपये लग गये हैं। प्रेमिका यह कहकर बात समाप्त करती है कि अगले महीने चौदह अगस्त को मैं फोन करूँगी। तुम अपने मोबाइल वाले मित्र को कहना कि उस दिन सुबह सात बजे तुम्हारे पास ही रहे।

प्रेमी की पहली प्रेमिका में माँ कहीं नहीं थी। दूसरी प्रेमिका से माँ की तरह प्रेम करते-करते अब घृणा करने लगा है। एक प्रेमिका है जो महज़ तेईस साल की है जो प्रेमी की युवा माँ है। प्रेमी तो उससे तीन साल बडा है। उसके गुस्सा होने पर वह रोने लगती थी। एक बार उसके रोने पर प्रेमी "तीन दिन उदास रहा तीन बार माफी माँगी और तीन बार। घड़ी में चाभी देकर चला आया" (पृ. 36, जवान होते हुए लड़के का कबूलनामा) ऐसे प्रेम में यह कठिनाई होती है कि "जब बच्चे से माँ की उम्र कम होती है। समय खूब खूब खूब रोता है। मन करता है कहीं भाग जाऊँ इस समय से परे" (पृ. 36, वही)

प्रेम का एक अन्य प्रसंग है कि डेढ हजार किलोमीटर दूर से प्रेमिका ने मोबाइल पर संदेश भेज दिया कि अपने बीच कुछ था ही नहीं तो अन्तिम निर्णय करना है। अगर इतना कष्ट देना ही है तो बेहतर है कि मुझे भूल जाओ। 'रोज़ रोज़ मरने से बहतर है एक झटके में मर जाए' वाली बात में विश्वास करने वाली प्रेमिका ने एक झटके में प्रेम संबन्ध तोड डाला। एक अन्य प्रेमिका है जो प्रेमी की प्रवंचना पर आँसू बहाती है। उसकी आत्मा से सोता फूट पडता है "कितनी जल्दी। तुम लोग हिसाब किताब कर देते हो" (पृ. 154, वही) सुनकर प्रेमी जीवन में पहली बार फूट फूट कर रोना चाहता है। वह पहली बार लड़की होने के दुख से परिचित हुआ था।

निशान्त की कविता टूटते और जुडते प्रणय प्रसंगों का आख्यान है। एक के बाद एक कई युवतियाँ कवि के जीवन में आयीं और चली गयीं। लेकिन प्रेम के टूटने की आत्मिक पीडा निशान्त में कम ही दिखाई देती है। देह की उत्सवधर्मिता के भीतर प्रेम की टूटन और विरह की पीडा उभर नहीं पायी।

निशान्त मध्यवर्ग के कवि हैं, विशेषतः निम्न मध्यवर्ग के। मध्यवर्गीय जीवन का संघर्ष, अभाव, पीडा, कुंठा, करुणा और विडंबना निशान्त की कविता में मूर्तिमान हो उठे हैं। समाज में अपने अस्तित्व को ही नकारा जाता हुआ देखकर

निम्न मध्यवर्ग के मन में बार बार यह विचार उठता है "जिन्दा रहना एक पाप करना था। या। जीते चले जाना एक अपराध की पुनरावृत्ति" (पृ. 68, जवान होते हुए लड़के का कबूलनामा) जीविका उपार्जन के भीषण संघर्ष में मध्यवर्ग के व्यक्ति का जीवन यांत्रिक हो गया है। पंखे की तरह दौडती हुई जिन्दगी में समाचार पत्र पढने, कहानियाँ पढने और कविता पढने के लिए 'चुरा लिए पौने दो घंटे ही' वह मनुष्य रहता है। "इन पौने दो घंटे ही। रहता हूँ मैं मनुष्य। बाकी समय पंखा, रेलगाड़ी, हवाई जहाज़, कम्प्यूटर। और ई-मेल में तब्दील रहता हूँ। एक गन्तव्य से दूसरे। और दूसरे से फिर-फिर पहले की तरफ़ दौड लगाते हुए।" (पृ. 84, वही)

जीवन के भीषण संघर्ष में मध्यवर्ग का युवा वर्ग ही अपने को ज़्यादा पिटा हुआ, टूटा हुआ अनुभव करता है। वह बेरोज़गार है। निरंतर असुरक्षित जीवन जीते हुए उन में हमेशा डर समाया रहता है। ज़िन्दगी में इधर से उधर भागते हुए वे बचने की उम्मीद बनाए रखते हैं "हमारे समय का सबसे भीषण सुन्दर सच था डर और भागना.... डर से बचना मुश्किल था और भागना। बचने का साहस जुटाना था" (पृ. 30, जी हाँ, लिख रहा हूँ...) ठंड और धूप से बचने के लिए भी उनके पास कपडे तक नहीं होते "दोपहर की धूप और शाम की ठंड से। बचने के कितने कम उपाय हैं मेरे पास। और दुखी होते-होते मैं खुश हो जाता हूँ। कि कम से कम इतना तो मेरे पास है" (पृ. 34, वही) अपने गाँव और शहर से विस्थापन उनकी नियति है। उनके लिए 'घर' केवल सपना रहता है और 'कमरा' यथार्थ जिसे वे घर में तब्दील होते हुए देखने की कल्पना करते हैं। लेकिन कल्पना कभी यथार्थ नहीं बन पाता।

अपनी बदहालत के लिए जिम्मेदार सत्ता व्यवस्था से वे क्रांति करना चाहते हैं। लेकिन वे संघर्ष से आगे नहीं बढ पाते और 'समझौता' में उन्हें खुश रहना पड़ता है "'हम' 'आपातकाल' की जायज संतानें। हमें 'क्रान्ति' की जगह 'समझौता' और 'संघर्ष' जैसे शब्दों का। झुनझुना पकड़ा दिया गया है। अब इन दो शब्दों से 'हम' अपना काम चला रहे हैं। 'समझौता' मतलब सिर्फ़ समझौता। 'संघर्ष' यानी सिर्फ़ मानसिक संघर्ष अपने 'मैं' से" (पृ. 50, वही) नतीजतन उनका जीवन कुंठाग्रस्त हो जाता है। दिन में वे आम आदमी की तरह दिखते हैं और भीतर से बेहद डरे हुए होते हैं। उनका जीवन सिर्फ़ व्यवस्था - विद्रोही होने का नाटक रह जाता है "'दुनिया को बदल डालने' और 'एक धक्का और दो' के जुमलों को। चबा-चबाकर बोलते हुए। सिर्फ़, व्यवस्था-विद्रोही दिखने का नाटक करते हैं" (पृ. 58, वही) उनकी स्थिति बडी ही हास्यास्पद हो जाती है।

निशान्त की कविता में श्रमिक मज़दूर वर्ग की गरीबी और दुख दैन्य प्रस्तुत है। 'नून तेल लकडी' कविता में मज़दूर परिवार की एक लड़की है जो इक्कीस रुपये पच्चीस पैसे में आटा, दाल, चावल, चीनी आदि नौ सामान खरीदती है। यहाँ जीवन की न्यूनतम

चीज़ें भी न्यूनतम हैं। परिवार की दशा देखिए : "घर-किराया कम है। तीस रुपया महीना। बती जलाते नहीं। कभी सूखी पायी गयीं लकडियाँ। कभी कागज़। कभी पाथी गयी कंडी से। काम चला लेता है इसका परिवार" (पृ. 31, जवान होते हुए लड़के का कबूलनामा) कभी महीने में एकाध बार पचास रुपये की मज़दूरी नसीब होने पर लडकी की आँखों में एक विशेष प्रकार की चमक नज़र आती है। उस दिन वह जरूरी बेसी सौदा-सुलफ कर लेती है।

किसान का बैलों के प्रति जो प्रेम है वही ताँगेवाले का अपने घोडे के प्रति है। यह प्रेम कभी उसकी बरबादी का कारण बनता है। मुनिया देखती है कि बापा के तांगे पर माँ का पाजेब तो बिक गया, अब घर भी उजडता जा रहा है। पता ही नहीं चलता कि होली-दीवाली और दशहरा कब बीत जाता है। मुनिया समझती है कि बुचिया के बापा ने अपना ताँगा क्यों बेचा है और अब तरकारी बचने बस्ती बाजार क्यों जाता है। "मुनिया सब समझती है। मुनिया अब यह भी समझने लगी है। कि चूहे मारने वाली दवा खिलाकर।आराम से चूहे की तरह। मारी जा सकती है रमरतिया। आराम से बप्पा जा सकते हैं बस्ती बाजार। गाडी से बेचने तरकारी।" (पृ. 127, वही) श्रमिक वर्ग के भीतर एक नई पीढ़ी उभर रही है जो उसके दुख दैन्य के कारण समझती है और उसे उबारना चाहती है। वह नई समझ और विवेक से काम लेना चाहती है। 'सिलकुटना' कविता का सिलकुटना भी अपने पेशे से बंधा रहता है। लेकिन उसका बेटा पेशा छोडकर मुम्बई भाग जाता है। स्वयं सिलकुटना अपनी विपन्नता का मूल कारण समझता है "जोश में आकर। वह गरियाने लगता है। मिक्सर ग्राइंडर बनाने वाले को। बाज़ार को। बढ़ती हुई महँगाई को" (पृ. 37, वही)

निशान्त ने समकालीन राजनीति एवं सत्ता व्यवस्था की खरी आलोचना की है। राजनीतिक ढोंग और धूर्तता का इससे बडा प्रमाण क्या हो सकता है कि आज किसान तो क्या ताजे ताजे युवा तक आत्महत्या पर मजबूर किये जा रहे हैं। ऐन इस मौके पर एक राजकुमार ने महारानी के सामने प्रस्ताव पारित किया कि राजनीति में तीस प्रतिशत युवाओं की भागीदारी होनी चाहिए। मतदाताओं का चालीस प्रतिशत हिस्सा इन्हीं युवाओं का है और इन्हें उचित प्रतिनिधित्व मिलना चाहिए। सारा देश तालियाँ बजाने लगा। युवा खुश हुए। वे भी ताली बजाने लगे। उनके सपनों में उठी हुई मुट्ठियों की जगह ताली बजाते हुए हाथ आने लगे जैसे रोता हुआ बच्चा झुनझुना पाकर हँसने लगता है। एक दो वर्ष बाद यही राजकुमार अपने 'मैं' के साथ लैपटाप पर बैठकर देश की राजनीति में दो सौ बहत्तर के आँकडे पर पढाई करता दिखाई देता है। एक साल बाद उसकी परीक्षा थी। पास न भी हो पाए, तब भी फेल होने का तो कोई विकल्प ही उसके पास नहीं था। राजकुमार है, उसके उत्तर गोजर

के पाँव की तरह हैं। अफसर, प्रोफेसर या मास्टर या 'कुछ' भी से उसे सिर्फ़ लेना है। देना तो बहुत बाद की क्रिया है। 'यह बाद में देखा जाएगा' कहकर राजकुमार आगे बढ गया। कवि ने धूर्त राजनीतिक नेताओं की भर्त्सना की है : "जब तक लोग समझते। यह आदमी। लालची कमीना लुच्चा और भ्रष्ट है। वह अमेरिका की सरकारी यात्रा पर था। और अमेरिका में ढूकने से पहले। वह नंगा होकर साहित्य कला संस्कृति और धर्म पर व्याख्यान दे चुका था। गिरवी रख चुका था अपनी पगड़ी। विश्वशान्ति पुरस्कार से सम्मानित राष्ट्राध्यक्ष की जेब में" (पृ. 66, जी हाँ, लिख रहा हूँ...)

कवि ने देश की अर्थ व्यवस्था की व्यंग्यात्मक तस्वीर प्रस्तुत की है। औपनिवेशिक पूँजीवाद के साथ गठजोड करके एक दलाल अर्थशास्त्री मानवतावाद का मुखौटा लगाए राजगद्दी पर बैठ गया है। देश में दलालों, उद्योगपतियों की खुशहाली है। स्वतंत्रता, गणतंत्रता और मानवता केवल उन्हें नसीब होती है। जनता भूख से बेचैन है। किसान आत्महत्या कर रहे हैं। सेंसक्स एवरेस्ट की चोटी पर पहुँचकर तुरंत गरीबी रेखा से नीचे आ रहा था जिस से देश के प्रथम पुरुष का बीपी हाई-लो हो रहा था। समय ही बहुत गडबड होता जा रहा है। हवा से ऑक्सीजन, समुद्र से पानी, पृथ्वी से मिट्टी, मिट्टी से काला सोना और हरा सोना गायब हो रहे हैं। ऐसे समय में एक आदमी ने घोषणा की 'दुनिया की सबसे सस्ती कार बनाने की'। मध्यवर्ग की सरकार उच्च वर्ग के इशारे पर नाच रही थी। जनता की सरकार जनता द्वारा जनता को लूटने की तैयारी करने लगी। पुरानी सरकार का नया बजट जनता के हाथों द्वारा जनता के हाथों में सौंपा जा रहा था। "जनता चुपचाप। सरकार खुश-खास। 'हम' और 'कुछ' के गले में घास-पात" (पृ. 56, जी हाँ, लिख रहा हूँ...) जनतांत्रिक तानाशाही शासन से पूँजीपति हक से करोडों करोडों रुपये का अनुदान लेते हैं। गरीब खैरात में कुछ हज़ार रुपये पाते हैं। भारतीय खाद्य निगम के सडे हुए अनाज हिन्द महासागर में फेंक दिए जा रहे हैं। महँगाई बढती जा रही है। लेकिन जनता एकदम उदासीन है। "बाज़ार में इक्कीस रुपए किलो आलू है। छत्तीस रुपए किलो प्याज। तैंतीस रुपए किलो चावल है। चौबीस रुपए किलो आटा। साठ रुपए किलो चीनी है। नब्बे रुपए किलो दाल। एक आदमी आराम से खरीदेगा, मुस्कुराएगा, घर जाएगा। खा-पीकर इत्मीनान से पढ़ेगा किसी पत्रिका में छपी - 'एक कविता'। और फिर सो जाएगा...।" (पृ. 96, जी हाँ, लिख रहा हूँ...)

उदार अर्थ व्यवस्था के इस जमाने में चारों ओर बाजार ही बाजार है। कोई खरीद रहा है, कोई बेच रहा है। दिमाग़ से ईमान तक बिक्री की चीज़ हो गयी है। उदारीकरण के बाज़ारवाद में हँसने के उपकरण तो बहुलता से उपलब्ध हैं। "'आप' किसानों की 'आत्महत्या' खरीद कर हँस सकते हैं। युवाओं की बेरोजगारी। और तो और 'गरीबी'

जैसा अमूर्त शब्द खरीद कर हँसते हैं" (पृ. 54, वही)

निशान्त ने सांप्रदायिकता का सवाल उठाया है और देश में हो रहे दंगे और कत्ल पर जोरदार कविताएं लिखी है। बिहार के एक नरसंहार पंर लिखी 'कोलाहल' कविता में सिर पर बन्दूक ताने आती मौत को दिखाया है। बन्दूकधारियों को देखकर बच्चों की आँखों में जिज्ञासा छा जाती है। बडे बुड्ढे की आँखों में भय की सिहरन है। धाँय... धाँय की आवाज और फिर खामोशी। गाँवों में निस्तब्धता और खामोशी का साम्राज्य छा जाता है। इस नरसंहार पर जनता, शासक और अखबार की प्रतिक्रिया में केवल उत्तेजना है, सिर्फ कोलाहल है "कल के अखबार की हेड लाइन। लक्ष्मणपुर बाँधे में नरसंहार। फिर देश भर में कोलाहल। सिर्फ़ कोलाहल।" (पृ. 92, जवान होते हुए लड़के का कबूलनामा) 'दंगे' शीर्षक कविता में वातावरण के चित्रण द्वारा दंगे की भीषणता दिखायी गयी है।

'गुजरात : कुछ कविताएँ' में कवि ने कुछ संवादों द्वारा दंगा ग्रस्त शहर और राज्य की दहशत को दिखाया है। 'मुख्यमन्त्री और पुलिस का संवाद' देखिए :

"राज्य की स्थिति कैसी है
चारों तरफ शान्ति है
लोग घरों में है
प्रत्येक मुहल्ले में अमन चैन है
गुड, कैरी ऑन!
पूरे शहर में कर्फ्यू है
राज्य शान्त है"

(पृ. 123, जवान होते हुए लड़के का कबूलनामा)

'प्रधान मन्त्री और नागरिक से संवाद' में तीखे व्यंग्य के सहारे जनता के प्रति शासक वर्ग की उपेक्षा और नफरत प्रकट किये गये हैं :

"आप कैसे हैं?
साहब! माई-बाप
हमारा सब लुट गया
हम बेघर हो गये
अनाथ हो गये
अच्छा! अच्छा! शान्त रहिए
मैं देखता हूँ।
प्रधानमन्त्री आगे बढ गये
उनके घुटने में दर्द था
गुजरात में शान्ति थी।" (पृ. 124, वही)

आज हत्या और दंगे पर किसी का खून नहीं खौलता। निशान्त लोगों की निर्मम तटस्थता पर क्रुद्ध एवं चकित हैं। हत्या और दंगों पर अखबार में रिपोर्ट लिखी-पढ़ी जाती है। काली पट्टी बाँधकर प्रदर्शन किया जाता है। मोमबत्ती जलाकर जुलूस निकाली जाती है। कवि का व्यंग्य है :

"अन्त में सारी घटनाएँ एक फिल्म में तब्दील हो जाती है
और अंग्रेजी नाम से हिन्दी में एक फिल्म बनती है
और जनता जनार्दन पापकोर्न खाते हुए
फिल्म को हिट करते हुए घर आते हैं और बिस्तर पर सुख की नींद
लेते हैं,
पत्नी से चिपककर"

(पृ. 81, 82, जी हाँ, लिख रहा हूँ...)

निशान्त की कविता संस्कृति के शून्यकाल की कविता है। इस में कला, साहित्य, धर्म, समाज और राजनीति के क्षेत्र के विघटन और विडंबना का आख्यान है। 'फिलहाल साँप कविता' भारत के सांस्कृतिक विघटन की गाथा है। कवि, सम्पादक, पत्रकार, कथाकार सब में खेमेबाजी है। सब अपना अपना राग अलापते हैं और दूसरों को नीचा दिखाते हैं। आज दुनिया के सारे कवियों का भविष्य गद्य लेखकों के हाथ में है। संपादक खुश है कि यह हमारा दौर है। देश के महानगरों में क्या अमेरिका तक उनकी डुगडुगी बज रही है। जनतांत्रिक तानाशाही के युग में हुक्म तो सम्पादक का चलता है। एक पचास साला युवा कवि सम्पादक कवि को फोन पर कह रहा है "आपकी कविता 'बडी कविता' है। अँधेरे में, लुकमान अली, गोली दागो पोस्टर आदि की परम्परा में यह कविता। आती है। मगर मैं इसे छाप नहीं सकता...।" (पृ. 67, जी हाँ, लिख रहा हूँ...) कोई सम्पादक किसी कवि को एडजस्ट करने की बात करता है तो एक विदेशी मशीनी कवि आलोचक कवि को गाली देता है। एक अन्य प्रबुद्ध आलोचक घोषणा करता है कि इस समय की सारी कविताएँ भविष्य के पाठकों के लिए लिखी जा रही हैं।

आज के युवा कवियों के पास अपनी अपनी संवेदनाएँ हैं। अपनी अपनी करुणा और अपनी अपनी सौंदर्य चेतना है। राजनीतिक वैश्विक ग्रामीण चेतना भी है। लेकिन उनके बीच बोलचाल बंद है। एक समझदारी भरी चुप्पी छायी है। खामोशी बढती ही जा रही है। देश की आर्थिक राजधानी में बैठे एक कवि आलोचक कहता है कि यह पीढी बूढों को रौंदते हुए चली जाएगी। दूसरा घोषणा करता है "ये लौंडे लपाड़े नहीं, आपके उस्ताद हैं। कर रहे हैं आपका इस्तेमाल भस्मासुर की तरह।" (पृ. 68, वही) एक अन्य आलोचक उपदेश देता है कि पेडों से बात करो, चिडियों से प्यार करो, काले गुलाबों से प्यार करो, छह विदेशी और पाँच संस्कृत के कवियों

से प्यार करो, कला और फिल्मों के बारे में पढो, देखो और लिखो। "कुछ भी लिखो लेकिन लिखो श्रम से सौन्दर्य की चिन्ता किए बिना। वे जरूर, जरूर होंगी कविताएँ। अच्छी और उर्वर कविताएँ होंगी वे। और दोस्त। अन्त में अपने से बात करो-। वे हो जाएँगी कविताएँ, सिर्फ और सिर्फ़ कविताएँ।" (पृ. 68-69, वही)

सांस्कृतिक शून्यकाल और महान प्रतिभाशालियों से खाली दौर में विद्यालय, महाविद्यालय, विश्वविद्यालय, धन कुबेरों और अफसरों ने महत्वपूर्ण किताबें लिखी हैं। "शून्यकाल की कविता में इस तरह आया नया उछाल। राजधानी की कला अकादमी में कविता का सेनसेक्स उछाला और अपनी। सबसे ऊँचाई पर। कर्मचारी, मातहत, शोधार्थी छात्र और पिछलग्गू कवि भरे सभागार में बजाते। रहे ताली" (पृ. 71, वही) कविता को लेकर संवाद चल रहे थे और अजब कोकटेल से मिश्रित कविताएँ लिखी जा रही थीं। लेकिन "आदि मध्य आधुनिक के बीच संवाद रहने के बावजूद। कविता हाँफ रही थी 'इन्हेलर' के लिए" (पृ. 71, वही) इस सारे माहौल में "युवा कवि चिल्लर थे, फिलर की तरह छपतीं उनकी कविताएँ"। इसी समय एक छोटे से उत्तर आधुनिक विश्वविद्यालय में दीवारों पर नारे की शक्ल में विद्रोह की कविताएँ हाथ से लिखी जा रही हैं। इसपर एक शोधार्थी की तर्कपूर्ण टिप्पणी है कि विद्रोहियों की यही नियति है। "पूँजीवाद-साम्राज्यवाद के खिलाफ लगाए जाते हैं नारे क्रांतिकारियों की तरह। और नारे खत्म हो जाने पर अमेरिका-इंग्लैंड में करने पी-एच.डी.। और बहुराष्ट्रीय कम्पनियों में करने नौकरी। चले जाते हैं - यहाँ के ईमानदार छात्र। भोगवाद जीत जाता है नारेवाद के सामने" (पृ. 82, वही)

साहित्य का यह दौर वादों से भरा है। ब्राह्मणवाद, दलितवाद, स्त्रीवाद, लालावाद, पहाड़ीवाद, जनवाद, कलावाद, दारूवाद आदि से साहित्य आक्रांत है। "रचनाओं पर होनेवाली सारी बहस। प्रतिबद्धताओं से निकलकर वर्णवाद के रास्ते पर चलकर। पूँजीवाद के दरवाजे पर आकर खड़ी हो जाती है। 'बीच का कोई रास्ता नहीं होता' है के बदले। बीचवाला रास्ता ही सबसे ज़्यादा चमक रहा है इस वक्त" (पृ. 84, वही) आज कविता की खूबसूरत प्यारी सी लड़की कई कई विज्ञापनों में कपड़े उतारने का काम कर रही है। दर्जी भी शायर अदीब बनता जा रहा है। कोई अपने आका और आका के बच्चों के लिए कविताएँ लिखता तो एक युवा कवि उसका प्रशस्तिपाठ करता है। एक अन्य कवि है जो 'कविता में साँप' या साँप कविता की बात करता है। एक बूढा कवि हमें सिर्फ सोचने के बारे में सुझाव देता है; 'मुट्ठी तानने' को भी कहता है लेकिन 'काँख के ढके रखने' की भी नसीहत देता है। सचमुच यह समय प्रतिरोध करने का नहीं। हमें नख-दन्त-विष विहीन कविताएँ लिखने का प्रशिक्षण दिया जा रहा है। "यह साँप कविता होगी। जो सिर्फ़ फिसफिसाएगी, काट नहीं पाएगी....।" (पृ. 95, जी हाँ, लिख रहा हूँ...)

निशान्त वर्तमान युवा कविता का मेधावी स्वर है। उनकी कविता में युवा कविता का असंतोष है। असंतोष कभी कुंठा का रूप लेता है तो कभी व्यंग्य-विद्रूप का तेवर अपनाता है। कवि में विद्रोह की उत्कट लालसा है। लेकिन समझौता और संघर्ष तक यह सीमित रह जाती है। निशान्त की कविता में वैयक्तिक असन्तोष और कुंठा की अपेक्षा समकाल की युवा मानसिकता की ही अभिव्यक्ति नज़र आती है। इस दृष्टि से निशान्त की कविता युवा लेखन का सही प्रतिनिधित्व करती है।

दुस्समय में कविता है

इक्कीसवीं सदी की हिंदी कविता वस्तु एवं संवेदना की दृष्टि से नब्बे के दशक की कविता का विकास है। नवउपनिवेशन के आर्थिक उदारीकरण एवं बाजारवाद की यह कविता है। यह भूमंडलीकरण की उत्तर-पूंजी, आर्थिक साम्राज्यवाद एवं वैश्वीकरण की साझी संस्कृति जिसे हम अपसंस्कृति कहते हैं, की कविता है। अपने मूल चरित्र में यह कविता प्रतिरोध की संस्कृति रचती है जिसमें यथार्थ की गहरी पकड़ एवं समय की सही समझ है। कविता के इस दौर की चर्चा के सिलसिले में संकट काल, दुस्समय, कुसमय, कठिन समय, क्रूर समय जैसे प्रत्ययों का बहुधा प्रयोग होता है। ये प्रत्यय वर्तमान के सांस्कृतिक संकट के संकेतक हैं। इस संकट के मूल में एक ओर वैश्विक अर्थ व्यवस्था के जगमगाते बाज़ार की हमारी लुभावनी जिन्दगी है तो दूसरी ओर सांस्कृतिक राष्ट्रवाद, सांप्रदायिकता एवं फासीवाद का खतरा है। संप्रति हमारा देश और समाज अमानवीकरण की प्रक्रिया से गुजर रहा है। मनुष्यता का लोप होता जा रहा है। क्रूरता का राज चल रहा है। हमारा मुल्क ही ऐसा हो गया है जिसमें "बुराइयों को न केवल सामाजिक स्वीकृति मिल रही है बल्कि वे एक तरह की प्रतिष्ठा का कारण भी बन रही है। ....एक वाक्य भी कहना उसे ही काट जाने की भूमिका तैयार करना जैसा है।" (कुमार अंबुज, 'क्रूरता' की भूमिका) कैसे व्यक्ति एवं समाज में क्रूरता जड़ जमाती है उसका सही ब्योरा 'क्रूरता' कविता में प्रस्तुत है। कवि के शब्दों में क्रूरता "पहले हृदय में आएगी और चेहरे पर न दीखेगी। फिर घटित होगी धर्म-ग्रंथों की व्याख्या में। फिर इतिहास में और फिर भविष्यवाणियों में। फिर वह जनता का आदर्श हो जाएगी।" (पृ. 21, क्रूरता) उस पर विलाप करना निरर्थक हो जाएगा। पहली मृत्यु से उपजे आँसू दूसरी मृत्यु थाम लेगी और पड़ोसी सांत्वना नहीं एक हथियार देगा। "तब आएगी क्रूरता और आहत नहीं करेगी हमारी आत्मा को। फिर वह चेहरे पर भी दीखेगी। लेकिन अलग से पहचानी न जाएगी। सब तरफ होंगे एक जैसे चेहरे। सब अपनी-अपनी तरह से कर रहे होंगे क्रूरता। और सभी में गौरव भाव होगा। वह संस्कृति की तरह आएगी उसका कोई विरोधी न होगा।" (पृ. 21, वही) कोशिश सिर्फ उसको अधिक सभ्य और अधिक

ऐतिहासिक बनाने की होगी। वह हमारी सारी करुणा और सारा श्रृंगार सोख लेगी।

कुमार अंबुज की ही कविता 'अतिक्रमण' में क्रूरता से अतिक्रमण की ओर समाज का संक्रमण है। "अतिक्रमण के समाज में जीवित रहने के लिए सबसे पहले दूसरे के हिस्से की जगह चाहिए। फिर दूसरे के हिस्से की स्वतंत्रता। अनंत है अतिक्रमण के विचार की परिधि। इसलिए फिर दूसरे के हिस्से का जीवन भी चाहिए। वासनाएँ नए क्षेत्रों में करती है घुसपैठ। सिद्धांत और सुभाषित बदलने लगते हैं हथियारों में। (पृ. 27, अतिक्रमण) सुख सुविधा के अधिकाधिक सामान जुटाकर मनुष्य आदरणीय पहचान बनाना चाहता है। नतीजा कि बाज़ार उस पर हावी हो जाता है। दूसरे का हिस्सा पाने की ललक उसे आक्रामक बनाती है। वह हिसा पर उतर आता है। सचमुच अतिक्रमण इन्सानियत से हैवानीयत की ओर संक्रमण है।

आत्मतोष पर चलनेवाले भारतीय समाज को क्रूरता एवं अतिक्रमण की ओर उन्मुख करने में भूमंडलीकरण के सांस्कृतिक साम्राज्यवाद का जबर्दस्त हाथ है। सांस्कृतिक साम्राज्यवाद का मकसद ही उपनिवेश की भाषा एवं संस्कृति को विस्थापित कर अपनी भाषा और संस्कृति की प्रतिष्ठा करना है। इसके लिए जनता को अपनी स्मृति, परंपरा, भाषा एवं साहित्य से बिलगाने का षडयंत्र रचा जाता है। वीरेन डंगवाल की कविता परंपरा नवउपनिवेशन के इस षडयंत्र का भंडाफोड़ करती है : "पहले उसने हमारी स्मृति पर डंडे बरसाये। और कहा - 'असल में यह तुम्हारी स्मृति है।' फिर उसने हमारे विवेक को सुन्न किया। और कहा - 'अब जाकर हुए तुम विवेकवान।' फिर उसने हमारी आँखों पर पट्टी बाँधी। और कहा - 'चलो अब उपनिषद पढ़ो'। फिर उसने अपनी सजी हुई डोंगी हमारे रक्त की। नदी में उतार दी। और कहा - 'अब अपनी तो यही है परंपरा।" (पृ. 94, दुश्चक्र में स्रष्टा) कुमार अंबुज की 'याददाश्त' कविता भी प्रासंगिक है - "आ रहे हैं जो आक्रमणकारी वे मुझपर नहीं। हमला करना चाहते हैं मेरी याददाश्त पर। जानते हैं वे जब तक मेरे पास है स्मृति। मुझे याद रहेगा वह सब जो सुन्दर है। याद रहेगा यातनाओं का एक एक क्षण। बार-बार मेरे सामने होगा मेरा इतिहास। जब तक धोखा न देगी याददाश्त। मुझे याद रहेगी मेरी ताकत मेरी पराजय। याद रहेंगे मुझे मेरे लड़ने के औजार।" (पृ. 51, क्रूरता) आदमी की याददाश्त को नष्ट करना ही निहत्था बनाकर उसे मारने का आसान तरीका है। एक दिन ऐसा भी आएगा जब याददाश्त का मारा व्यक्ति अपना नाम किसी रोबोट से पूछने लगे। कविता देश के गहरे सांस्कृतिक संकट का दस्तावेजी बयान है।

सांस्कृतिक संकट की स्थिति में देश में एक नई संस्कृति जन्म ले रही है जिसमें जातीय स्मृति, परंपरा एवं इतिहास से बिलगाव है। वीरेन डंगवाल की कविता 'नयी संस्कृति' भारत के सांस्कृतिक विघटन की विडंबनात्मक स्थितियों का संश्लिष्ट शब्द

चित्र है : "वह आग नहीं है। यह एक सर्वथा नयी राष्ट्रभाषा है। सड़क पर अभी भी चिपचिपाता। वह खून नहीं। वह है। एक नयी किस्म की रोशनाई। जली हुई। उन उजाड़ बस्तियों में। आकार ले रहा है। हमारा नूतन स्थापत्य। पटककर मार दिया गया वह बच्चा। वह हमारा भविष्य है।" (पृ. 95, दुश्चक्र में स्रष्टा) आग को सर्वथा नयी राष्ट्रभाषा और खून को नयी किस्म की रोशनाई कहकर समाज एवं संस्कृति के अमानवीकरण को रेखांकित किया गया है।

अमानवीकरण की इस प्रक्रिया में बाजार बनाम बाज़ारवाद, सत्ता बनाम राजनीति और धर्म बनाम संप्रदाय की अहम भूमिका है।

भूमंडलीकरण के शुरुआती दौर में बाज़ार बड़े अदब के साथ भारतीय समाज में आया था। हमारी मदद को तत्पर वह जिन्दगी को सुखमय और उत्तेजक बनाना चाहता है। बशर्ते वह उसे सौंप दिया जाये (पवन करण की कविता 'बाज़ार', 'अस्पताल के बाहर टेलीफोन) लेकिन तुरंत ही उसका तेवर बदल जाता है। वह हमारे सिर चढकर बोलने लगता है और फिर हम पर राज करना शुरु करता है। यह वही बाज़ार है जिसकी भीड, तड़क भड़क और रौनक से होकर कुमार अंबुज निकलता है। दूकान के शो-केस में सजाये लुभावने मोंडल्स देखकर "याद आए मुझे पत्नी के खुरदरे पाँव। मगर तीन सौ चालीस की पर्ची देखकर। मैंने पास से गुज़रती औरत को ताकना शुरु कर दिया।" (पृ. 27, क्रूरता) करोड़पतियों के बाज़ार में मध्यवर्ग से निम्न मध्यवर्ग में बदलते जा रहे भारतीय आम आदमी की विवशता का यह प्रभावी चित्र है।

आज उपभोक्ता सभ्यता के अतिरेकी विकास ने बाज़ार को घर लाकर खड़ा कर दिया है। घर बाज़ार की वस्तुओं से इतना भर गया है कि कहीं हिलने-डुलने की जगह ही नहीं बची। वह दिन दूर नहीं जब घर कबाड़खाने में बदल जायेगा। युवा कवि नीलोत्पल ने समाज को इस घातक प्रवृत्ति की चेतनबनी दी है "निवेश हो रही है संस्कृति। गिरावट के बाजार में... बडा खतरनाक है इस तरह। बाज़ार का घर से ज्यादा। हमारी सोच में शामिल होना। हर वह चीज़ जो दूर है जीवन से। समय से अधिक बदल रही हैं हमें। ऐसे में संस्कृति को बाज़ार से जोड़ना। सीधे-सीधे कत्ल करना है। पुरखों के विश्वास का।" (पृ. 93, 94, अनाज पकने का समय) मंगलेश डबराल की कविता 'भूमंडलीकरण' बाज़ार और विश्वग्राम की संकल्पना पर व्यंग्य करती है। "बड़ी तेज़ी से दुनिया बनती जा रही है एक बड़ा गाँव। लोभ, क्रोध, ईर्ष्या, द्वेष के लिए अब कहीं और नहीं जाना पड़ता। मनुष्यों के संबन्ध बहुत पतले तारों से बाँध दिए गए हैं। जो बात-बात में टूट जाते हैं। उन्हें जोड़ने के लिए फिर से जाना होता है बाज़ार।" (समकालीन भारतीय साहित्य, अंक 156 जुलाई-अगस्त, 2011) बद्री नारायण की कविता 'मथुरादास की अर्जी' उस विडंबना की ओर संकेत करती

है जिसमें बाज़ार के विरुद्ध फरियाद दर्ज करने के लिए उसी से 'कहन' के सारे स्रोत एवं साधन माँगने पड़ते है। यह अजब रिश्ता कवि के शब्दों में - "जिसके खिलाफ लिखनी थी अर्जी। उसीसे माँगता हूँ कागज। अर्जी में जिन-जिनके दर्ज करने हैं नाम। उन्हीं में से एक से कलम माँगता हूँ। वह धीरे-से जेब से निकालकर देता है पार्कन पेन। यह अजब रिश्ता है है मेरे और मेरे शोषकों के बीच। कि जिनके खिलाफ मुझे कहना है। उन्हीं से माँगने हैं उस 'कहन' के सारे स्रोत।" (समकालीन भारतीय साहित्य, अंक 156, जुलाई-अगस्त, 2011)

बाज़ारवाद से जन्मी उपभोगवादी सभ्यता के कारण भारत की खेती एवं खेतिहर पर कहर पिल पड़ा है। बड़े-बड़े मालों के निर्माण के लिए, कारखाने एवं इंडस्ट्रियल कोरिडोर के लिए देश भर में लम्बी-चौड़ी सड़कों का जाल बिछाने के लिए किसानों को खेत से बेदखल किया जा रहा है। सूखे के कारण ऋणभार से दबा पिसा किसान आत्महत्या करता है। विगत छः सात सालों में तीन लाख किसान आत्महत्या कर चुके हैं। सवाल वह उठता है कि ये आत्महत्याएँ सत्ता द्वारा की गयी हत्याएँ तो नहीं। देश के सर्वतोन्मुखी विकास के दावे के बीच यह विडंबना भी तो इतिहास में दर्ज हो जाएगी। "इतिहास में यह समय। जितना विकास के लिए दर्ज होगा। उससे अधिक होगा अपनी विडंबनाओं के लिए। और जब बारी उन विडंबनाओं की पड़ताल की आएगी। तब जो सबसे ऊपर आएगा, उसमें होगा। अखबार में छपी किसानों की आत्महत्या की खबर। और यह कृषि प्रधान देश।" (पृ. 43, कहते हैं तब शहंशाह सो रहे थे) उमा शंकर चौधरी की कविता 'किसान बैठा है खेत की आड़ पर' इक्कीसवीं सदी के भारतीय किसान के दुख-दैन्य का महाकाव्यात्मक आख्यान है। खेत में सूखा पड़ने पर बूढ़े किसान के पुत्र ने अपने पीछे पत्नी और दो बेटियों को छोड़ गले में फंदा लगा लिया। सरकार की तरफ से बूढे किसान को तीन सौ पचहतर रुपये मुआवजे का चेक दिया गया। बूढा पैसा लेने बैंक पहुँचता है तो उसे सुनना पड़ता है कि चेक बाउंस हो गया है - "बाउंस हो गया है वह चेक जिसमें बसी थी। रूह उसके मृत बेटे की और। जिसमें बची थी। बहू और दोनों बेटियों की इज्जत को ढकने की। थोड़ी-सी गुंजाइश।" (पृ. 46, कहते हैं तब शहंशाह सो रहे थे) हमारे महान देश में साठ हज़ार करोड रुपये का कोर्परेट ऋण एन.पी.ए. के नाम पर एकबारगी माफ कर दिया जाता है और करोड़ों अरबों रुपये घोटालों में नेता और दलाल हज़म कर जाते हैं। इसी देश का बूढ़ा किसान बूझने की कोशिश करता है कि चेक बाउंस क्या होता है जब "रुपये भेज दिये जाते हैं तब हर बार। बीच से ही गायब हो जाते हैं वे कैसे" भारतीय किसान की पूरी निरीहता में उठाया गया यह सवाल सरकार की कल्याण एवं विकास योजनाओं

की खिल्ली उड़ाता है। इस विपन्नता में भी भारतीय किसानों पर और गहरे संकट की संभावना है। अपने खेत से बेदखल हो जाने की संभावना। खेत से बेदखल होने से पहले मुआवजे की रकम भरा एक और चेक पकड़ाकर उसे किसान शब्द से ही बेदखल करने की संभावना। और क्या इस नए चेक के भी बाऊंस होने की संभावना।

एक ओर भारत के किसान विपन्न हैं तो दूसरी ओर आदिवासी क्षेत्रों में गाँव के गाँव तबाह किये जा रहे हैं। खानों की खुदाई के लिए पर्वत तोड़े जा रहे हैं। सड़कों के निर्माण एवं मज़दूरों के आवास के लिए आदिवासियों को उनकी ज़मीन से खदेड़ा जा रहा है। अपनी जमीन से अलग होना जीविका का छूट जाना है। अपनी संस्कृति से विलग होना है। अपने धार्मिक अनुष्ठानों से वंचित होना है।

'एक आदिवासी गाँव से गुज़रती सडक' और 'झारखण्ड के पहाड़ों का अरण्यरोदन' कविताओं में ज्ञानेन्द्रपति ने आदिवासी इलाकों के शोषण का अनुभव साक्ष्य प्रस्तुत किया है। कवि का संवेदी मन नयी सड़क के मर्म को तुरंत पकड़ लेता है। "चमक पड़ा मर्म। आदिवासी गाँव की छाती से गुज़रती सड़क का। कि हमारे शोषण की सभ्यता का। कि जिसकी बाँह राजधानी से। यहाँ तक यह आयी है। लुटेरी बाँह। टटोलती इसकी छाती के कोयले आत्मा का अबरख।" (पृ. 45, कवि ने कहा) झारखण्ड के पहाड़ों की आग्नेय चट्टानें धरती की प्राचीनतम रचनाएँ हैं। हिमालय के पर्वत वलय इसके बच्चे-बुतरु हैं। इन्हीं पुरखे पहाड़ों को आज खानों की खुदाई के लिए तोड़ा-फोड़ा जा रहा है। ज्ञानेन्द्रपति की संवेदना का यह क्रन्दन है - "सत्तर करोड़ वर्षों का समय पसरा हुआ है। उनकी काली घिसी हुई देह में। वे पर्वत कुल के आदि पुरुष है।.....वे वही पुरखें पहाड हैं जिनके हाड़। आज लालची मानव-गिद्धों का भोजन-भर।" (पृ. 47-48, वही) कवि यह चेतावनी भी देते हैं कि इन भूधरों की छाँह के गुजर जाने पर धरा में आतप और विपत ही रहेगी : "आँख हो। कि क्या धरा है भू में। इन भूधरों की छाँह के गुज़र जाने के बाद। बस आतप और विपत।" (पृ. 48, कवि ने कहा)

भारत का प्रजातंत्र जिसे हम गणतंत्र भी कहते हैं, अत्यंत भ्रष्ट व्यवस्था है। सांस्कृतिक विघटन एवं अमानवीकरण को तूल देने वाली यह व्यवस्था है। आज भारत का प्रजातंत्र एकदम पंगु हो गया है। वैसे धूमिल ने करीब चालीस साल पूर्व ही भारतीय प्रजातंत्र का पोल खोला था : "न कोई प्रजा है। न कोई तंत्र है। यह आदमी के खिलाफ। आदमी का खुला सा षड्यंत्र है।" (पृ. 18, सुदामा पांडे का प्रजातंत्र) धूमिल ने सत्ता से जुड़े लोगों को 'कानून की भाषा बोलता हुआ अपराधियों का संयुक्त परिवार' कहा था। मुक्तिबोध ने अंधेरे में सुनसान सड़क पर से गुज़रते जुलूस में

शहर के कुख्यात हत्यारा डोमा जी उस्ताद को छाती फुलाये चलते दिखाया है। आज दिन में खुली सड़क पर हत्यारों-गुंडों के जुलूस धड़ल्ले से निकल रहे हैं। यही नहीं, हमारे घरों में भी गुंडे-बदमाश घुस आए हैं। बकौल भगवत रावत "घरों में घुसते रहे चोर लुटेरे बदमाश। और सजाते रहे हम उनसे अपने घर और अब उनके। इतने गुलाम हो गये हैं। कि उनके बिना चल नहीं सकते। हिल नहीं सकते। उठ-बैठ नहीं सकते।" (उत्तर पटकथा बनाम सुराजे हिन्द, नया ज्ञानोदय, मई 2010) हमारा गणतंत्र अत्यंत दूषित हो गया है। यह गणतंत्र जनता के लिए नहीं, आम आदमी के लिए नहीं, अभिजन के लिए हैं। देवी प्रसाद मिश्र के अनुसार, "अभिजन जब सुरक्षाओं के लिए चीखते हैं। गणतंत्र के नियम उसी दिन निर्मित होते हैं। ...गणतंत्र झूठ है - यह कोई रहस्य नहीं है। फिर भी यह रहस्य है।" (पृ. 45, प्रार्थना के शिल्प में नहीं) 'मगध' में कोसल का रूपक बाँधते हुए श्रीकांत वर्मा ने इसी गणतंत्र के भविष्य पर प्रश्न चिह्न लगाया था।" कोसल अधिक दिन। नहीं टिक सकता। कोसल में विचारों की कमी है।" (पृ. 45, मगध) हमारा गणतंत्र विचारों से गरीब तो है ही, शब्द भी उसके पास दुर्लभ होते जा रहे हैं। इस गणतंत्र में आदमी आदमी नहीं रह गया : "वैसे भी मेरे पास अभी वक्त नहीं है और न जरूरत। कि सोच सकूँ - मैं मक्खी हूँ, आदमी हूँ। कबूतर हूँ या बागड़बिल्ला। चालाक हूँ या मुजरिम।" (कुमार अंबुज, स्वतंत्रता दिवस, आलोचना, जनवरी-मार्च 2003)

राजनीति का अपराधीकरण और अपराध की राजनीति हमारे गणतंत्र का मुहावरा बन गया है। अब बिना हत्यारों के राजनीति चल ही नहीं सकती। राजनीति के इस विकसित दौर में कवि का यह बयान है कि हत्या, हथियार और हत्यारा अब अंडरवर्ल्ड से ज्यादा बाज़ार के, राजनीति के गरम बाज़ार के शब्द बन गए हैं।" हत्यारों का भी अब अपना बाज़ार है। जहाँ बिकते हैं हत्यारे और। खरीदी जाती है मृत्यु।" (पृ. 25, कहते हैं तब शहंशाह सो रहे थे) हमारे लोकतंत्र की सबसे बडी उपलब्धि है कि हमें अपने शिकार, हत्यारा और हथियार चुनाव करने की पूरी रियायत है। कविता के अंत में यह अहम सवाल उठाया गया है : "अगर एक दिन इस देश के सारे हत्यारे मिलकर। यह निर्णय ले लें कि अब वे। इशारे पर हत्या नहीं करेंगे। तब इस देश की राजनीति का क्या होगा?" (पृ. 26, वही) बेशक ऐसे हालात में देश की राजनीति चल नहीं पाएगी।

इक्कीसवीं सदी के भारत में सांप्रदायिकता का दबदबा बढ़ता जा रहा है। सांप्रदायिकता और राजनीति का गठबन्धन चल रहा है। अल्पसंख्यक और बहुसंख्यक के आधार पर सांप्रदायिकता का वर्गीकरण किया जा रहा है। सत्ता एवं राजनीति का सांप्रदायिकता विरोधी हर कदम सांप्रदायिकता को बढ़ावा दे रहा है। ईर्ष्या-द्वेष के कारण एक ही संप्रदाय के भीतर चाकू और बन्दूक चल रहे हैं। सांप्रदायिकता आतंकवाद का रूप धारण

कर रही है। देश की धर्मनिरपेक्षता भारी संकट में है।

राजेश जोशी ने अपनी कविता 'सलीम और मैं और उनसठ का साल' में आठवीं जमात में पढ़ते दो लंगोटिए यारों की मार्फत दंगे के कारण दो धर्मों के बीच उत्पन्न तनाव, अलगाव और शत्रुता का मनोवैज्ञानिक आख्यान किया है। सलीम और मैं पक्के दोस्त थे। यार दोस्तों में हमें बैलों की जोड़ी कहा जाता था। हम साथ-साथ स्कूल जाते थे, साथ-साथ लौट आते थे। सलीम मेरे घर में तकरीबन नियमित आता-जाता था। अचानक एक दिन शहर में दंगा हुआ। तीन लम्बे और क्रूर सप्ताह तक चले दंगे में "वहाँ इतने कत्ल हुए। वहाँ इतनी अस्मतें लुटीं। कि उस मोहल्ले के सारे मकान जला दिए गए। कि राख हो गया 'अलवी प्रेस'। बच्चे मार डाले गए। फूल मार डाले गए। शब्द मार डाले गए। कि सर्राफा बच गया।" (पृ. 27, राजेश जोशी, प्रतिनिधि कविताएँ) तीन सप्ताह के बाद स्कूल खुला तो एक ही बेंच पर सटकर बैठने वाले दोनों दोस्त अलग अलग बैठ गये। "हम एक ही दरवाजे से आए थे अन्दर तकरीबन साथ साथ। उसी बेंच पर बैठे थे लेकिन साथ-साथ नहीं। तुम एक छोर पर थे रशीद और इदरीस के साथ और मैं था। दूसरे छोर पर फुलवानी के साथ। इस तरह शुरू हुआ था एक नया दिन। इस तरह शुरू हुए थे नए दिन।" (पृ. 28, 29, वही) दंगे ने शहर को 'तरबूज की तरह दो हिस्सों में' काट डाला था। आधी रात गए मेरी नींद में एक नीला खतरनाक चाकू चमक उठा था। चमकते-चमकते वह सलीम की शक्ल में बदल जाता था। सलीम ने भी बताया कि रात गए उसकी नींद में भी एक चाकू चमकता है। सलीम ने नहीं बताया कि वह चाकू मेरी शक्ल में बदल जाता था या मेरी तरह नज़र आता था। सलीम यह बात छुपा गया। मैं भी छुपा गया यह बात। हम ने अपनी घृणा और अपना डर छुपाया था। "लेकिन दंगाग्रस्त शहर की कटी-पिटी हवाओं। और जली अधजली गलियों से निकलते हुए। हम दो लँगोटिए यार। शहर के दो विपरीत ध्रुवों की ओर चले गए। दो विपरीत अँधेरों की ओर।" (पृ. 33, वही)

दो यारों का अलग होना दो धर्मों का अलग होना है, हमेशा के लिए जुदा होना है।

समय के साथ सांप्रदायिकता का आतंक भी बढ़ गया है। जनता में अविश्वास, डर, आशंका एवं तनाव है। गलत लिये जाने या मारे जाने के भय से कोई अपना सही नाम भी नहीं बताता। 'स्वतंत्रता दिवस' कविता की पंक्तियाँ है : "इसी दौरान जब मैंने एक राहगीर से उसका नाम पूछा। तो उसने घबराकर चार-पाँच नाम बताए। उसे उम्मीद थी कोई न कोई नाम उसे बचाएगा। उम्मीद में उसने अपना एक नाम कबूतर भी बताया। अफसोस, एक पक्षी का नाम भी उसके काम न आया।" (कुमार अंबुज, आलोचना, जनवरी-मार्च 2003)

देवी प्रसाद मिश्र की कविता 'हत्या का कारण' में भी यही वाकया है - "हसन नाम

जनलेवा हो सकता है। अमृत यह नाम भी निरापद नहीं रहा। बहुत सुरक्षित नहीं हैं आप। महंगू नाम के साथ। बलबीर सिंह नाम के खतरे तमाम हैं। इस तंत्र में सिर्फ आपका नाम। आपकी हत्या का सबब हो सकता है।" (पृ. 108, प्रार्थना के शिल्प में नही)

नए जमाने की नई सभ्यता में संवेदनशील व्यक्ति का जीवन कठिन होता जा रहा है। आरामदेह जिन्दगी की तड़क-भड़क एवं शान-शौकत में वह चैन नहीं पाता। वह तड़पता रह जाता है क्योंकि उसे - "जो उभरी नहीं। वह चीख सुनाई देती। जो नहीं किसी की आँखों में। वह दृश्य दीखता दूर से। फूलों के समारोह में। न जाने किस हवा के साथ पहूँच जाती उस तक। कहीं कुछ जलने कुछ सड़ने की गंध। और जो बात परदे के पीछे ही अभी। बेध जाती आरपार।" (प्रेमरंजन अनिमेष, समकालीन भारतीय साहित्य, अंक 146, नवंबर-दिसंबर 2009)

इस दुस्समय में कवि कर्म कठिनतर होता जा रहा है। लेकिन कवि उम्मीद एवं आस्था के बल पर पूरी ईमानदारी से जिन्दगी एवं कविता की लड़ाई लड़ते जा रहे हैं।

❑❑